LONDRES

**GRANDES LUGARES,
EXPERIENCIAS AUTÉNTICAS**

EDICIÓN ESCRITA Y DOCUMENTADA POR

**Emilie Filou
Peter Dragicevich, Steve Fallon, Damian Harper**

Sumario

Puesta a punto

Mes a mes	4
Lo esencial	18
Itinerarios	20
En busca de...	28
Lo nuevo	30
Gratis	31
Viajar en familia	32

Las mejores experiencias 34

Abadía de Westminster	36
Museo Británico	42
Palacio de Buckingham	46
Casas del Parlamento	50
Galería Nacional	54
National Portrait Gallery	56
Trafalgar Square	58
Churchill War Rooms	62
Covent Garden	66
Una noche en el Soho	70
Torre de Londres	74
Catedral de St Paul	80
Tower Bridge	86
Mercado de Borough	88
Shakespeare's Globe	92
Tate Modern	94
Circuito a pie: Las épocas del East End	98
South Bank	100
Hyde Park	104
Victoria & Albert Museum	108
Museo de Historia Natural	112
Royal Observatory y Greenwich Park	116
Excursión de un día: Palacio de Hampton Court	120
Un domingo en el East End	124
King's Cross y Euston	128
Circuito a pie: Una visión del norte	130

Dónde comer 133

Lo mejor	136
West End	138
La City	141
South Bank	142
Kensington y Hyde Park	145
Clerkenwell, Shoreditch y Spitalfields	147
Este de Londres	149
Camden y norte de Londres	152
Notting Hill y oeste de Londres	153

De compras 155

Lo mejor	158
West End	160
La City	164
South Bank	164
Kensington y Hyde Park	164
Clerkenwell, Shoreditch y Spitalfields	166
Este de Londres	167
Camden y norte de Londres	168
Notting Hill y oeste de Londres	168
Greenwich	169

De copas 171

Lo mejor	174
West End	176
La City	178
South Bank	179
Clerkenwell, Shoreditch y Spitalfields	180
Este de Londres	182
Camden y norte de Londres	184
Notting Hill y oeste de Londres	185
Greenwich y sur de Londres	186

Espectáculos 189

West End 192
La City 194
South Bank 194
Kensington y Hyde Park 196
Clerkenwell, Shoreditch
y Spitalfields 196
Este de Londres 196
Camden y norte de Londres 197
Notting Hill y oeste de Londres 198
Greenwich y sur de Londres 199

Deportes y actividades 201

Tenis 204
Críquet 204
Circuitos en barco 204
Circuitos en autobús 206
Circuitos temáticos 206
Piscinas y *spas* 207
Deportes de aventura 207

Dónde dormir 209

Hoteles 212
B&B 212
Albergues 212
Tarifas y reservas 212
Apartamentos 212

De cerca

Londres hoy 216
Historia 218
Arquitectura 224
Londres literario 227
Arte 230

Guía práctica

Datos prácticos A–Z 233
Transporte 237
Índice 243
Planos de Londres 248
Símbolos y leyenda de los mapas . 257

Puesta a punto
Mes a mes

Londres

Londres tiene un año muy ajetreado por delante: festivales, actos culturales y ferias y un rico calendario deportivo que muestra la intensa vida cultural, artística y deportiva de la ciudad. De izda. a dcha.: desfile del Año Nuevo chino (p. 6); Chelsea Flower Show (p. 10); desfile del Día de San Patricio (p. 8); festival de Notting Hill (p. 13).

MES A MES PUESTA A PUNTO **5**

Principales celebraciones
Trooping the Colour, junio (p. 11)
Torneo de Wimbledon, julio (p. 12)
Carnaval de Notting Hill, agosto (p. 13)
Guy Fawkes Night, noviembre (p. 16)
Celebración del Año Nuevo, diciembre (p. 17)

Puesta a punto
Mes a mes

01 Enero

El mes arranca con un gran estruendo a medianoche. Londres está sufriendo el invierno; los días son cortos: solo hay luz de 8.00 a 16.00.

⊙ London Art Fair
Más de cien galerías participan en esta feria de arte contemporáneo (www.londonartfair.co.uk), una de las mayores de Europa, con exposiciones temáticas, eventos especiales y los mejores artistas noveles.

☆ London International Mime Festival
Durante las dos últimas semanas del mes, este festival (www.mimefest.co.uk) es imprescindible para los amantes de la originalidad, la gracia, el talento físico y lo inesperado.

✻ Año Nuevo chino
A finales de enero o entrado febrero, Chinatown bulle gracias a este festival callejero, que incluye el desfile de un dragón dorado, comida y mucha fiesta.

⊙ Ampliación de la Tate Modern
Inaugurada en junio del 2016, la ampliación de la Tate Modern aumenta el atractivo de un museo ya de por sí fabuloso. No hay que perderse el nuevo hogar de la colección permanente, con vistas del South Bank.

Arriba: actores en el London International Mime Festival; dcha.: desfile del Año Nuevo chino
BRUNO VINCENT/GETTY IMAGES ©, TADEUSZ IBROM/SHUTTERSTOCK ©

Febrero

Febrero suele ser frío y húmedo e incluso puede nevar. A mitad de mes hay una semana de vacaciones escolares y los museos y parques se llenan de niños ociosos.

☆ Premios BAFTA
La British Academy of Film and Television Arts (BAFTA; www.bafta.org) extiende la alfombra roja en Leicester Sq a principios de febrero para celebrar sus premios anuales de cine, los BAFTA (los Oscar británicos), con mucho *glamour* y famosos.

☆ Día de San Valentín
Cada 14 de febrero, tanto los solteros como las parejas pueden elegir entre multitud de fiestas temáticas y alternativas, veladas de cine y menús especiales. Conviene reservar.

☆ Una noche en la ópera
Las noches largas y frías invitan a refugiarse en la asombrosa Royal Opera House (p. 192) para disfrutar de espectáculos de ópera o *ballet*. Además, es una ocasión excelente para ponerse elegante.

✦ Carreras de 'pancakes'
El martes de carnaval, entre finales de febrero y principios de marzo, se pueden ver carreras de *pancakes* y cosas por el estilo en varios lugares de la ciudad (sobre todo en el mercado de Spitalfields).

Puesta a punto
Mes a mes

03 Marzo

Marzo asiste al despertar de la primavera, cuando los árboles empiezan a florecer en parques y jardines. La ciudad vuelve a tener ganas de salir a la calle.

✿ Desfile y festival del Día de San Patricio
El principal festival de los irlandeses que residen en Londres se celebra el domingo más cercano al 17 de marzo con un desfile por el centro de la ciudad y otras actividades en Trafalgar Sq y alrededores.

☆ Flare
Este festival de cine LGBT, organizado por el British Film Institute (www.bfi.org.uk/flare), ofrece películas, fiestas, charlas y eventos para colegios y familias.

🏃 Head of the River Race
Unos 400 equipos participan en esta regata anual (www.horr.co.uk) de 7 km por el Támesis, desde Mortlake hasta Putney.

◉ Disfrutar de la primavera
La primavera reina en el ambiente: los días se alargan, los narcisos alfombran las zonas verdes de la capital y las ardillas salen en masa. Hyde Park y St James's Park son fantásticos para pasear.

Arriba: primavera en Hyde Park; dcha.: celebraciones del Día de San Patricio.
DOUG MCKINLAY/GETTY IMAGES ©; TRISTAN FEWINGS/GETTY IMAGES ©

MES A MES PUESTA A PUNTO

Abril

Abril es testigo de un Londres florido que ofrece días más cálidos y animados. El horario de verano empieza a finales de marzo y hay luz hasta las 19.00. Algunos puntos de interés siguen cerrados

Regata de Oxford y Cambridge
Un gentío se congrega a orillas del Támesis para asistir a esta competición entre las dos universidades más famosas del país, desde Putney hasta Mortlake. Las fechas varían debido a las vacaciones de Semana Santa (www.theboatraces.org).

Udderbelly Festival
Este concurrido festival de comedia, teatro y divertimento general para la familia (www.udderbelly.co.uk) tiene lugar en una carpa gigante con forma de vaca invertida y de color morado en el South Bank. Los eventos se celebran de abril a julio.

London Coffee Festival
Entre los robustos y arábicos y los *baristas*, en Londres ha nacido una verdadera devoción por el café. En este festival (www.londoncoffeefestival.com) destaca el concurso UK Barista Championship.

Shakespeare's Globe Theatre
Las obras del dramaturgo más famoso del mundo se pueden ver en una fiel reproducción de un teatro del s. XVII (p. 195), al aire libre, en el que la mayoría del público está de pie. Las obras se representan de abril a mediados de octubre.

Maratón de Londres
Unos 35 000 participantes –en su mayoría para organizaciones benéficas– corren por las calles en una de las mayores competiciones de este tipo del mundo (www.virginmoneylondonmarathon.com), desde Greenwich Park hasta el Mall.

Puesta a punto
Mes a mes

05 Mayo

Buena época para visitar Londres: los días son cálidos y los londinenses empiezan a holgazanear en los parques y a desplegar sombrillas; hay dos fines de semana festivos, el primero y el último.

◉ Museos de noche
Durante un fin de semana de mayo muchos museos de Londres abren por la noche (www.museumsatnight.org.uk), con circuitos a la luz de las velas, veladas de terror, pernoctaciones y eventos como charlas y conciertos.

◉ Chelsea Flower Show
El evento de horticultura más célebre del mundo (www.rhs.org.uk/chelsea) atrae a la flor y nata de los maestros en jardinería.

☆ London Wonderground
¿En qué otro lugar se podría encontrar un festival dedicado al circo y al cabaré? Hay espectáculos para familias y niños, además de actuaciones más convencionales. El festival tiene lugar de mayo a septiembre (www.londonwonderground.co.uk).

London Wonderground.

MES A MES PUESTA A PUNTO

06 Junio

La temporada alta empieza con días largos y cálidos (hay luz hasta las 22.00), gente bebiendo en las terrazas y muchas actividades al aire libre.

👁 London Festival of Architecture
Este festival de un mes de duración (www.londonfestivalofarchitecture.org) explora la importancia de la arquitectura y el diseño y cómo Londres se ha convertido en el epicentro de la innovación.

🎉 Trooping the Colour
El cumpleaños oficial de la Reina (www.trooping-the-colour.co.uk) se conmemora el 17 de junio con banderitas, desfiles y espectáculos aéreos.

👁 Open Garden Squares Weekend
Durante todo un fin de semana, más de 200 jardines de la ciudad, normalmente cerrados al público, abren sus puertas (www.opensquares.org).

👁 Exposición de verano de la Royal Academy
Esta exposición en la Royal Academy of Arts (p. 49) va de junio a agosto; muestra un millar de obras de artistas de todo el país.

🎉 Pride in London
La comunidad gay pinta la ciudad de rosa durante este espectáculo anual (www.prideinlondon.org) que ofrece charlas y actos y termina con un gran desfile por Londres.

Puesta a punto
Mes a mes

07 Julio

Es el momento de comer fresas, beber en los beer gardens y apuntarse a actividades al aire libre. Hay eventos y festivales de música muy populares y las entradas se agotan meses antes, así que conviene planificarse.

☆ Wireless
Uno de los festivales de música más importantes de Londres, con énfasis en el *dance* y el R&B (www.wirelessfestival.co.uk). Se celebra en Finsbury Park, al noreste de Londres.

☆ Los Proms (paseos musicales de la BBC)
Son dos meses de conciertos de música clásica (www.bbc.co.uk/proms) en distintas ubicaciones de prestigio (el principal es el Royal Albert Hall). El mismo día de cada concierto se pueden adquirir entradas para verlo de pie.

☆ Lovebox
Este espectáculo de música de dos días (www.loveboxfestival.com) en Victoria Park, al este de Londres, fue creado por el dúo de bailarines Groove Armada en el 2002. Aunque su razón de ser es la música *dance,* hay otros géneros, como *indie,* pop y *hip-hop.*

☆ Greenwich Comedy Festival
Este festival de la risa, de una semana de duración, es el mayor de Londres (www.greenwichcomedyfestival.co.uk). Trae grandes nombres y espectáculos emergentes al National Maritime Museum.

🏃 Torneo de Wimbledon
Durante dos semanas, Wimbledon, al sur de Londres, es el centro de la atención deportiva cuando los mejores tenistas del mundo disputan este campeonato.

MES A MES PUESTA A PUNTO **13**

08

Agosto

Los colegios cierran, las familias disfrutan de sus vacaciones y el popular carnaval caribeño recorre bailando Notting Hill.

☆ Pantalla de verano en Somerset House
Durante una quincena, Somerset House convierte su patio en un cine al aire libre (www.somersethouse.org.uk/film) donde se puede ver una ecléctica mezcla de estrenos, clásicos de culto y peticiones populares.

🍷 Great British Beer Festival
Organizado por la CAMRA (Campaign for Real Ale), en este festival de la bebida (www.gbbf.org.uk) se abren barriles de cerveza británica y extranjera en Olympia (un centro de exposiciones).

🏃 Campeonato Mundial de Atletismo (2017)
Londres acoge el Campeonato Mundial de Atletismo del 2017 (www.london2017athletics.com) en el Estadio Olímpico, al este de la ciudad. Seguramente, se reavivará en los londinenses la fiebre olímpica del 2012. Los campeonatos paralímpicos tendrán lugar del 15 al 23 de julio.

🎭 Carnaval de Notting Hill
El carnaval al aire libre más multitudinario de Europa y el más animado de Londres, un fin de semana lleno de música, baile y disfraces.

Great British Beer Festival.

Puesta a punto
Mes a mes

09 Septiembre

Es una época estupenda para acudir a la ciudad: hace buen tiempo, los niños han vuelto al colegio y se pueden visitar propiedades históricas que suelen estár cerradas al público.

Totally Thames
Homenaje al río Támesis, este cosmopolita festival (www.totallythames.org) acoge ferias, teatro callejero, música, puestos de comida, fuegos artificiales y carreras por el río.

London Fashion Week
Los amantes de la moda no deben perderse esta experiencia, donde destacan el acceso exclusivo a desfiles, charlas, venta de ropa de diseño y presentaciones de tendencias.

Open House London
Solo durante un fin de semana se pueden visitar más de 700 edificios históricos que suelen estar cerrados al público (www.openhouselondon.org.uk). Los más destacados tienen cola.

'Picnic' en Hyde Park
Antes de que llegue el aire otoñal, se recomienda comprar víveres en la ciudad, buscar un lugar soleado, alquilar una tumbona y disfrutar de una comida al aire libre en el parque real.

Arriba: London Fashion Week; dcha: festival de grandes veleros en Totally Thames.
NATALIA MIKHAYLOVA/SHUTTERSTOCK ©. PETER MACDIARMID/SHUTTERSTOCK ©

MES A MES **PUESTA A PUNTO** 15

Octubre

10

Empieza a refrescar, pero los parques están salpicados de hermosos colores otoñales. Los relojes vuelven al horario invernal el último fin de semana del mes.

🏃 Paseos otoñales
Los parques de Londres están esplendorosos los días soleados, con los árboles en tonos amarillos y rojos. Hyde Park y Greenwich Park están preciosos y, además, ofrecen unas vistas fantásticas de los grandes monumentos de la ciudad.

☆ Dance Umbrella
Este festival anual de danza contemporánea (www.danceumbrella.co.uk) consta de tres semanas de actuaciones de compañías británicas y extranjeras en distintos escenarios de la ciudad.

🛍 Affordable Art Fair
Durante cuatro días, Battersea Park se convierte en una gran feria de arte (www.affordableartfair.com/battersea), donde más de 100 galerías venden obras desde solo 100 £. También hay charlas y talleres.

☆ London Film Festival
El principal evento cinematográfico de la ciudad (www.bfi.org.uk/lff) atrae a estrellas internacionales y permite ver más de 100 películas antes de su estreno comercial. Directores de fama mundial ofrecen clases magistrales.

Puesta a punto
Mes a mes

Noviembre

11

Las noches se alargan y estallan en fuegos artificiales la primera semana del mes. Suele haber vacaciones escolares.

✸ Guy Fawkes Night (Bonfire Night)
La Noche de las Hogueras conmemora el intento fallido de Guy Fawkes de volar el Parlamento en 1605. Primrose Hill, Highbury Fields, Alexandra Palace, Clapham Common y Blackheath ofrecen los mejores espectáculos de pirotecnia la noche del 5 de noviembre.

✸ Lord Mayor's Show
Según la Carta Magna de 1215, el alcalde recién electo de la ciudad de Londres debe desplazarse en carruaje desde Mansion House hasta los juzgados para jurar fidelidad a la Corona. Con el tiempo se añadieron carrozas, música y fuegos artificiales (www.lordmayorsshow.london).

☆ Encendido del alumbrado navideño
Un famoso inaugura las luces navideñas de Oxford St, Regent St y Bond St y se coloca un gran abeto noruego en Trafalgar Sq.

✸ London Jazz Festival
Músicos de todo el planeta ofrecen 10 días de *jazz* (www.efglondonjazzfestival.org.uk). Hay buena representación de las influencias multiétnicas y de tendencias más convencionales.

Arriba: iluminación navideña en Regent Street; dcha.: Lord Mayor's Show.

PAWEL LIBERA/LIGHTROCKET/GETTY IMAGES ©; THOMAS OWEN JENKINS/LIGHTROCKET/SHUTTERSTOCK ©

MES A MES PUESTA A PUNTO **17**

Diciembre

Es posible que nieve. Reina un ambiente festivo por la proximidad de la Navidad y las calles se engalanan con luces y decoraciones. El día 25 está todo cerrado, incluso el transporte público.

☆ Musicales

Al igual que Broadway, Londres tiene una apabullante variedad de musicales: desde los clásicos *(El fantasma de la Ópera)* hasta obras más recientes *(Matilda),* los grandes favoritos de los niños *(El rey león)* y sorpresas para adultos *(The Book of Mormon)*.

🏃 Patinaje sobre hielo

De mediados de noviembre a enero, por toda la ciudad aparecen pistas de hielo al aire libre, entre ellas una en el patio de Somerset House (p. 69) y otra en los jardines del Museo de Historia Natural (p. 112).

🛍 Compras navideñas

Londres tiene todo lo que se busque e incluso más. Hamleys (p. 160) y sus cinco plantas de juguetes cautiva a los niños, Harrods (p. 164) fascina a los adultos y la decoración navideña anima el espíritu festivo.

🎆 Celebración del Año Nuevo

La famosa cuenta atrás a medianoche con las campanadas del Big Ben culmina con fuegos artificiales desde el London Eye y un enorme gentío. Los mejores sitios para mirar están indicados (www.london.gov.uk).

Puesta a punto
Lo esencial

Presupuesto diario

Económico
menos de 85£

- Cama en dormitorio colectivo: 10-32 £
- Almuerzo en un puesto del mercado: 5 £; sándwich de supermercado: 3,50-4,50 £
- Muchos museos: gratis
- Entrada de teatro a precio reducido: 5-25 £
- Alquiler diario de una bicicleta de Santander Cycles: 2 £

Medio
85-185 £

- Habitación doble en hotel medio: 100-200 £
- Cena de dos platos con copa de vino: 35 £
- Entrada de teatro: 15-60 £

Alto
más de 185 £

- Habitación en hotel de cuatro estrellas/*boutique*: 200 £
- Cena de tres platos con vino en restaurante de primera: 60-90 £
- Trayecto en taxi negro: 30 £
- Entrada de teatro en la mejor butaca: 65 £

Antes de partir

- **Tres meses antes** Reservar entradas de fin de semana para los mejores espectáculos, mesa para cenar en restaurantes de chefs famosos, comprar entradas para las exposiciones temporales obligadas y reservar alojamiento en hoteles *boutique*.
- **Un mes antes** Consultar páginas de ocio como *Time Out* para conocer la oferta de teatro alternativo, música en directo y festivales y reservar entradas.
- **Unos días antes** Consultar el tiempo en la página web de Met Office (www.metoffice.gov.uk).

Webs útiles

- **Lonely Planet** (www.lonelyplanet.es) Reservas, foros de viajeros, etc.
- **Time Out London** (www.timeout.com/london) Listas actualizadas y completas.
- **Londonist** (www.londonist.com) Web sobre Londres y todo lo que aquí ocurre.
- **Transport for London** (www.tfl.gov.uk) Indispensable para moverse por la ciudad.

Moneda
Libra esterlina (£)

Idioma
Inglés

Visados
No necesarios para ciudadanos de EE UU. Los ciudadanos de la UE pueden permanecer indefinidamente.

Dinero
Hay cajeros automáticos por doquier y se puede pagar con tarjeta de crédito en muchos sitios. Para cambiar dinero se recomiendan las oficinas de correos, que no cobran comisión.

Teléfono móvil
Se puede comprar una tarjeta SIM local para teléfonos europeos y australianos o un teléfono de prepago. Para los demás teléfonos se puede activar el *roaming* internacional.

Hora local
Es la GMT; de finales de marzo a finales de octubre se adelanta 1 h.

Información turística
Visit London (www.visitlondon.com) informa de todo lo que hay que saber.

Cuándo ir

La temporada alta es el verano: los días son largos y con muchos festivales, pero hay mucha gente. La primavera y el otoño son más frescos, pero agradables. El invierno es frío y tranquilo.

Cómo llegar

- **Aeropuerto de Heathrow** Trenes, London Underground (metro) y autobuses al centro de 5.00 a 24.00 (los autobuses nocturnos funcionan hasta más tarde) 5,70-21,50 £; taxi 45-85 £.

- **Aeropuerto de Gatwick** Trenes al centro de 4.30 a 1.35, 10-20 £; autobuses cada hora las 24 h al centro desde 5 £; taxi 100 £.

- **Aeropuerto de Stansted** Trenes al centro de 5.30 a 1.30, 23,40 £; autobuses las 24 h al centro desde 12 £; taxi desde 130 £.

- **Aeropuerto de Luton** Trenes al centro de 7.00 a 22.00 desde 14 £; autobuses las 24 h al centro, 10 £; taxi 110 £.

- **Aeropuerto de London City** Trenes DLR al centro de 5.30 a 00.30 lu-sa, de 7.00 a 23.15 do desde 2,80 £; taxi 30 £ aprox.

Londres digital

Hay muchas aplicaciones para viajeros. He aquí algunas de las preferidas de esta guía, todas gratis, desde las más evocadoras hasta las puramente prácticas. Muchos museos y lugares de interés tienen la suya propia.

- **Streetmuseum** Imágenes históricas (fotos, pinturas, dibujos, etc.) superpuestas en lugares de hoy en día.

- **Street Art Tours London** Grafitis escogidos y otros lugares de arte callejero.

- **Soho Stories** Historia social del barrio más bohemio de Londres a través de poemas y extractos de novelas y periódicos.

- **Uber** Un taxi, coche privado o coche compartido a precios competitivos.

- **Hailo** Llama al taxi negro más cercano.

- **London Bus Live** Buscador de rutas y llegadas en tiempo real a la parada seleccionada.

- **Santander Cycles** Para encontrar una bici, una ruta y un lugar donde devolverla.

- **ToiletFinder** Dónde encontrar un aseo cuando más se necesita.

Dónde dormir

En Londres, colgar el sombrero o cualquier otra cosa que uno quiera quitarse puede ser caro y casi siempre es necesario reservar alojamiento con bastante antelación. Es fácil encontrar buenos albergues céntricos con habitaciones dobles a precios razonables. Los *bed & breakfast* son una opción sencilla y barata. En cuanto a hoteles, van desde cadenas baratas hasta históricos y lujosos de cinco estrellas, pasando por los *boutique*.

Más información en **Guía práctica** (p. 232)

Puesta a punto
Itinerarios

El West End y el South Bank

El corazón del West End acoge algunos de los grandes puntos de interés de Londres. Este itinerario también abarca el río Támesis hasta South Bank e incluye la abadía de Westminster, el palacio de Buckingham, Trafalgar Square, las Casas del Parlamento y el London Eye.

❶ Abadía de Westminster (p. 36)

En la abadía de Westminster empieza una inmersión en la historia británica desde 1066.

➲ De la abadía de Westminster al palacio de Buckingham

🏃 Cruzar la calle hasta Storey's Gate e ir al oeste por Birdcage Walk.

❷ Palacio de Buckingham (p. 46)

Asomarse por las puertas, hacer un recorrido por el interior (solo en verano) o ver el cambio de guardia a las 11.30.

➲ Del palacio de Buckingham a Inn the Park

🏃 Recorrer St James's Park hasta la esquina noreste.

Día
01

ITINERARIOS PUESTA A PUNTO **21**

❸ Comer en Inn the Park (p. 138)

Situado junto al lago de St James's Park, este café-restaurante resulta delicioso los meses más cálidos.

➲ De Inn the Park a Trafalgar Sq

🚶 Pasear por el Mall y pasar bajo el Arco del Almirantazgo hasta Trafalgar Sq.

❹ Trafalgar Square (p. 58)

Desde el epicentro de Londres (todas las distancias se miden desde aquí) se puede visitar la Galería Nacional (p. 54).

➲ De Trafalgar Sq a las Casas del Parlamento

🚶 Recorrer Whitehall.

❺ Casas del Parlamento (p. 50)

Sobre el lateral este de Parliament Sq se alza el palacio de Westminster, con uno de los grandes puntos de interés de Londres, el Big Ben.

➲ De las Casas del Parlamento al London Eye

🚶 Cruzar el puente de Westminster.

❻ London Eye (p. 102)

Subirse en el London Eye. Conviene reservar la entrada por Internet o comprar una entrada de cola rápida para esperar menos.

➲ Del London Eye a Skylon

🚶 Andar 100 m hasta el Royal Festival Hall.

❼ Cenar en Skylon (p. 143)

A pocos pasos del London Eye, sobre el Royal Festival Hall, se encuentra este restaurante, asador y bar. Para redondear el día, nada mejor que un concierto u obra en el National Theatre (p. 194), justo al lado.

Izda. a dcha.: exterior de la abadía de Westminster (p. 36); Big Ben y las Casas del Parlamento (p. 50).

Puesta a punto
Itinerarios

Historia, vistas y un poco de Shakespeare

¿Listos para conocer otros grandes puntos de interés de Londres, de nuevo a ambos lados del Támesis? Hoy toca visitar el Museo Británico, en Bloomsbury, subir a la cúpula de la catedral de St Paul, recorrer la Torre de Londres y empaparse de Shakespeare.

❶ Museo Británico (p. 42)

Empezar con una visita al Museo Británico, sin perderse lo imprescindible: la piedra Rosetta, las momias egipcias y las esculturas del Partenón, entre otros.

➲ Del Museo Británico a la catedral de St Paul

🚇 Tomar la línea Central desde Holborn o Tottenham Court Rd hasta St Paul.

❷ Catedral de St Paul (p. 80)

Tomar un almuerzo ligero (y unos postres de rechupete) en Bea's of Bloomsbury (p. 141) antes de visitar la catedral. No hay que perderse las vistas de Londres desde la cúpula ni la cripta.

➲ De la catedral de St Paul a la Torre de Londres

🚌 Subirse al autobús n.º 15 desde la catedral hasta la Torre de Londres.

Día 02

❸ Torre de Londres (p. 74)

Los mil años de historia que guarda la Torre de Londres, incluidas las Joyas de la Corona, la Traitors' Gate, la White Tower y su colección de armaduras y los cuervos que la habitan, merecen al menos un par de horas de visita.

◗ De la Torre de Londres al Tower Bridge

🏃 Seguir Tower Bridge Approach desde la Torre de Londres hasta el Tower Bridge.

❹ Tower Bridge (p. 86)

Cruzar el Támesis por el Tower Bridge y pasarse por la exposición. En la página web figuran las horas a las que se abre y se cierra el puente.

◗ Del Tower Bridge a Oblix, en el Shard

🏃 Seguir el río hacia el oeste hasta el Shard; el acceso está en St Thomas St.

❺ Copas en el Oblix (p. 179)

Culminar el día con una copa, música en directo y fantásticas vistas de Londres desde la planta 32 del Shard, el rascacielos más espectacular de la ciudad.

◗ Del Oblix, en el Shard, al Shakespeare's Globe

🏃 Recorrer el mercado de Borough y seguir el Támesis hacia el oeste hasta el Shakespeare's Globe.

❻ Una obra en el Shakespeare's Globe (p. 195)

Se puede ver una de las famosas obras de Shakespeare en un teatro tal y como se habría representado en tiempos del Bardo: en verano, al aire libre en el Globe o a la luz de las velas en el Playhouse.

Izda. a dcha.: Tower Bridge (p. 86); cúpula de la catedral de St Paul (p. 82).

Puesta a punto
Itinerarios

Museos de Kensington, compras por Knightsbridge y el West End

Esta ruta, que recorre algunos de los barrios más bonitos y acomodados de Londres, incluye tres de los mejores museos de la ciudad y unos famosos grandes almacenes antes de desembocar en las brillantes luces del West End.

Día 03

❶ Victoria & Albert Museum (p. 108)

Comenzar el día en South Kensington, que alberga algunos de los mejores museos de la ciudad. Visitar algunas de las 146 galerías del Victoria & Albert y dejar tiempo para el Museo de Historia Natural (p. 112) y el Museo de la Ciencia, interactivo (p. 115).

➲ Del Victoria & Albert Museum a Kensington Gardens y Hyde Park

✈ Ir al norte por Exhibition Rd hasta Kensington Gardens.

❷ Kensington Gardens y Hyde Park

Tras los museos, recorrer los Kensington Gardens (p. 107) y Hyde Park (p. 104), sin dejarse atrás el Albert Memorial (p. 107) ni el Royal Albert Hall (p. 196), y luego asomarse al palacio de Kensington (p. 106) y pasear por el Serpentine.

➲ De Kensington Gardens y Hyde Park a Magazine

✈ Pasear por Hyde Park hasta Magazine, en mitad del parque, junto a la Serpentine Sackler Gallery.

❸ Almorzar en Magazine (p. 145)

Se puede degustar una rica comida europea moderna en un edificio ondulante, como de otro mundo, diseñado por la galardonada arquitecta Zaha Hadid. El té de la tarde es otra opción.

◯ De Magazine a Harrods

🏃 Recorrer West Carriage Drive y cruzar Knightsbridge para llegar a Harrods.

❹ Harrods (p. 164)

Visitar Harrods es divertido y fascinante aunque no se compre nada. El departamento de alimentación es estupendo para adquirir recuerdos comestibles.

◯ De Harrods a Piccadilly Circus

🚇 Caminar hasta la estación de Knightsbridge y recorrer tres paradas por la línea Piccadilly hasta Piccadilly Circus.

❺ Piccadilly Circus (p. 73)

Bajarse del metro en esta ajetreada rotonda para contemplar la famosa estatua (el hermano de Eros) y salir de marcha por el Soho.

◯ De Piccadilly Circus a Yauatcha

🏃 Seguir Shaftesbury Ave y girar a la izquierda por Rupert St, que se convierte en Berwick St, y luego a la izquierda por Broadwick St.

❻ Cenar en Yauatcha (p. 71)

Los *dim sum* de Yauatcha, sofisticados y exquisitos, no tienen rival. Su selección de tés es imbatible. Imprescindible reservar.

◯ De Yauatcha al Experimental Cocktail Club

🏃 Retroceder para girar a la izquierda por Shaftesbury Ave y luego a la derecha por Wardour St hasta Gerrard St. Buscar una puerta ajada junto al restaurante Four Seasons.

❼ Copas en el Experimental Cocktail Club (p. 176)

La asombrosa carta de cócteles de este modernísimo antro de Chinatown permite adentrarse más aún en la noche.

Izda. a dcha.: otoño en Hyde Park (p. 104); comida en Harrods (p. 164).

Puesta a punto
Itinerarios

De Greenwich a Camden

Hay otros puntos de interés imprescindibles algo más alejados y este itinerario ofrece una buena muestra. Greenwich tiene muchos sitios imponentes y una visita al East End y a Camden ayudará a conocer el Londres de los londinenses.

❶ Royal Observatory y Greenwich Park (p. 116)

Empezar el día en Greenwich, junto al río, y visitar Greenwich Park y el Royal Observatory, sin perderse el *Cutty Sark* (p. 119), un clíper restaurado. Un paseo por el mercado de Greenwich (p. 169) siempre depara alguna sorpresa.

➲ Del Royal Observatory y Greenwich Park a Tayyabs

🚆 y 🚇 Tomar el DLR desde la estación Cutty Sark hasta Bow Church y cambiar a las líneas de metro District o Hammersmith & City hasta Whitechapel.

❷ Almorzar en Tayyabs (p. 149)

Este restaurante punjabí clásico permite sumergirse en el East End multicultural. Después de comer, pasear por Whitechapel, empaparse de su ambiente y visitar la Whitechapel Gallery (p. 126).

➲ De Tayyabs al mercado de Spitalfields

🚶 Ir al norte desde Whitechapel Rd por Osborn St y Brick Lane hasta el mercado de Spitalfields.

Día 04

ITINERARIOS PUESTA A PUNTO **27**

❸ Mercado de Spitalfields (p. 125)

Pasear por Brick Lane y recorrer el barrio georgiano de Spitalfields hasta el mercado homónimo. Los mejores días de mercado son jueves, viernes y domingo.

○ Del mercado de Spitalfields hasta Worship St Whistling Shop

🚶 Ir al oeste desde el mercado por Spital Sq y luego al norte por Bishopgate hasta Worship St.

❹ Worship St Whistling Shop (p. 180)

Catar el ambiente atrevido, creativo y original de Shoreditch probando uno de los cócteles de este antro subterráneo.

○ Del Worship St Whistling Shop al mercado

○ Ir hasta la estación de Old St y tomar la línea Northern del metro hasta Camden Town.

❺ Cenar en el Market (p. 152)

Terminar el día en el norte de Londres recorriendo los puestos del mercado de Camden (p. 169), si sigue abierto, y cenar cocina británica contemporánea en el mercado antes de sumergirse en los bares, *pubs* y locales de música en directo de este barrio.

Izda. a dcha.: figura de piedra en el exterior del Royal Observatory (p. 116); puestos de comida en Camden Lock Market (p. 169)

Puesta a punto
En busca de...

HISTORIA

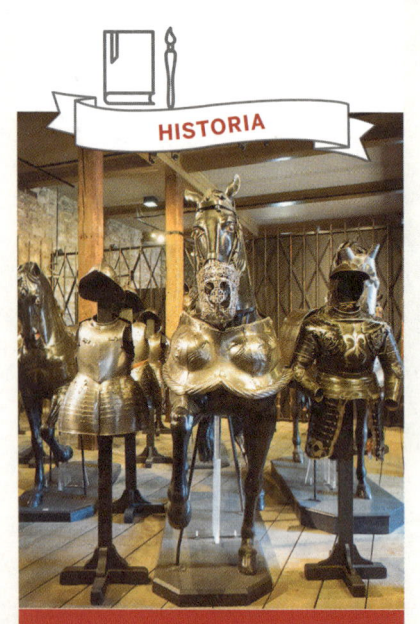

- **Torre de Londres** Desde ejecuciones hasta las rutilantes Joyas de la Corona, lo ha visto todo (arriba, p. 74).
- **Abadía de Westminster** Casi todos los reyes se han coronado en ella desde 1066 y muchos están enterrados aquí (p. 36).
- **Princess Louise** Precioso *pub* victoriano con elegantes azulejos, espejos esmerilados y barra en forma de herradura (p. 177).
- **Guide London** Para contratar a un guía Blue Badge y hacer un recorrido histórico personalizado por la capital (p. 206).
- **Ye Olde Mitre** Uno de los *pubs* más antiguos de la ciudad, sin música que moleste para beber y charlar (p. 180).

CULTURA

- **V&A** Moda, escultura, joyería, fotografía: el museo abarca todas las artes decorativas (p. 108).
- **Royal Observatory** Para saber cómo los lumbreras del s. XVIII resolvieron el problema de la longitud y cómo se creó la hora GMT (abajo; p. 116).
- **Thames River Services** Instructivo crucero panorámico por los grandes puntos de interés de Londres (p. 204).
- **Dinner by Heston Blumenthal** Espléndida gastronomía que mezcla técnicas tradicionales y experimentales (p. 145).
- **Rake** Nada de Carling ni Heineken: es la mejor forma de hacer un viaje de descubrimiento de la cerveza (p. 180).

LUJO Y 'GLAMOUR'

◉ **Palacio de Buckingham** Pompa, boato y muchos techos dorados en la residencia principal de la reina (p. 46).

🍸 **Dukes Bar** Adonde acudía a beber Ian Fleming, el creador de James Bond (p. 183).

◉ **Royal Opera House** *Ballet* u ópera en los rutilantes alrededores del palacio de la ópera de Londres (p. 192).

☆ **Ronnie Scott's** Legendaria sala de *jazz* en la que han tocado todos los grandes (p. 72).

🛍 **Harrods** Ascensor con decoración egipcia, precios estratosféricos y opulentos expositores: los grandes almacenes más extravagantes de Londres (p. 164).

ARTESANÍA

🍸 **Jensen** Pequeña destilería de ginebra independiente que elabora la emblemática London Dry Gin y otras variedades con sabores (p. 183).

🍸 **Duke's Brew & Que** Costillas ahumadas al estilo americano, un *brunch* exquisito y cervezas de una fábrica de Hackney, todo muy moderno (p. 150).

🛍 **Sunday UpMarket** Ropa de diseñadores jóvenes, confecciones extravagantes y muchos puestos de comida (arriba; p. 125).

🍸 **Drink, Shop & Do** Robots Lego, concursos de preguntas, clases de la coreografía de "Thriller": aquí no hay ni una velada normal (p. 184).

CHOLLOS

◉ **Tate Modern** La mayoría de las galerías de este tipo cobran por entrar, pero la Tate no (p. 94).

✕ **Mercado de Borough** Con todas las degustaciones gratuitas uno puede componerse un buen entrante y luego comprar solo el plato principal (p. 88).

🍸 **Oblix** Café con vistas por menos de lo que cuesta subir a la plataforma de observación (p. 179).

🛍 **Burberry Outlet Store** Burberry auténtico, pero un 30% más barato (p. 168).

🛍 **Mercado de Camden** Uno de los más emblemáticos de Londres, con montones de artículos baratos y bonitos (arriba; p. 169).

Puesta a punto
Lo nuevo

Metro las 24 h
Parecía que nunca llegaría, pero ya hay servicio 24 h (fines de semana) en cinco de las nueve líneas del metro de Londres, con salidas durante la noche cada 10 min más o menos.

Vistas desde las alturas
Dos de las nuevas incorporaciones al perfil de Londres (el Shard, p. 91, y el Walkie Talkie, p. 178) ofrecen varios restaurantes y bares donde disfrutar de la ciudad desde las alturas.

Un nuevo parque para Londres
La mitad sur de las instalaciones de los JJ OO del 2012 se ha transformado en el **Queen Elizabeth Olympic Park** (www.queenelizabetholympicpark.co.uk; E20; Stratford), con el Aquatics Centre (p. 207), donde se permite nadar, el velódromo para ir en bicicleta y el **ArcelorMittal Orbit** (www.arcelormittalorbit.com; E20; Stratford) para hacer rápel.

Más espacio en el Museo Británico
Ya se ha inaugurado la esperada ampliación, llamada World Conservation and Exhibitions Centre, que ha costado 135 millones de libras (p. 42).

Todo cambia en Trafalgar Square
El *Gift Horse* de Hans Haacke, un esquelético equino sin jinete con un indicador de la bolsa de valores, dará paso a una nueva obra en el Fourth Plinth (p. 61) en la segunda mitad del 2017.

Arriba: restaurante Sky Garden, Walkie Talkie (p. 178).

Puesta a punto
Gratis

Londres gratis

Puede que sea una de las ciudades más caras del mundo, pero Londres no siempre cuesta un riñón. Muchos puntos de interés y actividades, incluidos muchos museos, son gratis.

Museos

Las colecciones permanentes de todos los museos financiados por el Estado abren al público gratis. Las exposiciones temporales se pagan aparte.

Cambio de guardia

Tiene lugar en el patio delantero del palacio de Buckingham (p. 46) a las 11.30 de abril a julio (y en días alternos entre agosto y marzo, si el tiempo lo permite). Otra opción es contemplar el cambio de guardia montada en el Horse Guards Parade (p. 65) a las 11.00 (a las 10.00 los domingos).

Casas del Parlamento

Cuando hay sesión, se puede asistir gratis y observar la democracia parlamentaria británica en acción (p. 50).

Conciertos en St Martin-in-the-Fields

Esta iglesia (p. 61) acoge conciertos gratis a las 13.00 los lunes, martes y viernes.

Pasear por Londres

Pasear por la ciudad es la mejor forma de captar el ambiente y su historia. Pruébense algunos de estos circuitos a pie: East End Eras (p. 98) y Northern Point of View (p. 130).

Arquitectura e interiores

Durante un fin de semana de septiembre, la Open House London (p. 79) abre las puertas de más de 700 edificios de forma gratuita.

Lo mejor gratis

- Galería Nacional (p. 54)
- Museo Británico (p. 42)
- Victoria & Albert Museum (p. 108)
- Museo de Historia Natural (p. 112)
- Tate Modern (p. 94)

Arriba: cambio de guardia, palacio de Buckingham (p. 46).

Puesta a punto
Viajar en familia

Lo esencial

- **Canguros** Se puede buscar una canguro o niñera en Greatcare (www.greatcare.co.uk).

- **Cunas** Disponibles en muchos hoteles, pero hay que pedirlas con antelación.

- **Transporte público** Los menores de 16 viajan gratis en autobús; los menores de 11, en metro; los menores de 5, en tren.

Museos

Los museos de Londres están muy bien preparados para los niños. En la Galería Nacional (p. 54) hay cuentacuentos para niños de 3 años o más; en el Victoria & Albert Museum (p. 108), talleres de artesanía; en el London Transport Museum (p. 67), talleres de creación de trenes; en la Tate Modern (p. 94) y la Tate Britain (p. 53), pintura de dedos; y en Somerset House (p. 69), talleres de interpretación y artesanía. Y todos ellos, gratis (consúltense las páginas web).

Otra actividad para niños es pasar la noche en un museo, como el Británico, el de la Ciencia y el de Historia Natural, aunque hay que reservar con meses de antelación. Los dos últimos son idóneos para niños y tienen exposiciones interactivas y zonas de juegos.

Otras atracciones

A los niños les encanta el **Zoo de Londres** (plano p. 256; www.londonzoo.co.uk; Outer Circle, Regent's Park, NW1; adultos/niños 26/18 £; 10.00-17.30 mar-oct, hasta 16.00 nov-feb; 274), el London Eye (p. 102), las Mazmorras de Londres (p. 103) y el **Madame Tussauds** (plano p. 256; 0870 400 3000; www.madame-tussauds.com/london; Marylebone Rd, NW1; adultos/niños 30/26 £; 9.30-17.30; Baker St). En invierno se montan pistas de hielo en el Museo de Historia Natural (p. 112), Somerset House, Hyde Park (p. 104) y el foso de la Torre de Londres (p. 74). También hay una pista en temporada más lejos, en el palacio de Hampton Court.

Además, está la subida a la cúpula de la catedral de St Paul (p. 80) o al Monument

VIAJAR EN FAMILIA PUESTA A PUNTO 33

(p. 78), dar de comer a los patos en St James's Park (p. 48) y ver a los artistas de Trafalgar Square (p. 58) o Covent Garden Piazza (p. 67). Muchos festivales de arte y cultura orientados a adultos también son aptos para niños. Los parques de Londres ofrecen multitud de posibilidades: césped, columpios, fauna, árboles y, con buen tiempo, camionetas de helados.

La mayoría de las atracciones ofrecen entradas para familias y descuentos para menores de 15 o 16 años (los menores de 5 suelen entrar gratis).

Dónde comer y beber con niños

La mayoría de los restaurantes y bares de Londres son apropiados para niños y tienen cambiadores y tronas. Los restaurantes de lujo y los bares pequeños y tranquilos pueden poner más pegas, sobre todo si se va con bebés o niños muy pequeños.

El único sitio que tradicionalmente no recibe bien a los niños es el *pub*. Por ley, los menores no pueden acceder a la barra principal (aunque se puede pasar al lado), pero muchos *pubs* tienen zonas donde los niños son bien recibidos, por lo general, un jardín o espacio abierto. Los domingos durante el día está la cosa más relajada.

Los mejores destinos

Museo de Historia Natural (p. 112)
Cambio de guardia (p. 47)
Hamleys (p. 160)
'Cutty Sark' (p. 119)

Transporte con niños

Para desplazarse con niños es mejor el autobús que el metro, que suele estar abarrotado y en el que en verano hace mucho calor. Además, casi todos los autobuses de Londres son los famosos de dos pisos; a los niños les encanta ir arriba y disfrutar de las vistas. Otra buena forma de moverse es pasear.

De izda. a dcha.: Tate Modern (p. 94) y Millennium Bridge (p. 85); Victoria & Albert Museum (p. 108).

Abadía de Westminster	36
Museo Británico	42
Palacio de Buckingham	46
Casas del Parlamento	50
Galería Nacional	54
National Portrait Gallery	56
Trafalgar Square	58
Churchill War Rooms	62
Covent Garden	66
Una noche en el Soho	70
Torre de Londres	74
Catedral de St Paul	80
Tower Bridge	86
Mercado de Borough	88
Shakespeare's Globe	92
Tate Modern	94
Circuito a pie: Las épocas del East End	98
South Bank	100
Hyde Park	104
Victoria & Albert Museum	108
Museo de Historia Natural	112
Royal Observatory y Greenwich Park	116
Excursión de un día: Palacio de Hampton Court	120
Un domingo en el East End	124
King's Cross y Euston	128
Circuito a pie: Una visión del norte	130

LAS MEJORES EXPERIENCIAS

Lugares emblemáticos

MEJORES EXPERIENCIAS

Abadía de Westminster

Es un lugar de conmemoración tan importante que difícilmente se puede exagerar su valor simbólico o encontrar otra institución tan prestigiosa en el resto del mundo. Todos los soberanos ingleses salvo dos han sido coronados aquí desde Guillermo I el Conquistador en 1066 y la mayoría de los monarcas —desde Enrique III (fallecido en 1272) hasta Jorge II (fallecido en 1760)— están enterrados aquí.

Ideal para...

❶ Lo esencial

Plano p. 252; 020-7222 5152; www.westminster-abbey.org; 20 Dean's Yard, SW1; adultos/niños 20/9 £, circuitos guiados por el sacristán 5 £, claustro y jardines gratis; 9.30-16.30 lu, ma, ju y vi, hasta 19.00 mi, hasta 14.30 sa; Westminster

ABADÍA DE WESTMINSTER **37**

★ Consejo
Siempre está muy concurrida, incluso a primera hora: hay que armarse de paciencia.

Hay mucho que ver: el interior está lleno de capillas ornamentadas, elaboradas tumbas de monarcas y monumentos a personalidades de todos los tiempos. Pero, ante todo es un lugar de culto sagrado.

Una historia regia

Pese a su mezcla de estilos arquitectónicos, se considera que es el máximo exponente del gótico primitivo (1190-1300). La iglesia original fue construida en el s. XI por el rey Eduardo el Confesor (posteriormente canonizado), enterrado en la capilla sita detrás del santuario y el altar principal. Enrique III [1216-1272] inició las obras del nuevo edificio, pero no llegó a terminarlas; la nave de estilo gótico francés fue concluida por Ricardo II en 1388. La magnífica Lady Chapel de Enrique VII fue añadida en 1519.

Originariamente la abadía fue un monasterio de monjes benedictinos, según atestiguan la sala capitular octagonal, el coro y los cuatro claustros. En 1536 Enrique VIII separó la Iglesia de Inglaterra de la Iglesia católica apostólica romana y disolvió el monasterio. El rey fue nombrado jefe supremo de la Iglesia anglicana y la abadía adquirió el estatus de *royal peculiar*, en virtud del cual pasó de la jurisdicción eclesiástica a la administración directa de la Corona.

Transepto norte, sagrario y coro

Se entra a la abadía por la puerta norte. El transepto septentrional suele conocerse como la nave de los grandes estadistas porque rinde honor a políticos y eminentes personalidades públicas con estatuas y placas de mármol.

Lady Chapel de Enrique VII.

En el centro de la abadía, magníficamente embaldosado, se halla el **sagrario, lugar de coronaciones, bodas y funerales de la realeza.** En 1873 George Gilbert Scott proyectó el **altar mayor,** profusamente decorado. Enfrente se extiende un **suelo de mármol cosmatesco** de 1268, con intrincados mosaicos incrustados en mármol liso que predicen que en el año 19 693 llegará el fin del mundo. A la entrada de la **capilla de San Juan Bautista** hay una Virgen con Niño bañada por la luz de las velas.

El **coro,** una estructura neogótica en tonos dorados, azules y rojos, fue realizado por Edward Blore a mediados del s. XIX. Ocupa el lugar donde se alzaba el antiguo coro benedictino, pero no guarda ninguna similitud con él. Hoy suele utilizarlo el Coro de Westminster: 22 niños y 12 *lay vicars* (hombres) que cantan durante los oficios religiosos diarios.

Capillas y trono de coronación

El santuario está rodeado de capillas. La **Lady Chapel (capilla de Enrique VII),** en el extremo más oriental de la abadía, es la más espectacular de todas ellas: presenta una bóveda palmeada, coloridos blasones de la Orden de Bath y una sillería del coro tallada en roble. Detrás del altar de la capilla se encuentra el sarcófago de Enrique VII y su esposa, Isabel de York.

Tras la capilla del altar se alza la **capilla de la Royal Air Force,** cuya vidriera conmemora la Batalla de Inglaterra (1940) y a los 1500 pilotos de la aviación británica que fallecieron en ella. Una losa en el suelo indica el lugar donde yació el cuerpo de Oliver Cromwell durante dos años (falleció en 1658), hasta la Restauración, cuando fue desenterrado, colgado y decapitado. Los restos atribuidos a los dos príncipes supuestamente asesinados en la Torre de Londres en 1483 fueron enterrados aquí casi dos siglos después, en 1674.

A los lados de la capilla de Enrique VII hay dos pequeñas capillas que albergan las tumbas de célebres monarcas: a la izquierda (norte) descansan **Isabel I** y su hermanastra **María I** (también conocida como María la Sanguinaria). A la derecha (sur) se halla la tumba de **María I de Escocia,** decapitada por orden de su prima Isabel.

El vestíbulo de la capilla mariana es el lugar habitual del trono de coronación, de aspecto muy normal, en el que han sido coronados todos los monarcas desde principios del s. XIV.

☑ **Imprescindible**

Cellarium Cafe & Terrace (plano p. 252; ☎020-7222 0516; www.cellariumcafe.com; abadía de Westminster, 20 Dean's Yard, SW1; principales 10,50-14,50 £; ⏱8.00-18.00 lu-vi, 9.00-17.00 sa, 10.00-16.00 do). **Forma parte del monasterio benedictino original del s. XIV y permite disfrutar de espectaculares detalles arquitectónicos de la abadía.**

Capilla de San Eduardo el Confesor

Sita detrás del altar mayor, es el lugar más sagrado de la abadía (el acceso es limitado para proteger el suelo del s. XIII). San Eduardo fue el fundador de la abadía y el edificio original fue consagrado pocas semanas antes de su muerte. Su tumba difiere ligeramente de la original, destruida durante la Reforma, pero aún alberga sus restos: es el único santo de Gran Bretaña cuyo cuerpo se conserva íntegro. Los **circuitos guiados por un sacristán** que recorren la abadía (90 min) incluyen esta capilla.

Edificios exteriores y jardines

La parte más antigua del claustro data del s. XIII y alberga el claustro oriental (o East Walk). La octogonal **sala capitular** presenta uno de los suelos de mosaicos medievales mejor conservados de Europa y conserva trazos de murales religiosos. Durante la segunda mitad del s. XIV aquí era donde se reunía la Cámara de los Comunes. A la derecha de la entrada a la sala capitular está la que se considera la **puerta más antigua** de Gran Bretaña (950 años).

La adyacente **Pyx Chamber** es una de las pocas reliquias que quedan de la abadía original y custodia sus tesoros y objetos litúrgicos. Incluye la píxide: un cofre con las muestras de oro y plata empleadas para determinar, en una ceremonia llamada la Prueba de la Píxide, la medida y el peso de las monedas acuñadas.

Al lado, en la cripta abovedada, se halla el **museo de la abadía de Westminster** (plano p. 252; 10.30-16.00), donde se exponen las máscaras mortuorias de varias generaciones de miembros de la realeza, efigies de cera de Carlos II y Guillermo III (sobre un pedestal, para que sea tan alto como su esposa, María II), armaduras y vidrieras. Destacan el trono de María, utilizado para la coronación de María II, y el retablo de **Westminster,** que data del s. XIII y es el más antiguo de Inglaterra.

Para ir al **College Garden** (plano p. 252; 10.00-18.00 ma-ju abr-sep, hasta 16.00 ma-ju oct-mar), de 900 años de antigüedad, hay que cruzar el Dean's Yard y los claustros junto a Great College St.

Nave y transepto sur

En el transepto sur se halla el **rincón de los poetas,** que alberga los restos de muchos de los más célebres escritores de Inglaterra o monumentos en su honor.

La nave lateral norte acoge el **rincón de los científicos,** con la **tumba de sir Isaac Newton** (obsérvense el ángel que orienta un prisma hacia el cielo y otro junto a un horno de fundición). Un poco más arriba se encuentra el pasillo norte del coro, conocido como el **pasillo de los músicos,** donde están sepultados los compositores barrocos Henry Purcell y John Blow y varios

Monumentos conmemorativos del rincón de los poetas.

músicos contemporáneos, como Benjamin Britten y Edward Elgar.

Se sale de la abadía por las dos torres que se elevan por encima de la puerta occidental, proyectadas por Nicholas Hawksmoor y finalizadas en 1745. Encima de la puerta, unos nichos del s. XV contienen las adquisiciones más recientes de la abadía, inauguradas en 1998: 10 estatuas de piedra de mártires internacionales del s. XX que murieron por su fe cristiana, como Martin Luther King, el sacerdote polaco san Maximilian Kolbe, asesinado por los nazis en Auschwitz, y Wang Zhiming, ejecutado públicamente durante la Revolución Cultural China.

🛈 El dato

El 29 de abril del 2011 se celebró la boda del príncipe Guillermo y Catalina Middleton en la abadía de Westminster. La pareja escogió la abadía por la relativa intimidad que ofrece el santuario. Decidieron decorar el templo con árboles, algo inusual, y la novia llevó un vestido de la diseñadora británica Sarah Burton (de la firma Alexander McQueen). Según la tradición iniciada por la Reina Madre en 1923, Kate depositó el ramo de novia en la Tumba del Soldado Desconocido.

☑ Imprescindible

La puerta más antigua de Gran Bretaña, el rincón de los poetas, el trono de coronación, la Lady Chapel, un jardín de 900 años de antigüedad, sarcófagos reales y muchas otras cosas.

Gran atrio.

Museo Británico

Fundado en 1753, cuando el médico real Hans Sloane vendió su gabinete de curiosidades, es la atracción más visitada de Gran Bretaña: un apasionante recorrido por 7000 años de civilización de todo el mundo.

Ideal para...

☑ Imprescindible

La piedra Rosetta, la momia de Katebet y las esculturas de mármol del Partenón.

El museo ofrece circuitos, muchos gratuitos. A diario hay 15 circuitos eyeOpener (30-40 min, gratis) por galerías individuales. También organiza charlas (diarias, gratis), un circuito por los puntos más destacados (adultos/niños 12 £/gratis, 11.30 y 14.00 vi, sa y do) y visitas multimedia con iPad (adultos/niños 5/3,50 £): seis circuitos temáticos (1 h) y recorridos para niños (35 min).

Gran atrio

Con un techo de cristal y acero proyectado por Norman Foster en el 2000, es la mayor plaza cubierta de Europa. En el centro se encuentra la **sala de lectura** (antes la British Library), cuyas obras consultaron grandes cerebros de la historia: desde Mahatma Gandhi hasta Karl Marx. Hoy se destina a exposiciones temporales.

MUSEO BRITÁN

Relieve esculpido.

ℹ Lo esencial

Plano p. 256; ☎020-7323 8000; www.british museum.org; Great Russell St, WC1; ⏱10.00-17.30 sa-ju, hasta 20.30 vi; Ⓤ Russell Sq o Tottenham Court Rd; **GRATIS**

✕ Una pausa

Abeno (plano p. 252; ☎020-7405 3211; www.abeno.co.uk; 47 Museum St, WC1; principales 7,95-25,80 £; ⏱12.00-22.00; Ⓤ Tottenham Court Rd) Sito en un tranquilo callejón a la vuelta de la esquina del museo, deleita con empanadas y sabrosas propuestas.

★ Consejo

El museo es enorme: conviene decidir de antemano qué se desea ver y no descartar los circuitos gratuitos.

Antiguo Egipto, Oriente Próximo y Grecia

La colección estrella es la del Antiguo Egipto, que reúne esculturas, joyas, papiros, féretros y momias, como la **momia de Katebet** (sala 63). La pieza más preciada de la colección (y la postal que más se vende en el museo) es la **piedra Rosetta** (sala 4), que permitió descifrar los jeroglíficos egipcios. La misma galería acoge el busto del faraón **Ramsés II** (sala 4).

Entre los tesoros asirios de la antigua Mesopotamia destacan los **toros alados de Jorsabad**, de 16 toneladas (sala 10): la pieza más pesada del museo. Detrás están los **relieves de caza de leones de Nínive** (sala 10), del s. VII a. C., cuya influencia es patente en la escultura griega. Estas antigüedades son aún más relevantes tras la demolición de Nimrud en el 2015 a manos del Estado islámico.

Uno de los mayores atractivos del museo son las **esculturas del Partenón** (sala 18). Se cree que el friso de mármol representa la Gran Panatenea, un festival anual en honor a Atenea.

La Gran Bretaña romana y medieval

En la planta superior se exponen los hallazgos de Gran Bretaña y del resto de Europa (salas 40-51). Muchos de ellos se remontan a la época romana, cuando el Imperio abarcaba gran parte del continente, como el **tesoro de Mildenhall** (sala 49), una colección de vajilla de plata romana del s. IV, con motivos paganos y paleocristianos, descubierta en Suffolk.

Los restos bien conservados del **hombre de Lindow** (sala 50), que vivió en el s. I, fueron descubiertos en 1984 en una ciénaga cerca de Mánchester, al norte de Inglaterra.

Igual de fascinantes son los restos del barco funerario **Sutton Hoo** (sala 41), un lugar de inhumación anglosajón en Suffolk que data del s. VII.

El **ajedrez de Lewis** (sala 40), muy popular, está integrado por piezas del s. XII esculpidas en colmillos de morsa y dientes de ballena. Fue hallado a principios del s. XIX en una isla escocesa y sirvió de modelo para el ajedrez mágico de la primera película de Harry Potter.

Galerías de la Ilustración

Este espacio neoclásico (sala 1), antes conocido como la King's Library (Biblioteca del Rey), fue construido entre 1823 y 1827 y fue el primer núcleo del museo actual. La colección muestra el surgimiento de varias disciplinas —como biología, arqueología, lingüística y geografía— durante el Siglo de las Luces.

Cerca de allí

Sir John Soane's Museum   Museo

(Plano p. 250; www.soane.org; 13 Lincoln's Inn Fields, WC2; 10.00-17.00 ma-sa y 18.00-21.00 1er ma del mes; Holborn) GRATIS Uno de los museos más sugerentes de Londres, el edificio que ocupa fue la residencia del arquitecto sir John Soane (1753-1837), que la dejó atestada de efectos personales y curiosidades. El pequeño museo hace gala de su gusto refinado y excéntrico.

Hijo de un albañil rural, Soane saltó a la fama tras proyectar el Banco de Inglaterra.

El edificio —patrimonio nacional y una atracción en sí mismo— conserva prácticamente el mismo aspecto que tenía cuando Soane falleció. Presenta una cúpula abovedada y por ella se filtra la luz que llega hasta el semisótano: una galería

Esculturas del Partenón.

con columnas repleta de estatuas y una pinacoteca con los lienzos guardados en paneles de madera abatibles. Aquí es donde se muestran las obras más selectas, como *Riva degli Schiavoni,* lado oeste de Canaletto, proyectos arquitectónicos de Christopher Wren y Robert Adam y *Vida de un libertino,* la serie original de caricaturas con la que William Hogarth retrató la vida de los bajos fondos londinenses de finales del s. XVIII. Entre las adquisiciones más insólitas de Soane destacan un sarcófago egipcio con jeroglíficos, la reproducción de la celda de un monje y cadenas para esclavos.

Plazas de Bloomsbury   Plaza

Se decía que los artistas del Grupo de Bloomsbury vivían en torno a los perímetros cuadrados de las plazas, trabajaban en círculos y en temas de amor les seducían los triángulos. **Russell Square** (plano p. 256; Russell Sq), en el centro del barrio y proyectada en 1800, fue objeto hace 10 años de una restauración que incluyó la instalación de una fuente de 10 m de alto. El centro del Bloomsbury literario era **Gordon Square** (plano p. 256; Russell Sq o Euston Sq), donde algunos edificios están señalados con placas azules. **Bedford Square** (plano p. 256; Tottenham Court Rd) es la única plaza de estilo totalmente georgiano que queda en Bloomsbury.

En Gorden Square vivieron, en distintas épocas, Bertrand Russell (nº 57), Lytton Strachey (nº 51) y Vanessa y Clive Bell, Maynard Keynes y la familia Woolf (nº 46). Strachey, Dora Carrington y Lydia Lopokova (futura esposa de Maynard Keynes) residieron en el nº 41.

Charles Dickens Museum   Museo

(Plano p. 256; www.dickensmuseum.com; 48 Doughty St, WC1; adultos/niños 8/4 £; 10.00-17.00, última entrada 16.00; Chancery Lane o Russell Sq) Ubicado en una casa de cuatro plantas —la única residencia londinense que se conserva de las muchas en las que vivió el novelista victoriano—, el museo fue objeto de una reforma de 3,5 millones de libras que lo amplió y mejoró significativamente. Pueden visitarse el salón, la cocina y una docena de habitaciones con varios objetos de interés.

Dickens solo vivió aquí dos años y medio, pero estos fueron muy prolíficos y consolidaron su fama: entre 1837 y 1839 escribió *Papeles póstumos del club Pickwick, Nicholas Nickleby* y *Oliver Twist,* pese a las deudas, la muerte de su querida cuñada Mary Hogarth y una familia cada vez más numerosa.

> ★ **Consejo**
>
> La serie radiofónica 'A History of the World in 100 Objects' (www.bbc.co.uk/podcasts/series/ahow), que recorre dos millones de años de historia a través de 100 objetos de las colecciones del museo, es excelente.

46 LAS MEJORES EXPERIENCIAS

Cambio de guardia.

Palacio de Buckingham

Construido en 1705 como Buckingham House para el duque homónimo y posteriormente adquirido por Jorge III, ha sido la residencia londinense de la familia real desde 1837. Por lo visto, el palacio de St James era pequeño y anticuado, si bien el de Buckingham fue sometido a varias mejoras antes de ser declarado idóneo.

Ideal para...

☑ **Imprescindible**

Mirar por la verja, recorrer el interior con un circuito (solo en verano) y ver el cambio de guardia.

Las State Rooms solo están abiertas en agosto y septiembre, cuando Su Majestad está de vacaciones en Escocia, pero la Queen's Gallery se puede visitar todo el año; los Royal Mews, de abril a diciembre.

State Rooms

El **circuito** parte del **Grand Hall**, a los pies de la monumental **Grand Staircase**, encargada por Jorge IV en 1828. Pasa por el **salón verde** de estilo italiano proyectado por John Nash, el **comedor de Estado** (tapizado en damasco rojo y con mobiliario estilo regencia), el **salón azul** (con un techo artesonado de Nash) y el **salón blanco**, donde se recibe a los embajadores extranjeros.

El **salón de baile**, donde tienen lugar las recepciones oficiales y los banquetes de Estado, fue construido entre 1853 y 1855

PALACIO DE BUCKINGHAM 47

Victoria Memorial.

ℹ Lo esencial

Plano p. 252; ☏ 020-7766 7300; www.royalcollection.org.uk; Buckingham Palace Rd, SW1; adultos/niños 20,50/11,80 £; ⏱ 9.30-19.30 fin jul-ago, hasta 18.30 sep; ⊖ St James's Park, Victoria o Green Park

✕ Una pausa

Garden Café, situado en la West Terrace del palacio, en verano ofrece refrigerios.

★ Consejo

Conviene llegar temprano para ver el cambio de guardia desde las primeras filas.

e inaugurado con un baile al año siguiente para celebrar el fin de la Guerra de Crimea. El **salón del trono,** que bajo un baldaquín acoge dos tronos tapizados en rosa con las iniciales 'ER' y 'P', decepciona un poco.

Picture Gallery y jardines

La parte más interesante del circuito es la Picture Gallery, de 47 m de largo, con obras de artistas como Van Dyck, Rembrandt, Canaletto, Poussin, Claude Lorrain, Rubens, Canova y Vermeer.

Un paseo por las 18 Ha de los jardines, con unas 350 especies de flores y plantas y numerosas aves, ofrece vistas del palacio y su lago.

Cambio de guardia

Todos los días de abril a julio a las 11.30 y en días alternos de agosto a marzo (si el tiempo lo permite), la guardia (Foot Guards of the Household Regiment) es relevada en la plaza que hay frente al palacio de Buckingham.

Las multitudes se agolpan para ver la cuidada coreografía de la marcha y el clamor de los guardias, con sus uniformes rojos y gorros de piel de oso. Dura unos 40 min y es muy popular: conviene llegar pronto para coger sitio.

Queen's Gallery

Desde el reinado de Carlos I, la familia real ha reunido una colección inestimable de pinturas, esculturas, cerámica, mobiliario y joyas. En la **Queen's Gallery** (plano p. 252; www.royalcollection.org.uk; ala sur, palacio de Buckingham, puerta de Buckingham, SW1; adultos/niños 10/5,20 £, con Royal Mews 17,10/9,60 £; ⏱ 10.00-17.30; St James's Park, Victoria o Green Park) se exponen de forma rotativa algunos tesoros del palacio.

Concebida originariamente por John Nash como un invernadero, en 1843 fue transformada en una capilla para la reina Victoria, en 1940 resultó destruida en un bombardeo y en 1962 fue reabierta como galería de arte. Una restauración de 20 millones de libras, llevada a cabo en el 2000 con motivo de los 50 años de reinado de Isabel II, triplicó el espacio expositivo.

Royal Mews

Al suroeste del palacio, las **Royal Mews** (plano p. 252; www.royalcollection.org.uk; Buckingham Palace Rd, SW1; adultos/niños 9/5,40 £, con la Queen's Gallery 17,10/9,60 £; 10.00-17.00 a diario abr-oct, hasta 16.00 lu-sa nov y dic; Victoria), antaño destinadas a la cetrería, hoy son los establos y albergan tres docenas de inmaculados caballos, además de los carruajes y automóviles reales. La reina da nombre a cada uno de sus equinos y monta todos los fines de semana. Los establos de Nash de 1820 son asombrosos.

De especial interés son la carroza de oro (1762) que se emplea para las coronaciones desde Jorge III; la carroza acristalada (1911) utilizada para las bodas reales y en la celebración de los 60 años de reinado de Isabel II en el 2012; la carroza de la reina Alejandra (1893) usada para transportar la corona imperial del Estado durante la apertura oficial del Parlamento; y un Rolls-Royce Phantom VI de la flota real.

Cerca de allí

St James's Park Parque
(Plano p. 252; www.royalparks.org.uk; The Mall, SW1; hamacas por h/día 1,50/7 £; 5.00-24.00, hamacas mar-oct horas diurnas; St James's Park o Green Park) Con tan solo 23 Ha, es uno de los parques reales londinenses más pe-

Royal Mews.

PALACIO DE BUCKINGHAM **49**

queños pero mejor cuidados. Ofrece vistas del London Eye, Westminster, el palacio de St James's, Carlton Tce y la Horse Guards Parade; las del palacio de Buckingham desde el puente sobre el lago son de postal.

En el lago chapotean patos, gansos, cisnes y aves en general, mientras que en las rocas del lado sur se posan media docena de pelícanos, a los que dan de comer a diario a las 14.30.

Royal Academy of Arts   Galería de arte
(Plano p. 252; www.royalacademy.org.uk; Burlington House, Piccadilly, W1; adultos/niños 10/6 £, precios según exposición; 10.00-18.00 sa-ju, hasta 22.00 vi; Green Park) Es la institución dedicada a las bellas artes más antigua de Gran Bretaña. Fundada en 1768, un siglo después fue trasladada a la Burlington House. La colección incluye dibujos, cuadros, proyectos arquitectónicos, fotografías y esculturas de académicos de ayer y de hoy, como Joshua Reynolds, John Constable, Thomas Gainsborough, J. M. W. Turner, David Hockney y Norman Foster.

La **exposición estival** (jun-med ago), en la que desde hace casi 250 años se muestran y venden obras de creadores contemporáneos emergentes y consolidados, es el acontecimiento anual más destacado de la academia.

Green Park   Parque
(Plano p. 252; www.royalparks.gov.uk; 24 h; Green Park) De 19 Ha, con enormes robles y praderas, no está tan cuidado como St James's Park pero es más tranquilo. Antaño escenario de duelos, durante la II Guerra Mundial se utilizó, al igual que Hyde Park, como huerto.

Es famoso por la ausencia de parterres: la reina Catalina Enriqueta de Braganza los prohibió al descubrir que su esposo, Carlos II, había estado regalando a sus amantes las flores que crecían en el jardín. Al menos, eso cuenta la leyenda; otros lo atribuyen al hecho de que la tierra está afectada por una fosa común excavada en el parque para enterrar a los fallecidos por la peste.

> **ⓘ El dato**
> Las State Rooms solo son 19 de los 775 salones del palacio.

> **ⓘ De primera mano**
> La Music Room ocupa el centro de la vida de la familia real. En ella fueron bautizados cuatro bebés con agua traída del río Jordán: el príncipe de Gales (príncipe Carlos), la princesa real (princesa Ana), el duque de York (príncipe Andrés) y el duque de Cambridge (príncipe Guillermo).

50 LAS MEJORES EXPERIENCIAS

El Big Ben y las Casas del Parlamento.

Casas del Parlamento

La Cámara de los Comunes y la Cámara de los Lores se hallan en las suntuosas Casas del Parlamento, cuya arquitectura neogótica se remonta a mediados del s. XIX.

Ideal para...

☑ Imprescindible

La armadura de la cubierta del Westminster Hall, el interior neogótico del palacio y las campanadas del Big Ben.

Torres

La construcción más famosa de las Casas del Parlamento es la torre del Reloj, oficialmente rebautizada como Torre Isabel para conmemorar el 60º aniversario de reinado de la soberana, pero comúnmente conocida como **Big Ben** (plano p. 252). En realidad, el Big Ben es la campana que hay en el interior y debe su nombre a Benjamin Hall, que medía más de 1,80 m y era el superintendente a cargo de la construcción cuando esta fue terminada en 1858. Desde 1924 el Big Ben toca las campanadas de Nochevieja.

En la base de la **torre Victoria,** en el extremo sur, se halla la **Entrada del Monarca,** utilizada por la reina.

CASAS DEL PARLAMENTO 51

Parte superior del Big Ben (Torre Isabel).

❶ Lo esencial

Plano p. 252; www.parliament.uk; Parliament Sq, SW1; ⊖Westminster; GRATIS

✕ Una pausa

Jubilee Café (10.00-17.30 lu-vi, hasta 18.00 sa), cerca de la puerta norte del Westminster Hall, sirve bebidas y tentempiés.

★ Consejo

Para saber qué debate se celebra un día en concreto se puede consultar el tablón de anuncios junto a la entrada o visitar www.parliament.uk.

Westminster Hall

Sede de la monarquía inglesa desde el s. XI hasta el s. XVI, es una de las joyas del palacio de Westminster y la parte más antigua del complejo. Construido en 1099, la espléndida **armadura de la cubierta,** descrita como "la más grandiosa obra de carpintería medieval inglesa que ha llegado hasta nosotros", fue añadida hacia el 1400. La otra parte del palacio original que también se salvó del incendio de 1834 es la **torre de las Joyas** (plano p. 252; 📞020-7222 2219; www.english-heritage.org.uk/daysout/properties/jewel-tower; Abingdon St, St James's Park, SW1; adultos/niños 4/2,40 £; ⏱10.00-17.00 diario abr-oct, 10.00-16.00 sa y do nov-mar; ⊖Westminster), construida en 1365 para custodiar los tesoros del monarca.

En la Edad Media, el Westminster Hall se utilizaba para los banquetes de coronación y hasta finales del s. XIX fue un palacio de justicia. En él se celebraron los juicios de William Wallace (1305), Tomás Moro (1535), Guy Fawkes (1606) y Carlos I (1649). En el s. XX se utilizó como capilla ardiente para los funerales de Estado de algunos monarcas y de sir Winston Churchill.

Cámara de los Comunes

La **Cámara de los Comunes** (plano p. 252; http://www.parliament.uk/business/commons; Parliament Sq, SW1; ⏱14.30-22.00 lu y ma, 11.30-19.30 mi, 10.30-18.30 ju, 9.30-15.00 vi; ⊖Westminster) es donde se reúnen los miembros del Parlamento para proponer y debatir nuevas leyes y formular preguntas al primer ministro y otros políticos.

El diseño de la **Cámara de los Comunes** se inspira en la capilla de St Stephen, en el palacio de Westminster original. La cámara, proyectada por Giles Gilbert Scott, sustituyó a la destruida por una bomba en 1941.

Aunque los Comunes son una asamblea nacional de 650 miembros, la cámara solo tiene aforo para 437. Los miembros del Gobierno se sientan a la derecha del *speaker* y los miembros de la oposición a su izquierda.

Cámara de los Lores

La **Cámara de los Lores** (plano p. 252; www.parliament.uk/business/lords; Parliament Sq, SW1; 14.30-22.00 lu y ma, 15.00-22.00 mi, 11.00-19.30 ju, 10.00-cierre de sesión vi; Westminster) puede observarse desde la Strangers' Gallery. El elaborado **interior neogótico** llevó a su arquitecto, Augustus Pugin (1812-1852), a una muerte prematura por exceso de trabajo y la consiguiente tensión.

La mayoría de los 780 miembros de la Cámara de los Lores son pares vitalicios nombrados por la reina; también hay algunos pares hereditarios (92 cuando se redactó esta guía), un grupo de miembros independientes (179, no afiliados a los principales partidos políticos) y 26 obispos.

Circuitos

Todos los sábados del año y muchos días entre semana durante los recesos parlamentarios —en Pascua, verano y Navidad— hay un **circuito guiado** (plano p. 252; 020-7219 4114; www.parliament.uk/guided-tours; Parliament Sq, SW1; adultos/niños 25/10 £), a cargo de personal cualificado de Blue Badge Tourist Guides (90 min, 7 idiomas); se recorren las dos cámaras, el Westminster Hall y otros edificios históricos.

Es muy habitual completar el circuito con el té de la tarde en el Terrace Pavilion con vistas al Támesis. Los horarios de los circuitos cambian cada receso y a veces están sujetos a modificaciones o cancela-

Cámara de los Comunes

ciones (por ejemplo, a causa de la ceremonia de apertura del Parlamento); conviene consultar y reservar.

Cerca de allí

Tate Britain Galería de arte

(www.tate.org.uk; Millbank, SW1; 10.00-18.00, hasta 22.00 1er vi del mes; Pimlico) GRATIS La más antigua y venerable de las dos galerías Tate ha sido reformada (presenta una nueva escalera *art déco*) y reúne lienzos desde el año 1500 hasta nuestros días —Blake, Hogarth, Gainsborough, Barbara Hepworth, Whistler, Constable y Turner—, además de obras modernas y contemporáneas —Lucian Freud, Francis Bacon, Henry Moore y Tracey Emin—. Hay circuitos temáticos gratuitos de 45 min (11.00, 12.00, 14.00 y 15.00) y charlas **Art in Focus** de 15 min (13.15 ma, ju y sa).

Con todo, el protagonista indiscutible de la Tate Britain es J. M. W. Turner. Tras su muerte en 1851, todo lo que se halló en su estudio —300 óleos y unos 30 000 bocetos y dibujos— fue legado a la nación, según lo dispuesto en su testamento. La colección de la Tate Britain constituye una imponente celebración de su obra, con lienzos tan famosos como *Puesta de sol escarlata* y *Castillo de Norham, amanecer.*

La galería también organiza anualmente, de octubre a principios de diciembre, el prestigioso y polémico Premio Turner de arte contemporáneo. Hay audioguías (3,50 £).

Tribunal Supremo Punto de interés

(Plano p. 252; 020-7960 1900/1500; www.supremecourt.uk; Parliament Sq, SW1; 9.30-16.30 lu-vi; Westminster) GRATIS Es el más alto tribunal del Reino Unido y fue el Comité de Apelación de la Cámara de los Lores hasta el 2009. Ahora tiene su sede en el neogótico Middlesex Guildhall (1913) y las sesiones están abiertas al público (lu-ju).

Se puede consultar en recepción los procesos en curso o visitar el sitio web del tribunal. El sótano alberga una exposición permanente sobre la labor y trayectoria del máximo órgano judicial del Reino Unido y sobre la historia del edificio. Hay un folleto para circuitos autoguiados (1 £) y los viernes se organizan visitas (5 £; 11.00, 14.00 y 15.00).

> **🛈 El dato**
>
> La Cámara de los Lores comprende lores espirituales, vinculados a la Iglesia oficial, y lores temporales, designados en virtud de su derecho hereditario.

> **★ Consejo**
>
> Cuando hay sesión parlamentaria, se permite el acceso de visitantes a los debates de ambas cámaras. La entrada está en Cromwell Green.

54 LAS MEJORES EXPERIENCIAS

La fuente de Trafalgar Square y la Galería Nacional.

Galería Nacional

Alberga una de las más extraordinarias colecciones de arte del mundo, con cuadros de Leonardo da Vinci, Miguel Ángel, Tiziano, Van Gogh y Renoir entre los cerca de 2300 lienzos de pintores europeos repartidos en varias salas.

Ideal para...

☑ **Imprescindible**

Venus y Marte de Botticelli, *Los girasoles* de Van Gogh y *Venus del espejo* de Velázquez.

La colección de la Galería Nacional abarca siete siglos de pintura europea, expuesta en suntuosas galerías. Todos los cuadros son obras maestras, pero algunos destacan por su belleza. Los mosaicos del suelo del vestíbulo principal también merecen ser contemplados.

La galería, situada junto a la National Portrait Gallery (p. 56), también excepcional, tiene vistas a Trafalgar Sq (p. 58).

Ala Sainsbury

En la parte oeste, la moderna ala Sainsbury cubre el período de 1250 a 1500: desde pinturas de carácter religioso encargadas por particulares, como el *Díptico de Wilton*, hasta obras maestras extraordinarias, como *Venus y Marte* de Botticelli y el *Retrato de Giovanni Arnolfini y su esposa* de Van

Escultura de bronce de Jacobo II.

GALERÍA NA...

Lo esencial

Plano p. 252; www.nationalgallery.org.uk; Trafalgar Sq, WC2; 10.00-18.00 sa-ju, hasta 21.00 vi; Charing Cross; **GRATIS**

Una pausa

National Dining Rooms (p. 150) sirve propuestas británicas de alta calidad y un espléndido *afternoon tea*.

★ Consejo
Conocer, mediante un circuito gratuito, la historia de las obras más destacadas de la galería.

Eyck. *La Virgen de las Rocas* de Leonardo da Vinci (sala 57) es una obra maestra indiscutible.

Ala oeste y ala norte

El ala oeste, consagrada al Alto Renacimiento (1500-1600), contiene obras de Miguel Ángel, Tiziano, Rafael, Correggio, El Greco y Bronzino; en el ala norte (1600-1700) se exponen lienzos de Rubens, Rembrandt y Caravaggio. Destacan dos autorretratos de Rembrandt (a la edad de 34 y 63 años) y la *Venus del espejo* de Velázquez.

Ala este

El ala este (1700-1900) es la más visitada: custodia obras de artistas británicos del s. XVIII, como Gainsborough, Constable y Turner, y obras maestras impresionistas y posimpresionistas de Van Gogh (como *Los girasoles*), Renoir y Monet.

Visitas

Se recomiendan las audioguías (4 £), así como los circuitos gratis que parten del mostrador de información del ala Sainsbury (1 h, 11.30 y 14.30 diarios, y 19.00 vi). También se organizan actividades para los más pequeños. Y los domingos por la mañana hay cuentacuentos (2-5 años).

National Portrait Gallery

Rinde homenaje a célebres rostros británicos con una colección de 4000 pinturas, esculturas y fotografías desde el s. XVI hasta la actualidad.

Ideal para...

☑ Imprescindible

Self de Mark Quinn, el *Retrato Chandos* de Shakespeare —atribuido a John Taylor— y *Jane Austen* de Cassandra Austen.

La popularidad de este museo —el único de Europa dedicado por completo a retratos— obedece a que su colección resulta muy familiar para casi todo el mundo: o bien se ha oído hablar de las personas retratadas (reyes, científicos, políticos, celebridades) o de los artistas (Andy Warhol, Annie Leibovitz, Sam Taylor-Wood).

La colección está organizada cronológicamente (empezando por los primeros Tudor en la 2ª planta) y luego por temas. Cabe destacar el *Retrato Chandos* de William Shakespeare, la primera obra adquirida por el museo (en 1856); se cree que es el único retrato del dramaturgo en vida. Otras obras de interés son el retrato *Ditchley* de la reina Isabel I, de pie sobre un mapa de Inglaterra, y un boceto de la novelista Jane Austen, realizado por su hermana.

NATIONAL PORTRAIT GALLERY

❶ Lo esencial

Plano p. 252; www.npg.org.uk; St Martin's Pl, WC2; 10.00-18.00 sa-mi, hasta 21.00 ju y vi; Charing Cross o Leicester Sq; GRATIS

✕ Una pausa

Portrait (p. 150): restaurante con vistas de Westminster y una deliciosa comida.

★ Consejo

La galería organiza exposiciones temporales (de pago).

Audioguías

La audioguía (3 £; se requiere identificación) describe 200 retratos y permite escuchar la voz de algunos de los personajes representados.

Primera planta

Los retratos de la 1ª planta ilustran el apogeo y decadencia del Imperio británico durante la época victoriana y el s. XX. No hay que perderse la estatua *kitsch* de Victoria y Alberto con atuendo anglosajón (sala 21).

Planta baja

Está dedicada a figuras y celebridades modernas y contiene retratos en escultura, fotografía y vídeo. Son muy populares los retratos de Blur, obra de Julian Opie, y el *David* de Sam Taylor-Wood: un videorretrato (en baja resolución, si se compara con los estándares actuales) de David Beckham dormido tras un entrenamiento. También destaca el *Self* de Marc Quinn: una escultura congelada de la cabeza del artista, realizada con 4,5 l de su propia sangre y que cada cinco años se vuelve a moldear.

LAS MEJORES EXPERIENCIAS

Columna de Nelson (p. 60).

Trafalgar Square ✓

Esta plaza —considerada, en muchos sentidos, el centro de Londres— congrega a decenas de miles de personas en celebraciones —como la Navidad— y manifestaciones políticas. Relegada al olvido durante muchos años, en el 2000 se presentó un proyecto para transformarla en una plaza peatonal y en la clase de espacio que John Nash había imaginado cuando la proyectó en el s. XIX.

Ideal para...

❶ Lo esencial

Plano p. 252; Charing Cross

TRAFALGAR SQUARE **59**

★ Consejo
Consúltese la web www.london.gov.uk para conocer los actos que tendrán lugar en la plaza.

La plaza

Conmemora la victoria de la Marina Real en la batalla de Trafalgar, en las costas de Cádiz, contra los franceses y los españoles en 1805, durante las Guerras Napoleónicas. En la zona central hay dos fuentes que se iluminan de noche. En cada esquina de la plaza hay un pedestal; tres de ellos están coronados por estatuas de jefes militares; el cuarto, en la esquina noreste, es un espacio artístico denominado Fourth Plinth.

Aunque casi nadie les presta atención, vale la pena fijarse en unas placas de latón colocadas en los escalones que conducen a la Galería Nacional (p. 54). Datan del s. XIX y contienen las dimensiones exactas de las unidades de medida del sistema británico, como yarda, *perch, pole, chain* y *link*.

Columna de Nelson

Construida en granito de Dartmoor, se alza en el centro de la plaza desde 1843, mide 52 m de alto y rinde homenaje al almirante lord Horatio Nelson, que lideró la heroica victoria de la flota británica sobre Napoleón. La mirada del almirante se extiende por Whitehall hasta las Casas del Parlamento. La columna está flanqueada por cuatro enormes leones de bronce, obra de sir Edwin Landseer, añadidos en 1867.

Fourth Plinth

Tres de los cuatro pedestales de las esquinas de Trafalgar Sq están ocupados por figuras destacadas: el rey Jorge IV a caballo, el general sir Charles Napier y el comandante sir Henry Havelock. El cuarto pedestal, en principio destinado a una estatua de Guillermo IV, en los últimos 150 años casi siempre ha estado vacío (algunos

Trafalgar Square y la Galería Nacional (p. 54).

aseguran que está reservado para una efigie de la reina Isabel II tras su muerte).

En 1999 la Royal Society of Arts concibió el denominado **Fourth Plinth Programme** (plano p. 252; www.london.gov.uk/fourthplinth), que destina el cuarto pedestal a obras de artistas contemporáneos. Encargaron tres obras: *Ecce Homo* de Mark Wallinger (1999), una estatua de Cristo, de tamaño natural, que parecía diminuta en comparación con el inmenso pedestal; *Regardless of History* de Bill Woodrow (2000); y *Monument* de Rachel Whiteread (2001), una reproducción del pedestal, en resina y boca abajo.

☑ **Imprescindible**

El inmenso árbol de Navidad que cada año Noruega regala a Londres, y que se expone en Trafalgar Sq, para conmemorar la ayuda de Gran Bretaña durante la II Guerra Mundial.

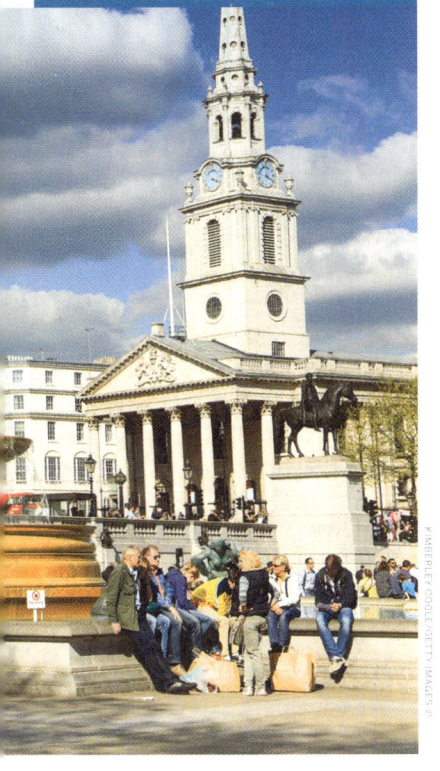

Desde entonces, la alcaldía gestiona la Fourth Plinth Commission. Desde marzo del 2015 hasta finales del 2016 el pedestal estuvo ocupado por *Gift Horse* de Hans Haacke, que representa a un caballo esquelético sin jinete. Cada obra se expone 18 meses.

Edificios en torno a Trafalgar Square

Los magníficos edificios que flanquean la plaza, en el sentido de las agujas del reloj partiendo del norte, son: la Galería Nacional y, detrás de ella, la National Portrait Gallery (p. 56); la iglesia St Martin-in-the-Fields; y tres comisionados: la South Africa House, la Malaysia House y la Canada House, esta última proyectada por Robert Smirke en 1827. Mirando al suroeste en dirección a Whitehall, más allá de la estatua ecuestre de Carlos I (orientada al lugar en que fue decapitado, en la Banqueting House de Whitehall), puede distinguirse el Big Ben.

Arco del Almirantazgo

Se alza al suroeste de Trafalgar Sq y es el punto de inicio de la avenida ceremonial (Mall) que conduce al palacio de Buckingham. Es un grandioso monumento eduardiano —un edificio de piedra con tres arcos— diseñado por Aston Webb en honor de la reina Victoria en 1910, pronto un hotel de cinco estrellas. El arco central solo se abre para procesiones reales y visitas estatales.

Cerca de allí

St Martin-in-the-Fields Iglesia
(Plano p. 252; 020-7766 1100; www.stmartin-in-the-fields.org; Trafalgar Sq, WC2; 8.30-18.00 lu, ma, ju y vi, 8.30-17.00 mi, 9.30-18.00 sa, 15.30-17.00 do; Charing Cross) La iglesia parroquial real es una combinación de estilos barroco y clásico. Completada en 1726 por James Gibbs, sirvió de modelo para muchas iglesias de Nueva Inglaterra.

✘ Una pausa

Mint Leaf (plano p. 252; 020-7930 9020; www.mintleafrestaurant.com). a pocos pasos de Trafalgar Sq, sorprende con una carta muy creativa.

Churchill War Rooms

Winston Churchill coordinó la resistencia aliada contra la Alemania nazi desde esta base de operaciones subterránea durante la II Guerra Mundial. Las Cabinet War Rooms siguen presentando un aspecto muy parecido al que tenían cuando concluyó el conflicto y captan el drama y espíritu de determinación de la época, mientras que el Museo de Churchill permite, gracias a sus instalaciones multimedia, conocer más a fondo al líder en tiempos de guerra.

Ideal para...

Lo esencial

Plano p. 252; www.iwm.org.uk; Clive Steps, King Charles St, SW1; adultos/niños 18/9 £; 9.30-18.00, última entrada 17.00; Westminster

CHURCHILL WAR ROOMS **63**

AR ROOMS

★ **Consejo**
Vale la pena escuchar la audioguía, en especial las anécdotas de antiguos operarios de las War Rooms.

A finales de agosto de 1939, ante la posibilidad de una guerra inminente, el gabinete británico y los jefes de las fuerzas armadas construyeron una base de operaciones debajo de lo que hoy es el Tesoro; el 3 de septiembre Gran Bretaña entraba en guerra.

El búnker sirvió de centro neurálgico hasta el fin de la II Guerra Mundial en 1945: en él, los jefes del Estado Mayor comían, dormían y planificaban la caída de Hitler, convencidos de que estaban a salvo de las bombas de la Luftwaffe (al parecer, si el búnker hubiera sido alcanzado, la losa de cemento de 3 m sobre sus cabezas se habría desplomado).

Cabinet War Rooms

En su mayor parte presentan el aspecto que tenían el 15 de agosto de 1945. Se han conservado muchas salas, como la Cabinet Room, donde el gabinete de guerra se reunió 115 veces; la **Sala del Telégrafo Transatlántico,** con una línea directa con el presidente Roosevelt; el cuarto de la limpieza convertido en el **dormitorio/ oficina de Churchill** (aunque solo durmió en él tres veces), y la **Map Room,** que era el centro de operaciones.

La audioguía gratuita es muy informativa y entretenida, con anécdotas sobre personas que trabajaron aquí durante la guerra.

Museo de Churchill

Se trata de un soberbio museo multimedia que no oculta los defectos de su protagonista: retrata al Churchill bebedor y de temperamento legendario, con un carácter algo inconformista y, en general, un político pésimo en tiempos de paz. Sin embargo, se centra en su punto fuerte: sus discursos, que los visitantes pueden escuchar al colocarse frente a las pantallas interactivas y que aún hacen estremecer.

Cerca de allí
Nº 10 Downing Street   Edificio histórico
(Plano p. 252; www.number10.gov.uk; 10 Downing St, SW1; Westminster) Sede de la oficina del primer ministro británico desde 1732, cuando Jorge II lo asignó a Robert Walpole, el nº 10 de Downing Street también es su residencia londinense desde que fue restaurada en 1902. Pese a su fama, el edificio dista mucho de ser imponente y se halla en una calle muy normal, que contrasta, por ejemplo, con la Casa Blanca. Sin embargo, pese a las apariencias, se compone de tres casas que forman una sola y cuenta con unas 100 habitaciones y un jardín de 2000 m².

La calle fue cerrada con una gran verja de hierro en tiempos de Margaret Thatcher, por lo que no puede verse gran cosa. Tras un ataque con mortero del IRA en 1991, la recia puerta de madera fue sustituida por una de acero a prueba de explosiones e imposible de abrir desde fuera.

Horse Guards Parade   Emplazamiento histórico
(Plano p. 252; www.changing-the-guard.com/london-programme.html; Horse Guards Parade, junto a Whitehall, W1; 11.00 lu-sa, 10.00 do; Westminster o St James's Park) Similar al cambio de guardia del palacio de Buckingham pero de más fácil acceso, los soldados a caballo de la Household Cavalry cambian de guardia a diario ante la entrada oficial de los palacios reales. A las 16.00 se repite la ceremonia, pero de forma menos pomposa. Con motivo del cumpleaños oficial de la reina en junio, aquí se celebra el Trooping the Colour (desfile del estandarte).

La plaza de armas y los edificios se construyeron en 1745 para albergar los Life Guards de la reina: el regimiento más antiguo del ejército británico. Durante los reinados de Enrique VIII y de su hija Isabel en este lugar se celebraban torneos.

Banqueting House   Palacio
(Plano p. 252; 020-3166 6155; www.hrp.org.uk/banquetinghouse; Whitehall, SW1; adultos/niños 6,60 £/gratis; 10.00-17.00; Westminster) Tras la demolición de la Holbein Gate en 1759, es la única parte de estilo Tudor (1532) que queda del palacio de Whitehall; en su día se extendía por casi todo Whitehall, pero en 1698 fue destruido por un incendio. Proyectado por Inigo Jones en 1622 (y dotado de una nueva y polémica fachada de piedra de Portland en el s. xx), fue el primer edificio puramente renacentista de Inglaterra. No guardaba ninguna similitud con otros edificios del país y los ingleses tardaron más de un siglo en valorarlo.

✕ Una pausa
Inn the Park (p. 138), sito en St James's Park, combina deliciosa comida con un entorno fabuloso.

Plaza de Covent Garden.

Covent Garden ✓

Primera plaza londinense construida con arreglo a un proyecto urbanístico, hoy es prerrogativa de los turistas, que acuden a ella en masa para comprar bajo los pintorescos soportales o visitar los excelentes lugares de interés que ofrece la zona.

Ideal para...

☑ Imprescindible
Subirse a viejos tranvías en el London Transport Museum.

Historia

En el s. XIII era una pradera de un convento vinculado a la abadía de Westminster, pero en 1552 pasó a ser propiedad de John Russell, primer conde de Bedford. En el s. XVII sus descendientes contrataron al arquitecto Inigo Jones para que transformara el huerto en una plaza. Este construyó la plaza de estilo italiano y sus casas adosadas pronto despertaron el interés de la alta sociedad, que ansiaba vivir en el centro. El mercado de frutas y verduras —inmortalizado en *My Fair Lady* como un mercado de flores— dominaba la plaza. La sociedad londinense —incluidos los escritores Pepys, Fielding y Boswell— se reunía aquí por las noches, seducida por los cafés y teatros, las casas de apuestas y los burdeles.

COVENT GARDEN 67

ⓘ Lo esencial

Plano p. 252; ⊖Covent Garden

✕ Una pausa

Dishoom (p. 140), al estilo de los restaurantes de Bombay, sirve auténtica cocina india.

> ★ **Consejo**
> Por sus heladerías y artistas callejeros, es ideal para familias con niños.

Puesto que imperaba la anarquía, se creó una fuerza de policía voluntaria conocida como los corredores de Bow Street. En 1897 Oscar Wilde fue acusado de ultraje contra la moral pública en la ya cerrada magistratura de Bow St. Un mercado de flores proyectado por Charles Fowler se añadió al lugar y hoy acoge el London Transport Museum.

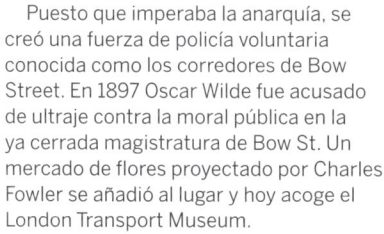

En torno a 1970, el tráfico dificultaba conservar el mercado de frutas y verduras, por lo que en 1974 fue trasladado a Nine Elms, al sur de Londres. Los promotores inmobiliarios codiciaban este espacio y se barajó la posibilidad de demoler el mercado para construir una carretera, pero gracias a los vecinos, que protestaron y montaron piquetes durante semanas, se salvó la plaza.

La plaza

Es un hervidero de actividad a cualquier hora. Los soportales están repletos de *boutiques*, tiendas, heladerías y restaurantes (suelen ofrecer calidad, pero son caros).

La **plaza** (plano p. 252) atrae a artistas callejeros: desde estatuas humanas hasta conciertos de música clásica, magos, cómicos y un largo etcétera.

En las calles circundantes abundan las *boutiques* de primeras marcas y de famosos diseñadores británicos. Covent Garden también alberga la Royal Opera House y varios teatros, por lo que de noche también es una zona muy animada.

Lugares de interés

London Transport Museum Museo
(Plano p. 252; www.ltmuseum.co.uk; Covent Garden Piazza, WC2; adultos/niños 16 £/gratis; ⊙10.00-18.00 sa-ju, 11.00-18.00 vi; ⊖Covent Garden) Explica, de un modo entretenido e informativo, el desarrollo experimen-

tado por Londres a raíz de la mejora del transporte. Incluye autobuses tirados por caballos o los primeros taxis hasta el avanzado Crossrail: un servicio ferroviario de alta frecuencia que a partir del 2018 unirá Reading con el este de Londres, el sureste y Essex. Además, permite conducir un tren de metro. En la tienda venden recuerdos como carteles históricos del metro y calcetines con la frase "Mind the Gap".

London Film Museum Museo
(Plano p. 252; www.londonfilmmuseum.com; 45 Wellington St, WC2; adultos/niños 14,50/9,50 £; 10.00-17.00; Covent Garden) La atracción estrella de este museo, recientemente trasladado desde el County Hall, a orillas del Támesis, es la muestra *Bond In Motion,* que ofrece la más extensa colección oficial de automóviles del Agente 007, como el Lotus Esprit sumergible de *La espía que me amó,* el Aston Martin DB5, el Rolls Royce Phantom III de *Goldfinger* y el Aston Martin V8 de Timothy Dalton en *007: Alta Tensión*.

Royal Opera House Edificio histórico
(Plano 252; 020-7304 4000; www.roh.org.uk; Bow St, WC2; adultos/niños circuito general 9,50/7,50 £, circuito entre bastidores 12/8,50 £; circuito general 16.00 diario, circuito entre bastidores 10.30, 12.30 y 14.30 lu-vi, 10.30, 11.30, 12.30 y 13.30 sa; Covent Garden) Sito en el lado noreste de la plaza de Covent Garden, ofrece el Velvet, Gilt & Glamour Tour, un circuito general (45 min) por el auditorio. Otros circuitos (1¼ h) permiten conocer qué sucede entre bastidores y vivir la preparación previa a una representación.

London Transport Museum.

Cerca de allí
Somerset House　　　Edificio histórico

(Plano p. 250; www.somersethouse.org.uk; The Strand, WC2; ⏱galerías 10.00-18.00, Safra Courtyard 7.30-23.00; ⊖Charing Cross, Embankment o Temple) Proyectado por William Chambers en 1775 y destinado a oficinas, hoy acoge dos galerías de arte. La **Courtauld Gallery** (plano p. 250; www.courtauld.ac.uk; Somerset House, The Strand, WC2; adultos/niños ma-do 7 £/gratis, más 1,50 £ por exposición temporal; ⏱10.00-18.00; ⊖Charing Cross, Embankment o Temple), cerca de la entrada en The Strand, custodia obras de artistas de los ss. XIV-XX, como Rubens, Botticelli, Cézanne, Degas, Renoir, Seurat, Manet, Monet y Léger. Las Embankment Galleries, en la planta baja, están consagradas a exposiciones temporales (principalmente de fotografía); los precios y horarios varían.

El Safra Fountain Court acoge actividades al aire libre, como conciertos, películas y patinaje sobre hielo en invierno. La terraza junto al río es ideal para tomar un café contemplando el Támesis.

Leicester Square　　　Plaza

(Plano p. 252; ⊖Leicester Sq) Aunque en el s. XIX disfrutó de gran popularidad, en las últimas décadas se había caracterizado por comportamientos antisociales, carteristas y entradas de cine a precios desorbitados. Sin embargo, en el 2012 fue objeto de una reforma que la transformó en una plaza diáfana y elegante. Todavía conserva cines y clubes nocturnos y su *glamour* sigue atrayendo a celebridades y a sus *fans*.

Iglesia de St Paul　　　Iglesia

(Plano p. 252; www.actorschurch.org; Bedford St, WC2; ⏱8.30-17.00 lu-vi, varía sa, 9.00-13.00 do; ⊖Covent Garden) El conde de Bedford, que encargó el proyecto de la plaza de Covent Garden a Inigo Jones, le pidió al arquitecto una iglesia muy simple, "poco más que un granero", y el maestro construyó "el granero más hermoso de Inglaterra". Es considerada la iglesia de los actores por sus vínculos con los teatros vecinos y porque alberga varios monumentos dedicados a estrellas de cine, como Charlie Chaplin y Vivien Leigh. La primera representación de marionetas tuvo lugar frente a St Paul en 1662.

☑ Imprescindible
La fuente de Shakespeare (1874) en Leicester Sq.

✖ Una pausa
Unirse a la muchedumbre de comedores de fideos en Shoryu (p. 140) y probar unos *ramen*.

LAS MEJORES EXPERIENCIAS

Calle del alegre Soho.

Una noche en el Soho ✓

Aunque el centro de la vida nocturna londinense se ha trasladado al este, el Soho sigue siendo uno de los lugares predilectos para salir de noche, con locales clásicos e intemporales que le ganan la partida a los más de moda y frívolos. De noche brilla con luz propia y sigue siendo el barrio gay de Londres por excelencia.

Ideal para...

☑ Imprescindible

Old Compton St, en el barrio gay del Soho: fascina a todo el mundo —gay o no— por sus bares, tiendas y su buena onda.

Aperitivo

French House Bar

(Plano p. 252; www.frenchhousesoho.com; 49 Dean St, W1; ⏲12.00-23.00 lu-sa, hasta 22.30 do; ⊖Leicester Sq) Legendario local del Soho con una historia también legendaria: era el punto de encuentro habitual de la Resistencia francesa durante la II Guerra Mundial, frecuentado a menudo por De Gaulle y ocasionalmente por Dylan Thomas, Peter O'Toole y Francis Bacon.

Ideal para degustar un Ricard, una copa de vino francés o una Kronenbourg y observar a la clientela. La cerveza solo se sirve en medias pintas.

LAB Coctelería

(Plano p. 252; ☎020-7437 7820; www.labbaruk.com; 12 Old Compton St, W1; ⏲16.00-24.00 lu-sa,

UNA NOCHE EN EL SOHO **71**

❶ Lo esencial

Plano p. 252; ⊖ Tottenham Court Rd o Leicester Sq

✗ Una pausa

Nordic Bakery (p. 139) es excelente para un tentempié antes de disfrutar del Soho nocturno.

★ Consejo

Las noches de los fines de semana conviene reservar mesa en los restaurantes.

hasta 22.30 do; ⊖ Leicester Sq o Tottenham Court Rd) Clásico local del Soho desde hace 20 años, el London Academy of Bartenders sirve algunos de los mejores cócteles de la ciudad. La lista parece infinita, pero no hay que alarmarse: siempre se puede pedir consejo al barman.

Cena

Puesto que Chinatown se encuentra en pleno Soho, hay excelentes restaurantes chinos.

Yauatcha China ££

(Plano p. 252; ☎020-7494 8888; www.yauatcha.com; 15 Broadwick St, W1; platos 4-30 £; ⏱12.00-23.30 lu-sa, hasta 22.30 do; ⊖ Piccadilly Circus u Oxford Circus) Restaurante especializado en *dim sum,* tiene una estrella Michelin y está dividido en dos secciones: el comedor de la planta superior, en tonos azules, es un oasis de tranquilidad en el caos de Berwick St Market; el de la planta baja, con estrellas luminosas en el techo, es más sofisticado y singular. Ambos sirven *dim sum* y una selección de tés.

Mildreds Vegetariana £

(Plano p. 252; www.mildreds.co.uk; 45 Lexington St, W1; principales 8.20-10,50 £; ⏱12.00-23.00 lu-sa; 🛜✏; ⊖Oxford Circus o Piccadilly Circus) Es el restaurante vegetariano más creativo del centro de Londres y a la hora del almuerzo está a rebosar, por lo que es habitual compartir mesa. Aparte de platos veganos y sin gluten, algunas propuestas incluyen curri de batatas de Sri Lanka con anacardos, raviolis de calabaza y ricotta, ensaladas exóticas (y contundentes) y salteados.

Ocio

Pizza Express Jazz Club Jazz

(Plano p. 252; ☎0845 602 7017; www.pizzaexpresslive.com; 10 Dean St, W1; entrada 10-35 £;

Tottenham Court Rd) Uno de los mejores locales londinenses de *jazz* desde que fue inaugurado en 1969, está situado, curiosamente, en el sótano de un restaurante de la cadena Pizza Express, pero es muy popular. Muchas estrellas del *jazz* pasan por aquí; en sus primeros tiempos, Norah Jones, Jamie Cullum y Amy Winehouse también cantaron en este local.

Ronnie Scott's — Jazz

(Plano p. 252; 020-7439 0747; www.ronniescotts.co.uk; 47 Frith St, W1; 19.00-3.00 lu-sa, hasta 24.00 do; Leicester Sq o Tottenham Court Rd) Ronnie Scott abrió su primer club de *jazz* en 1959 en Gerrard St, debajo de una casa de apuestas china. Al cabo de seis años, se trasladó a su ubicación actual y no tardó en convertirse en el mejor club de *jazz* de Gran Bretaña. Hay una sesión a las 20.15 (20.00 do), otra a las 23.15 (vi y sa) y una sesión golfa que dura hasta las 2.00. Las entradas cuestan entre 20-50 £.

Ronnie Scott's ha acogido a figuras como Miles Davis, Charlie Parker, Thelonious Monk, Ella Fitzgerald, Count Basie y Sarah Vaughan. El ambiente es fantástico, pero durante las actuaciones se exige un silencio absoluto.

Soho gay

Village — Gay

(Plano p. 252; www.village-soho.co.uk; 81 Wardour St, W1; 16.00-1.00 lu-sa, hasta 23.30 do; Piccadilly Circus) Siempre a punto para una fiesta, puede elegirse entre noches de karaoke, de disco y de *gogós*. Y en la planta baja hay una pista de baile con una barra para *pole dance*.

Piccadilly Circus.

UNA NOCHE EN EL SOHO 73

The Yard Bar *Gay*
(Plano p. 252; ☎020-7437 2652; www.yardbar.co.uk; 57 Rupert St, W1; ⏱16.00-23.30 lu-mi, 15.00-23.30 ju, 14.00-24.00 vi y sa, 14.00-22.30 do; ⊖Piccadilly Circus) Uno de los locales más consolidados del Soho, atrae a ricos y famosos. De ambiente desenfadado, es ideal para una copa antes de ir a la disco o para una velada de principio a fin. Casi todas las noches hay sesiones de DJ en el Loft (planta superior) y una clientela simpática en el Courtyard Bar de la planta baja, al aire libre (con calefacción en invierno).

> ☑ **Imprescindible**
>
> Las luces navideñas de Regent St, que suelen encenderse a mediados de noviembre.

She Soho *Lesbianas*
(Plano p. 252; ☎0207 437 4303; www.she-soho.com; 23a Old Compton St, W1D; ⏱16.00-23.30 lu-ju, hasta 00.30 vi y sa, hasta 22.30 do; ⊖Leicester Sq) El Soho ha perdido el local de ambiente Candy Bar, pero ha ganado este espacio de iluminación tenue, con DJ los fines de semana, espectáculos de comedia, música en directo y noches de concursos de preguntas.

Cerca de allí

Piccadilly Circus *Plaza*
(Plano p. 252; ⊖Piccadilly Circus) John Nash proyectó Regent St y Piccadilly en la década de 1820 con la idea de que fueran las dos calles más elegantes de la ciudad, pero los urbanistas frenaron al arquitecto y este solo pudo realizar una parte de su sueño. Quizá la Piccadilly Circus de hoy —con su tráfico, turistas y paneles publicitarios luminosos— le decepcionaría. Con todo, es divertida.

En el centro se alza la estatua de aluminio de Anteros, hermano gemelo de Eros, dios del amor, dedicada a lord Shaftesbury, filántropo y abolicionista del trabajo infantil. Durante años se creyó que el ángel era Eros y el error ha calado (incluso en el metro se ven indicaciones para ir a "Eros").

Regent Street *Calle*
(Plano p. 252; ⊖Piccadilly Circus u Oxford St) Proyectada por John Nash como una vía ceremonial para comunicar la residencia urbana (hoy inexistente) del príncipe regente con el 'selvático' **Regent's Park** (plano p. 256; www.royalparks.org.uk; ⏱5.00-21.30; ⊖Regent's Park), actualmente separa a la gente común del Soho de la alta sociedad de Mayfair. Nash tuvo que reducir su proyecto, pero la Regent St de hoy es una calle comercial de gran prestigio, flanqueada por hermosos edificios.

✕ Una pausa

Koya Bar (p. 139): restaurante japonés muy popular por sus fideos *udon*.

74 LAS MEJORES EXPERIENCIAS

Torre de Londres.

Torre de Londres

Dotada de una historia tan sangrienta y funesta como fascinante, es una de las principales atracciones de la ciudad, gracias, en parte, a las Joyas de la Corona.

Ideal para...

☑ Imprescindible

Los vistosos *yeoman warders* (o *beefeaters*), las Joyas de la Corona, los cuervos proféticos y la armadura digna de un rey.

Su construcción se inició durante el reinado de Guillermo el Conquistador (1066-1087), y se trata en realidad de un castillo con 22 torres.

Tower Green

Los edificios al sur y al oeste de esta zona verde siempre han alojado a militares destinados a la Torre. El actual alguacil reside en Queen's House, construida en 1540. No obstante, lo que a primera vista parece un apacible rincón de la Torre es en realidad uno de los más sangrientos.

Patíbulo y Beauchamp Tower

Entre los pocos 'afortunados' de ser ejecutados aquí (y no en Tower Hill, ante los vítores de decenas de miles de personas) se cuentan Ana Bolena y Catalina Howard, dos de las esposas de Enrique VIII supuestamente adúlteras; lady Juana Grey,

TORRE DE LON

Vitral de la iglesia All Hallows by the Tower.

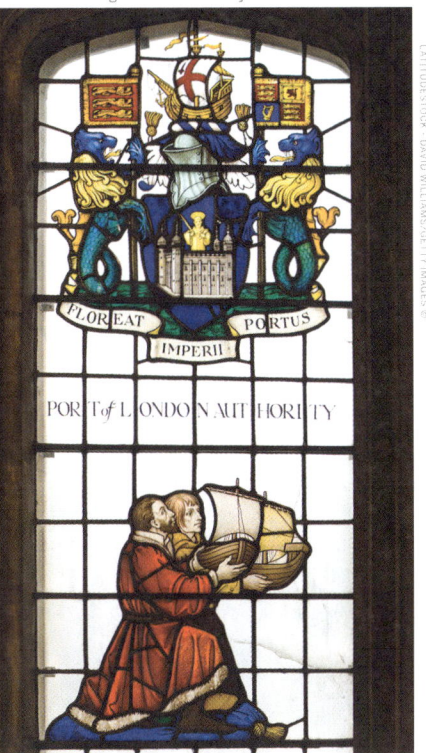

de 16 años, que rivalizó por el trono con la hija de Enrique, María I; y Robert Devereux, conde de Essex, otrora favorito de Isabel I.

A la izquierda del patíbulo se alza la Beauchamp Tower, de ladrillo en la que fueron encarceladas personalidades de alto rango que dejaron constancia de su infortunio con pintadas e inscripciones en las paredes.

Chapel Royal of St Peter ad Vincula

Al norte está la Chapel Royal of St Peter ad Vincula (San Pedro Encadenado), del s. XVI, un raro ejemplo de arquitectura religiosa Tudor. En el s. XIX fueron enterrados en ella quienes habían sido ajusticiados en el patíbulo exterior, como Ana Bolena, Catalina Howard y Juana Grey. La iglesia puede visitarse con uno de los circuitos de los *yeoman warders* o de forma independiente en la primera y última hora del horario de apertura.

Lo esencial

Plano p. 250; 0844 482 7777; www.hrp.org.uk/toweroflondon; Tower Hill, EC3; adultos/niños 22/10 £, audioguía 4/3 £; 9.00-17.30 ma-sa, 10.00-17.30 do y lu mar-oct, 9.00-16.30 ma-sa, 10.00-16.30 do y lu nov-feb; Tower Hill

Una pausa

The Wine Library (plano p. 250; 020-7481 0415; www.winelibrary.co.uk; 43 Trinity Sq, EC3; menú 18 £; 11.30-15.00 lu, hasta 20.00 ma-vi; Tower Hill) Genial para tomar un almuerzo ligero frente a la Torre.

★ Consejo

La Torre es enorme y se tarda medio día en visitarla.

Joyas de la Corona

Al este de la capilla y al norte de la White Tower (Torre Blanca) se alzan los **Waterloo Barracks**: el cuartel que custodia las Joyas de la Corona, cuyo valor se estima en unos 20 000 millones de libras, si bien resulta imposible de calcular con exactitud. Antes de llegar a la propia cámara hay unas proyecciones sobre las joyas, el papel que han desempeñado en la historia y la coronación de la reina Isabel II en 1953.

Una vez dentro podrán admirarse cetros, patenas, orbes y magníficas coronas sembradas de piedras preciosas. Un pasillo rodante permite a los visitantes contemplar una docena de coronas y otras insignias de las coronaciones, como la corona de platino de la difunta reina madre, Isabel, engarzada con el diamante Koh-i-Noor ("Montaña de Luz"), de 106 quilates, y el cetro del Estado con la cruz, rematado con el diamante de 530 quilates Primera Estrella de África (o Cullinan I). Expuesta en solitario se halla la pieza central: la corona imperial del Estado, engastada con 2868 diamantes (entre ellos, la Segunda Estrella de África o Cullinan II, de 317 quilates), además de zafiros, esmeraldas, rubíes y perlas; la reina la lleva en la inauguración oficial del Parlamento en mayo/junio.

White Tower

Construida en piedra como una fortaleza en 1078, fue la 'Torre' de Londres original. Debe su nombre al blanqueamiento al que la sometió Enrique III en el s. XIII. Con solo 30 m de altura, no es precisamente un rascacielos, pero en la Edad Media haría que las chozas de madera en torno a las murallas del castillo parecieran minúsculas, infundiendo un temor reverencial en los campesinos.

El interior acoge la **armería real** y su colección de cañones, pistolas y armaduras para hombres y caballos. En la planta baja destacan dos armaduras de Enrique VIII: una realizada cuando era un joven de 24 años y la otra cuando tenía 50 años y su cintura medía 129 cm (imposible pasar por alto la enorme bragueta).

También se expone la **Line of Kings:** una colección de finales del s. XVIII compuesta por caballos de madera y bustos de antiguos soberanos tallados también en madera. En la 1ª planta cabe señalar la armadura de 2 m de alto que supuestamente perteneció a Juan de Gante y una armadura infantil diseñada para el hijo menor de Jacobo I, el futuro Carlos I. En la 2ª planta se encuentran el tajo y el hacha empleados en

Line of Kings.

la última ejecución pública llevada a cabo en Tower Hill, la de Simon Fraser en 1747.

Palacio medieval y Bloody Tower

El palacio medieval se compone de tres torres: St Thomas's, Wakefield y Langthorn. En el interior de la **St Thomas's Tower** (1279) puede verse lo que, según los arqueólogos, antaño fueron el pasillo y los aposentos de Eduardo. Delante se alza la **Wakefield Tower,** construida entre 1220 y 1240 por el padre de Eduardo, Enrique III. La planta superior, a la que se accede por la St Thomas's Tower, tiene un mobiliario aún más atractivo, con una reproducción del trono y otros motivos que permiten al visitante imaginarse el aspecto de la antesala de un palacio medieval. Durante la Guerra de las Dos Rosas (s. xv) entre las casas de York y Lancaster, el rey Enrique VI fue asesinado (según se dice) mientras rezaba arrodillado en esta torre. Una placa en el suelo de la capilla conmemora al rey de los Lancaster. La **Langthorn Tower,** residencia de reinas medievales, está al este.

Bajo la St Thomas's Tower, en Water Lane, se encuentra la **Traitors' Gate,** la puerta por la que entraban a la torre los prisioneros transportados en barca. Enfrente se halla la inmensa reja de la Bloody Tower, cuyo nombre (Torre Sangrienta) proviene de los 'príncipes de la torre', Eduardo V y su hermano Ricardo, que fueron retenidos aquí 'por su propia seguridad' y más tarde asesinados para frustrar sus aspiraciones al trono. La culpa suele atribuirse (sobre todo por parte de Shakespeare) a su tío, Ricardo III, cuyos restos fueron hallados bajo un aparcamiento en Leicester a finales del 2012, aunque en los últimos tiempos se ha revisado esta teoría. Una exposición en el interior ofrece información acerca del aventurero isabelino sir Walter Raleigh, que fue encarcelado aquí en tres ocasiones por Isabel I y su sucesor, Jacobo I.

> ### ⓘ El dato
> A lo largo de los años, la Torre ha sido utilizada como palacio, observatorio, armería, casa de la moneda e incluso como un zoo.

Paseo por la muralla este (East Wall Walk)

En 1220 Enrique III añadió a la fortaleza la muralla interior para mejorar la protección del castillo. Mide 36 m de ancho y está salpicada de torres a lo largo de todo el perímetro. El paseo consiste en subir a la muralla y recorrer su flanco oriental, empezando por la **Salt Tower** (s. xiii), des-

> ### ⓘ De primera mano
> Los cuervos, que se daban un festín con los cadáveres de los traidores decapitados, llevan viviendo en la Torre desde hace siglos. Actualmente se alimentan de ternera cruda y galletas.

tinada a almacenar salitre para la pólvora. También se visitan las torres **Broad Arrow** y **Constable,** con exposiciones de pequeño formato. Termina en la **Martin Tower,** donde se exhiben las insignias originales de las coronaciones. Podrán verse algunas de las coronas más antiguas, pero sin las piedras preciosas. La más antigua (1715) es la de Jorge I, rematada con la esfera y la cruz de la corona de Jaime II. Fue en esta torre donde el coronel Thomas Blood trató de robar las Joyas de la Corona en 1671 disfrazado de clérigo. Para sorpresa de todos, Carlos II le concedió el indulto.

'Yeoman warders'

Son un icono de la Torre y llevan custodiando la fortaleza desde principios del s. XVI. Puede haber hasta 40 —en la actualidad hay 37— y para desempeñar este cargo es imprescindible haber servido en las Fuerzas Armadas británicas un mínimo de 22 años. Todos ellos viven entre los muros de la Torre y reciben el apodo cariñoso de *beefeaters* (literalmente, comedores de ternera).

Hoy solo hay una alabardera, Moira Cameron, que en el 2007 fue la primera mujer que consiguió este cargo. Aunque oficialmente custodian la Torre y las Joyas de la Corona de noche, su principal función es la de hacer de guías (y posar junto a los turistas). Hay circuitos gratis que parten de la Middle Tower cada 30 min (10.00-15.30, 10.00 14.30 invierno).

Cerca de allí

All Hallows by the Tower   Iglesia
(Plano p. 250; 020-7481 2928; www.ahbtt.org.uk; Byward St, EC3; 8.00-17.00 lu, ma, ju y vi, hasta 19.00 mi, 10.00-17.00 sa y do; Tower Hill) La iglesia de Todos los Santos data del año 675; aunque logró sobrevivir al Gran Incendio, fue alcanzada por las bombas alemanas en 1940. El templo merece la pena, pero lo más interesante es la cripta, con un suelo de mosaicos romanos del s. II y muros de la iglesia sajona del s. VII.

Monument   Torre
(Plano p. 250; www.themonument.info; Fish St Hill, EC3; adultos/niños 4/2 £; incl. Tower Bridge Exhibition 10,50/4,70 £; 9.30-18.00 abr-sep, hasta 17.30 oct-mar; Monument) La columna proyectada en 1677 por sir Christopher Wren, llamada "Monumento", conmemora el Gran Incendio de Londres de 1666, cuyo impacto en la historia de la ciudad fue determinante. De estilo dórico y realizada con piedra de Portland, mide 4,5 m de ancho y 60,6 m de alto: la distancia exacta hasta la panadería de Pudding Lane donde se cree que empezó el fuego.

La columna está coronada por una urna de bronce dorado envuelta en llamas. Cuando se construyó dominaba toda la ciudad y debía de parecer gigantesca. Tras subir los 311 escalones de la escalera de caracol

Mercado de Leadenhall en Navidad.

se disfruta de una de las mejores vistas de Londres.

Mercado de Leadenhall   Mercado
(Plano p. 250; www.leadenhallmarket.co.uk; Whittington Ave, EC3; 10.00-18.00 lu-vi; Bank o Monument) Visitar este mercado cubierto junto a Gracechurch St equivale a remontarse a la época victoriana. En este lugar ya había un mercado en tiempos de los romanos, pero el edificio actual, en hierro y piedra, data de finales del s. XIX. Aparece como el callejón Diagon en *Harry Potter y la piedra filosofal* y una óptica del mercado se usó como la entrada a la taberna de magos Caldero Chorreante en *Harry Potter y el cáliz de fuego*.

30 St Mary Axe   Edificio destacado
(Gherkin; plano p. 250; www.30stmaryaxe.info; 30 St Mary Axe, EC3; Aldgate) Conocido como Gherkin (Pepinillo) por su forma, es el rascacielos más distintivo de la City y domina el *skyline* pese a ser algo más bajo que la NatWest Tower. Construido en el 2003 por Norman Foster, es un emblema del Londres moderno, tan característico como el Big Ben o el London Eye.

El edificio está cerrado al público, pero a veces se ha podido visitar durante el fin de semana del **Open House London** (020-7383 2131; www.openhouselondon.org.uk), en septiembre.

> **🛈 El dato**
> Los 'yeoman warders' reciben el sobrenombre de *beefeaters*, quizá por las raciones de ternera —un lujo en la época— que se les daba en el pasado.

80 LAS MEJORES EXPERIENCIAS

Vista del altar de la catedral de St Paul.

Catedral de St Paul

Es uno de los edificios más majestuosos de Londres y, pese a los rascacielos de la Square Mile, sigue dominando el skyline.

Ideal para...

Lo esencial

Plano p. 250; 020-7246 8350; www.stpauls.co.uk; St Paul's Churchyard, EC4; adultos/niños 18/8 £; 8.30-16.30 lu-sa; St Paul's

CATEDRAL DE ST PAUL 81

★ **Consejo**
Es imprescindible visitar este templo para admirar su sublime arquitectura.

Este enclave ha estado consagrado al culto cristiano desde hace más de 1400 años. La catedral de St Paul, tal y como la conocemos hoy, es la quinta iglesia que se ha construido en este lugar. Fue terminada en 1711 y ostenta la mayor cúpula de la capital.

Cúpula

Pese a su fascinante historia y al interior de estilo barroco inglés, mucha gente prefiere subir a la cúpula para disfrutar de una de las vistas más impresionantes de Londres. En realidad, consta de tres cúpulas superpuestas: una interior de ladrillo estucado, una exterior sin ninguna función estructural, visible en el *skyline*, y una tercera concebida como un cono de ladrillo interpuesta entre las dos, para mantenerlas unidas, una dentro de la otra. Esta estructura única —la primera cúpula triple jamás construida y la segunda en dimensiones después de la de San Pedro del Vaticano— fue la obra magistral de Christopher Wren. Pesa un total de 59 000 toneladas.

Para llegar hasta arriba se suben 528 escalones, pero el ascenso se realiza en tres etapas. Se entra por la puerta del lado occidental del transepto sur y, tras subir 257 peldaños (unos 30 m), se llega al pasillo interior que rodea la base de la cúpula. Se trata de la **Whispering Gallery** (galería de los Susurros), llamada así porque si se habla cerca del muro, las palabras se oyen claramente en el lado opuesto, a 32 m de distancia. Tras el segundo tramo de escalones (119) se llega a la **Stone Gallery,** un mirador exterior sito a 53 m de altura, provisto de columnas y otras medidas de seguridad para evitar suicidios. Los 152 peldaños de hierro hasta la **Golden Gallery**

Vista de la catedral desde la Whispering Gallery.

CATEDRAL DE ST PAUL 83

son más empinados y estrechos que los anteriores, pero merece la pena: desde ahí, a 85 m de altura, se disfruta de una vista de 360 grados de la ciudad.

Interior

Debajo de la cúpula hay un **epitafio** en honor a Wren escrito por su hijo: *Lector, si monumentum requiris, circumspice* (Lector, si buscas su monumento, mira a tu alrededor). En la nave norte se halla el **sepulcro del duque de Wellington** (1912), que se tardó 54 años en construir; *Copenhague*, el caballo del Duque de Hierro, en un principio miraba en dirección contraria, pero se cambió al considerar inadecuado que la grupa del animal estuviera orientada hacia el altar.

En la capilla del transepto norte se halla la pintura de William Holman Hunt **'La luz del mundo'**, que representa a Cristo llamando a una puerta cubierta de hiedra que, simbólicamente, solo puede abrirse desde dentro. Más allá, en el centro de la catedral, puede admirarse el **coro** (o presbiterio) —un espacio espectacular, con espléndidos techos y arcos recubiertos de mosaicos verdes, azules, rojos y dorados que narran la historia de la creación— y el **altar mayor.** La sillería del coro, exquisitamente tallada, obra del escultor británico-holandés Grinling Gibbons, es espléndida, al igual que las rejas de hierro forjado que separan las naves del altar, creadas por el hugonote francés Jean Tijou (ambos trabajaron también en el palacio de Hampton Court).

> ☑ **Imprescindible**
> Subir a la cúpula, contemplar los mosaicos del techo del coro y visitar las tumbas del almirante Nelson y del duque de Wellington.

Tras rodear el altar, con un **baldaquino** de roble dorado con columnas en espiral, se llega a la **American Memorial Chapel,** en honor a los 28 000 estadounidenses residentes en Gran Bretaña que perdieron la vida en la II Guerra Mundial. Destacan el registro de honor (la página visible es distinta cada día), las banderas de los estados en las vidrieras y la flora y fauna estadounidense en el artesonado.

En la nave sur del coro se ha colocado una conmovedora **videoinstalación** de Bill Viola, *Martyrs (Earth, Air, Fire, Water)*, que representa a cuatro figuras abrumadas por las fuerzas de la naturaleza. Un poco más allá hay una **efigie de John Donne** (1573-1631), poeta metafísico que durante algún tiempo fue decano de la antigua catedral de St Paul y cuya tumba sobrevivió al Gran Incendio.

✕ Una pausa

Crypt Café (plano p. 250; cripta, catedral de St Paul, EC4; platos 5,65-8,25 £; ⏱9.00-17.00 lu-sa, 10.00-16.00 do; ⊖St Paul's) sirve comidas ligeras a partir de las 9.00.

Cripta

En el lado este de los transeptos norte y sur hay unas escaleras que bajan a la cripta y a la **OBE Chapel,** donde se celebran servicios para los miembros de la Orden del Imperio Británico. La cripta conmemora a unas 300 personalidades, como Florence Nightingale, T. E. Lawrence (Lawrence de Arabia) y Winston Churchill, así como al duque de Wellington y al almirante Nelson, ambos enterrados aquí. En los muros, varias placas recuerdan a los soldados de la Commonwealth que perdieron la vida en diversos conflictos del s. xx, como la batalla de Galípoli en la I Guerra Mundial o la guerra de las Malvinas.

La cripta también alberga la **tumba de Wren** y recuerda a muchas otras personalidades, en particular pintores, como Joshua Reynolds, John Everett Millais, J. M. W. Turner y William Holman Hunt.

En las paredes del **Oculus,** en la antigua cámara del tesoro, se proyectan cuatro documentales (para escucharlos se precisa la audioguía en iPad) que permiten experimentar virtualmente el ascenso a la cúpula.

Exterior

En la parte exterior del transepto norte se alza un **monumento al pueblo de Londres,** en honor a los 32 000 civiles muertos (y 50 000 heridos graves) en la ciudad durante la II Guerra Mundial. También al norte, en la entrada de Paternoster Sq, está **Temple Bar,** una de las puertas de entrada originales de la City. Antaño este arco medieval de piedra se encontraba en Fleet St (el emplazamiento está señalado con un dragón de plata), pero fue trasladado a Middlesex en 1877 y solo lleva aquí desde el 2004.

Restauración

Con motivo de la celebración de su tricentenario en el 2011, la catedral fue restaurada, interna y externamente, en un proyecto que costó 40 millones de libras y duró diez años. A la derecha, mirando a la gran puerta oeste (solo abierta en ocasiones especiales), puede observarse bajo un cristal una parte de la muralla sin restaurar, tras siglos de contaminación y restauraciones fallidas.

Circuitos

Lo mejor para recorrer la catedral es hacer un circuito guiado gratuito (1½ h), que permite acceder a la Geometric Staircase, la Chapel of St Michael and St George y al coro. Suele haber cuatro diarios (10.00, 11.00, 13.00 y 14.00, lu-sa). Sin embargo, se aconseja preguntar horarios y reservar, consultar acerca de las charlas introductorias más breves (15-20 min) o hacer un recorrido gratis con iPod (1½ h).

Cerca de allí

Museum of London Museo

(Plano p. 250; www.museumoflondon.org.uk; 150 London Wall, EC2; 10.00-18.00; Barbican) GRATIS Uno de los mejores museos de la capital, ofrece un recorrido por diversas épocas históricas de Londres —de villa romana y

Millennium Bridge y catedral de St Paul.

CATEDRAL DE ST PAUL

asentamiento anglosajón a metrópolis del s. XXI— en dos docenas de galerías. Contiene paneles interactivos y se da preferencia a la experiencia antes que al saber.

Destacan un vídeo sobre la peste negra de 1348, un tramo de la muralla romana de Londres, las paredes con grafitos de una celda (1750), la reproducción de una calle victoriana, un taxi de 1908, un ascensor *art déco* de los almacenes Selfridges (1928) y conmovedores testimonios sobre la II Guerra Mundial.

Hay circuitos diarios gratuitos (11.00, 12.00, 15.00 y 16.00).

Millennium Bridge   Puente
(Plano p. 250; St Paul's o Blackfriars) El Millennium Bridge une la orilla sur del Támesis, frente a la Tate Modern, con la norte, a la altura de los escalones de Peter's Hill, a los pies de la catedral de St Paul. Proyectado por Norman Foster y Anthony Caro, su forma es espectacular, en especial de noche, iluminado con fibra óptica. La vista de St Paul desde South bank es emblemática.

✕ Una pausa

The Restaurant at St Paul's (plano p. 250; 020-7248 2469; www.restaurantatstpauls.co.uk; cripta, catedral de St Paul, EC4; almuerzo de 2/3 platos 21,50/25,95 £; afternoon tea desde 15,95 £; desayuno 9-11.00 ju y vi, almuerzo 12.00-14.15, té de la tarde 15.00-16.15 lu-sa; ; St Paul's) Almuerzos a buen precio desde las 12.00.

ⓘ El dato
La catedral de St Paul es una obra maestra de la arquitectura barroca inglesa y uno de los lugares más emblemáticos de la ciudad.

Tower Bridge

Es uno de los símbolos más famosos de Londres; con sus torres neogóticas y sus cables de suspensión azules, no defraudará al verlo de cerca.

Ideal para...

☑ Imprescindible

El puente levantándose y la vista desde lo alto y a través del nuevo suelo de cristal.

Historia y mecánica

Construido en 1894 por Horace Jones (que proyectó muchos de los mercados de Londres) para satisfacer las necesidades del tráfico fluvial en esta zona, fue dotado de un mecanismo basculante, revolucionario en aquellos tiempos, que levantaba el puente en tan solo 3 min para que los barcos pasaran. Aunque los días de Londres como próspero puerto quedan lejos, el puente sigue desempeñando su función: se levanta unas 1000 veces al año —sobre todo para barcos de recreo— y hasta 10 veces al día en verano.

Tower Bridge Exhibition

En su interior, la **Tower Bridge Exhibition** (020-7403 3761; www.towerbridge.org.uk; Tower Bridge, SE1; adultos/niños 9/3,90 £, incl. Monument 10,50/4,70 £; 10.00-18.00 abr-sep,

TOWER BRIDGE 87

Farola victoriana en el puente.

ⓘ Lo esencial
Plano p. 250; ⊖ Tower Hill

✕ Una pausa
Perkin Reveller (p. 142), justo debajo del puente, sirve deliciosas propuestas británicas.

> ★ **Consejo**
> Las mejores vistas del puente se obtienen desde la orilla sureste del Támesis.

9.30-17.30 oct-mar; ⊖Tower Hill) explica sus entresijos. Aunque no se esté muy interesado en los aspectos técnicos, es fascinante conocer la estructura por dentro y observar el Támesis desde las dos pasarelas. Un ascensor sube a 42 m sobre el río y desde allí se tiene acceso a las pasarelas —con paneles informativos— que dan al este y al oeste.

Recientemente se ha instalado en las pasarelas un **suelo de cristal,** de 11 m de largo, formado por una docena de paneles transparentes (quienes tengan miedo a las alturas agradecerán saber que cada uno de ellos puede soportar una carga de 530 kg). Hacia la salida hay un par de paradas antes de alcanzar las **salas de máquinas victorianas,** donde se muestran los motores a vapor que accionaban los mecanismos de maniobra del puente, mantenidos en óptimas condiciones, además de exposiciones interactivas y un par de breves reportajes.

Cerca de allí

Hay mucho que ver al otro lado del puente: la Torre de Londres (p. 74) es el punto de interés más cercano en la orilla norte del Támesis. En el lado sur, un paseo de 15 min permite pasar junto al City Hall y el HMS *Belfast* (p. 91) y llegar hasta el mercado de Borough (p. 88).

City Hall   Edificio destacado
(Plano p. 250; www.london.gov.uk/city-hall-blog; Queen's Walk, SE1; ⏱8.30-17.30 lu-vi; ⊖London Bridge) Este edificio en forma de bulbo inclinado, sede de la alcaldía de Londres, fue proyectado por Foster y Partners e inaugurado en el 2002. De 45 m de alto, se ha comparado con una cebolla, el casco de Darth Vader, una cochinilla o una góndola de cristal. Cuando hace buen tiempo, el anfiteatro situado al aire libre acoge espectáculos gratuitos, como conciertos y obras de teatro. El City Hall ofrece exposiciones gratuitas relacionadas con la ciudad.

Mercado de Borough

Repleto de amantes de la buena mesa, gastrónomos empedernidos, visitantes curiosos y londinenses en busca de inspiración, se ha consolidado a todos los efectos como una atracción turística.

Ideal para...

Lo esencial

Plano p. 250; www.boroughmarket.org.uk; 8 Southwark St, SE1; 10.00-17.00 mi y ju, hasta 18.00 vi, 8.00-17.00 sa; London Bridge

MERCADO DE BOROUGH 89

> ★ **Consejo**
> Evitar los viernes y sábados al mediodía: el gentío es abrumador.

Presente en esta zona desde el s. XIII, la 'despensa de Londres' ha experimentado un asombroso resurgimiento en los últimos 15 años.

Especializado en productos frescos de categoría, acoge desde puestos de frutas y verduras, quesos, carne, pescado, pan y *delicatesen* hasta puestos *gourmet* de especias, frutos secos, conservas y condimentos. Los precios son altos, pero muchos comerciantes ofrecen degustaciones gratuitas.

Terminada la ruta (y la degustación), se puede comprar el almuerzo en uno de los puestos de comida para llevar: desde salchichas *gourmet* a sándwiches de chorizo, *wraps* de *falafel* y raciones de *raclette*. También hay numerosos puestos de tartas. Muchos de los sitios para almorzar se concentran en Green Market (la zona más cercana a la catedral de Southwark). Si se prefiere un sitio cerrado, también hay cafés y restaurantes.

Los sábados el mercado está a rebosar: conviene llegar pronto para encontrar los mejores productos o sumergirse en el ambiente frenético de la hora del almuerzo. Si se desea disfrutar con tranquilidad de la comida comprada en el mercado, se puede ir a los jardines de la catedral de Southwark o andar 5 min a lo largo del Támesis (en una u otra dirección) para admirar las vistas del río.

Aunque el mercado funciona de miércoles a sábado, algunos comerciantes y puestos de comida para llevar también abren los lunes y martes.

Cerca de allí

Catedral de Southwark Iglesia

(Plano p. 250; 020-7367 6700; http://cathedral.southwark.anglican.org; Montague Close, SE1; 8.00-18.00 lu-vi, 9.00-18.00 sa y do; London Bridge) Los elementos más antiguos de esta catedral, relativamente pequeña, son el trascoro, en el extremo sur, que alberga cuatro capillas y formó parte del priorato de St Mary Overie (s. XIII), algunas arcadas antiguas cerca de la puerta suroeste y un arco que data de la iglesia normanda original. Sin embargo, gran parte del edificio actual es de época victoriana.

☑ Imprescindible

Disfrutar de las degustaciones gratuitas o ir a los jardines de la catedral de Southwark para saborear la comida del mercado.

El interior acoge, entre otros muchos, un **monumento a William Shakespeare**. Hay oficios de vísperas los martes, jueves y viernes (17.30), los sábados (16.00) y los domingos (15.00).

Shard Edificio destacado

(Plano p. 250; www.theviewfromtheshard.com; 32 London Bridge St, SE1; adultos/niños 29,95/23,95 £; 10.00-22.00; London Bridge) La espectacular silueta puntiaguda del Shard se ha convertido rápidamente en un icono de la ciudad. Las plataformas panorámicas de las plantas 68, 69 y 72 están abiertas al público y las vistas son, como cabe esperar a 244 m de altura, extraordinarias. No obstante, el precio es elevado; si se reserva por internet al menos un día antes se ahorran 5 £.

También pueden admirarse desde alguno de los restaurantes o bares del edificio; en Oblix (p. 179) se pagará menos de la mitad de lo que cuesta la entrada para las plataformas panorámicas por un desayuno o un cóctel y las vistas son espectaculares.

HMS 'Belfast' Barco histórico

(Plano p. 250; www.iwm.org.uk/visits/hms-belfast; Queen's Walk, SE1; adultos/niños 14,50/7,25 £; 10.00-18.00 mar-oct, hasta 17.00 nov-feb; London Bridge) Este largo crucero ligero, botado en 1938, fascina a los niños de todas las edades. Participó en la II Guerra Mundial, durante la que contribuyó a hundir el buque de guerra alemán *Scharnhorst* y bombardeó la costa de Normandía el Día D; también prestó servicio en la Guerra de Corea. Sus cañones, con un calibre de 15 cm, podían bombardear un objetivo a 22 km de distancia. La visita permite hacerse una idea de cómo era la vida a bordo, tanto en tiempos de paz como de guerra.

Las audioguías (incluidas en la entrada) narran algunas anécdotas de antiguos miembros de la tripulación.

✕ Una pausa

Arabica Bar & Kitchen (p. 144): comida de Oriente Medio contemporánea.

Shakespeare's Globe

Sito en la orilla sur, el Shakespeare's Globe recrea un teatro isabelino al aire libre con todo lujo de detalles: desde la construcción sin clavos hasta las vigas de roble inglés.

Ideal para...

☑ Imprescindible
La oportunidad de ver a actores sobre las tablas, ya sea al aire libre, en el Globe, o bien en la Playhouse.

El Globe
A diferencia de otros escenarios que representan obras de Shakespeare, el nuevo Globe, proyectado para que se pareciera lo más posible al original, fue minuciosamente construido con 600 estaquillas de roble (sin un solo clavo ni tornillo), ladrillos Tudor elaborados ex profeso, techumbre de cañas de Norfolk, que mantiene alejadas a las palomas, y enlucido con pelo de cabra, cal y arena, como en tiempos de Shakespeare. Además, el anfiteatro es descubierto, por lo que está expuesto al tiempo de Londres y al ruido de los aviones, dejando a 700 espectadores de pie a merced de los famosos aguaceros de la capital.

Pese a la fama mundial de Shakespeare a lo largo de los siglos, el Globe era casi un recuerdo lejano cuando Sam Wanamaker, actor estadounidense que luego sería

SHAKESPEARE'S GLOBE 93

Exterior del teatro.

ℹ Lo esencial

Plano p. 250; www.shakesparesglobe.com; 21 New Globe Walk, SE1; adultos/niños 13,50/8 £; ⏲9.00-17.30; 🚻; ⊖Blackfriars, Southwark o London Bridge

✕ Una pausa

El mercado de Borough (p. 88) es un paraíso de productos gastronómicos.

> ★ **Consejo**
> ¡Lo mejor para disfrutar del Globe es asistir a una representación!

Circuitos

La entrada incluye un circuito por el Globe (cada 30 min, generalmente por la mañana) y a veces por el Playhouse, así como acceso al espacio debajo del teatro, que alberga muestras sobre Shakespeare y el teatro en el s. XVII (incluidos trajes y atrezo), charlas y demostraciones. También se puede asistir a una obra (p. 165).

Cerca de allí

The Rose Playhouse Teatro

(Plano p. 250; ☎020-7261 9565; www.rosetheatre.org.uk; 56 Park St, SE1; ⏲10.00-17.00 sa; ⊖London Bridge) GRATIS El Rose, para el que Christopher Marlowe y Ben Jonson escribieron sus mejores obras y en el que Shakespeare aprendió su oficio, es único. Los cimientos originales, del s. XVI, fueron descubiertos en 1989 bajo un edificio de oficinas. El Rose, gestionado por el Globe Theatre, solo está abierto al público cuando hay funciones matinales en este último y solo se puede visitar en grupo.

cineasta, fue a Londres en 1949 para verlo. Sin dejarse disuadir por el hecho de que los cimientos del teatro hubieran desaparecido bajo una hilera de casas georgianas declaradas de interés nacional, Wanamaker fundó el Globe Playhouse Trust en 1970 y comenzó a recaudar fondos para un teatro que rindiera homenaje al antiguo Globe. Se emprendieron las obras en 1987, a solo 200 m del Globe original, pero Wanamaker falleció cuatro años antes de que fuera inaugurado, en 1997.

Sam Wanamaker Playhouse

En el 2014 el Globe también abrió el Sam Wanamaker Playhouse: un teatro jacobino cubierto. Shakespeare escribió obras tanto para teatros al aire libre como para teatros cubiertos, y el Playhouse siempre había sido uno de los proyectos del Globe.

94 LAS MEJORES EXPERIENCIAS

Vista nocturna del Millennium Bridge y la Tate.

Tate Modern

El museo de arte moderno y contemporáneo de Londres sigue siendo uno de los favoritos entre los visitantes, tanto por la transformación de la central eléctrica de Bankside que lo acoge y que fue galardonada con el prestigioso premio Pritzker como por su contenido. Combina una arquitectura sensacional con una destacada colección de arte moderno del s. XX. En el verano del 2016 se inauguró una vasta ampliación que ha incrementado significativamente el espacio expositivo.

Ideal para...

❶ Lo esencial

Plano p. 250; www.tate.org.uk; Queen's Walk, SE1; 10.00-18.00 do-ju, hasta 22.00 vi y sa; Blackfriars, Southwark o London Bridge; GRATIS

TATE MODERN 95

★ **Consejo**

Tomar el 'Tate Boat' (plano p. 250; www.tate.org.uk/visit/tate-boat; solo ida adultos/niños 6,50/3,25 £) **entre la Tate Britain y la Tate Modern.**

Central eléctrica

La Tate Modern, de 200 m de largo, es una estructura imponente. La transformación de la central eléctrica de Bankside (4,2 millones de ladrillos) en una galería de arte fue un golpe de genio arquitectónico. El 'efecto Tate Modern' obedece tanto al edificio como a su situación (desde los balcones de la 3ª planta hay vistas soberbias de St Paul) y a las colecciones de arte, dedicadas en su mayor parte al s. XX. El nuevo proyecto de ampliación de la Tate Modern también es de ladrillo, pero cuenta con una estructura perforada que de noche permite ver la iluminación interior.

Turbine Hall

Lo primero que contempla el visitante al bajar por la rampa de Holland St (la entrada principal) es la inmensa Turbine Hall de 3300 m² (si se accede por la entrada del río se llega a la 2ª planta, más discreta). Este espacio, que albergaba los gigantescos generadores eléctricos, se ha convertido en el entorno por excelencia de las instalaciones de grandes dimensiones y las exposiciones temporales. Si bien algunos críticos de arte desaprueban su populismo, en particular el 'arte participativo' (como los toboganes *Test Site* de Carsten Höller, la enorme fisura en el suelo *Shibboleth*, de Doris Salcedo, o la escultura geométrica de Robert Morris, por la que puede treparse), otros insisten en que gracias a ello el arte es más accesible. En un principio dejó a los visitantes pisotear las *Sunflower Seeds* de Ai Weiwei —una enorme alfombra de semillas de cerámica pintadas a mano—, hasta que se descubrió que la gente se las

Exterior de la Tate Modern.

llevaba en los zapatos y en las vueltas de los pantalones (para luego venderlas en eBay) y que el polvo que desprendían era perjudicial para la salud.

Colección permanente

Está organizada temática y cronológicamente entre las plantas 2ª, 3ª y 4ª del edificio principal y la ampliación. Hay más de 60 000 obras en constante rotación, lo que puede resultar muy frustrante si se desea ver una de ellas en particular, pero constituye un aliciente para los visitantes habituales. En la web se indica si una obra en concreto está expuesta y dónde.

> ☑ **Imprescindible**
> Turbine Hall, exposiciones especiales y las vistas de la catedral de St Paul desde los balcones de la 3ª planta.

Los conservadores tienen a su disposición pinturas de Georges Braque, Henri Matisse, Piet Mondrian, Andy Warhol, Mark Rothko y Jackson Pollock y obras de Joseph Beuys, Damien Hirst, Rebecca Horn, Claes Oldenburg y Auguste Rodin.

Exposiciones especiales

Han incluido retrospectivas de Henri Matisee, Edward Hopper, Frida Kahlo, Roy Lichtenstein, August Strindberg y Joan Miró y sobre nacismo y arte 'degenerado'.

Circuitos

Se ofrecen audioguías en cinco idiomas (4 £) con detalles sobre 50 obras de arte de las galerías y que sugieren itinerarios para adultos y niños. Hay circuitos guiados gratuitos sobre temas destacados del museo (diarios, 11.00, 12.00, 14.00 y 15.00).

Cerca de allí

'Golden Hinde' Barco histórico
(Plano p. 250; 020-7403 0123; www.goldenhinde.com; St Mary Overie Dock, Cathedral St, SE1; circuitos autoguiados adultos/niños 6/4,50 £, eventos adultos/niños 7/5 £; 10.00-17.30; London Bridge) Subir a bordo de esta reproducción del navío de sir Francis Drake, de estilo Tudor, inspirará admiración por este almirante y su tripulación, compuesta por 40-60 personas, todas de baja estatura (1,6 m aprox.). Con un pequeño galeón de cinco puentes como este, Drake dio la vuelta al mundo entre 1577 y 1580. Puede visitarse de forma independiente o con un circuito guiado conducido por un actor vestido de época: a los niños les encantará.

✕ Una pausa

Baltic (p. 143): exquisito restaurante especializado en gastronomía de Europa del Este.

Las épocas del East End

Esta ruta permite descubrir lo nuevo y lo antiguo del este de Londres y disfrutar del carácter único de sus barrios.

Inicio: ⊖**Bethnal Green**
Distancia: 5,8 km
Duración: 2½ h

2 Cyprus St, magníficamente conservada, permite hacerse una idea del aspecto de Bethnal Green en la época victoriana.

1 La zona de **Old Ford Rd** fue bombardeada durante la II Guerra Mundial; los edificios actuales son fruto de la reconstrucción posbélica.

3 Al otro lado del Regent's Canal se halla **Victoria Park** (www.towerhamlets.gov.uk/victoriapark; Grove Rd, E3; ⏲7.00-anochecer; ⊖Hackney Wick). Se toma el sendero de la izquierda junto al lago hasta llegar a las estatuas de los **perros de Alcibíades**.

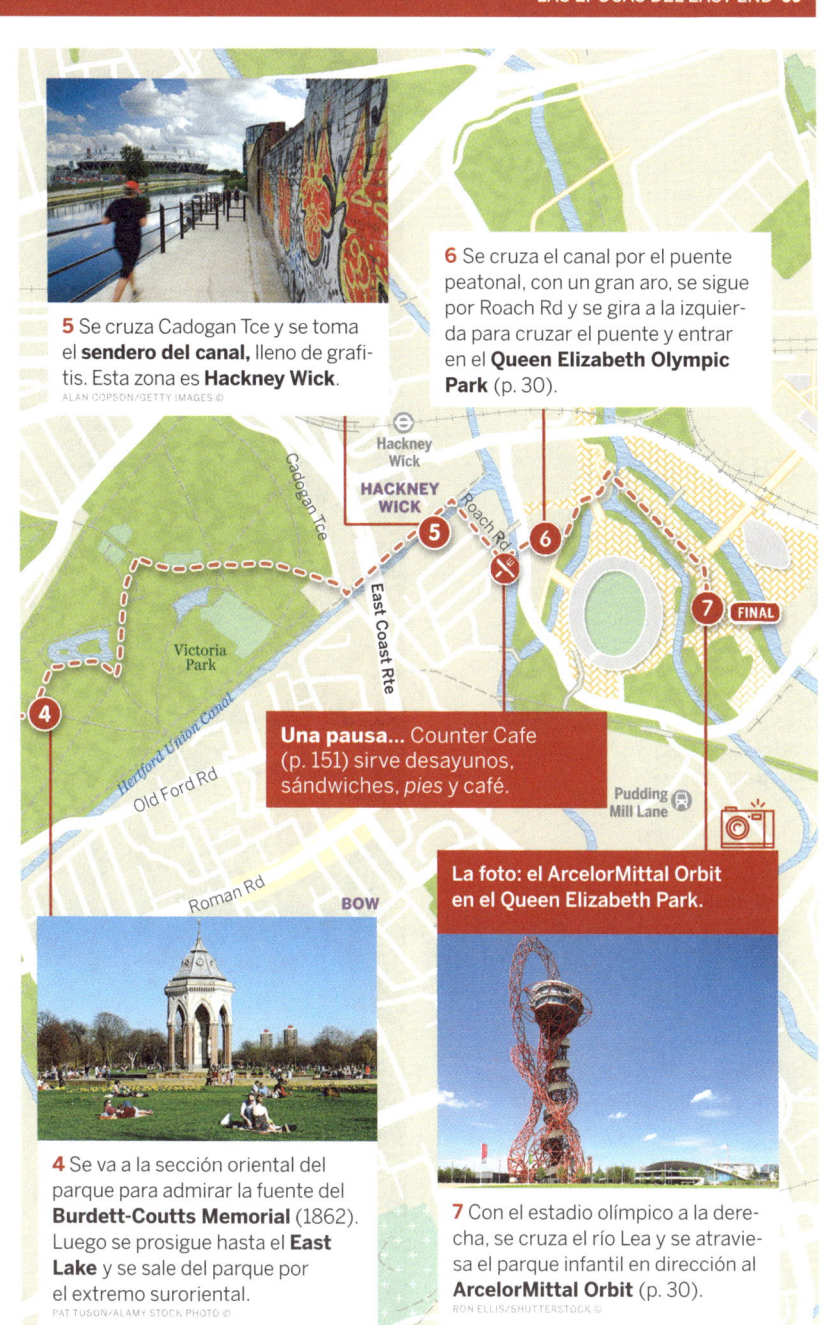

LAS ÉPOCAS DEL EAST END 99

5 Se cruza Cadogan Tce y se toma el **sendero del canal,** lleno de grafitis. Esta zona es **Hackney Wick**.

6 Se cruza el canal por el puente peatonal, con un gran aro, se sigue por Roach Rd y se gira a la izquierda para cruzar el puente y entrar en el **Queen Elizabeth Olympic Park** (p. 30).

Una pausa... Counter Cafe (p. 151) sirve desayunos, sándwiches, *pies* y café.

La foto: el ArcelorMittal Orbit en el Queen Elizabeth Park.

4 Se va a la sección oriental del parque para admirar la fuente del **Burdett-Coutts Memorial** (1862). Luego se prosigue hasta el **East Lake** y se sale del parque por el extremo suroriental.

7 Con el estadio olímpico a la derecha, se cruza el río Lea y se atraviesa el parque infantil en dirección al **ArcelorMittal Orbit** (p. 30).

South Bank y Tower Bridge.

South Bank

Desde la construcción del London Eye en el 2000, South Bank atrae a un gran número de visitantes y es un hervidero de actividad. Los puntos de interés se extienden a la orilla del Támesis, desde el London Eye o el enclave cultural del Southbank Centre hasta la Tate Modern, el Millennium Bridge y el Shakespeare's Globe.

Ideal para...

❶ Lo esencial

Waterloo o Southwark

SOUTH BANK 101

★ **Consejo**
Para evitar colas se recomienda reservar por internet las entradas para el London Eye y las Mazmorras de Londres.

El South Bank cautiva con su gran ambiente y lugares de interés. Hay mucho para ver dando un paseo: las vistas desde la orilla norte del río (como las Casas del Parlamento y el Big Ben), artistas callejeros, oficinistas a la hora del almuerzo y barcos por el Támesis. Lo ideal sería dedicar dos o tres días al South Bank, pero si no fuera posible, bastaría con un día para una rápida (aunque agotadora) visita a las principales atracciones.

Además, en el National Theatre (p. 194) y el Southbank Centre hay unas tiendas fabulosas.

London Eye

El **London Eye** (plano p. 250; ☎0871 781 3000; www.londoneye.com; adultos/niños 21,50/15,50 £; ◔10.00-20.00; ⊖Waterloo), que se eleva 135 m sobre la ciudad, relativamente plana, permite admirar un panorama de 40 km en todas las direcciones (si hace buen tiempo). Además, unas tabletas interactivas facilitan información (en seis idiomas) acerca de los puntos más destacados conforme aparecen en el *skyline*. Una vuelta completa dura 30 min. En temporada alta (julio, agosto y vacaciones escolares) conviene comprar las entradas por internet.

Southbank Centre

El edificio insignia del **Southbank Centre** —el mayor centro de artes escénicas y visuales de Europa— es el **Royal Festival Hall,** que con su fachada curva de acero y piedra de Portland resulta más cálido que los cercanos edificios de estilo brutalista de la década de 1970. Es una de las principales salas de conciertos de Londres y la vida en

Vista de la ciudad desde el London Eye.

esta parte del South Bank gira en torno a él, por lo que abundan los cafés, restaurantes, tiendas y bares.

Al norte se encuentra el **Queen Elizabeth Hall**, icono brutalista y el segundo auditorio más grande del centro (cerrado hasta finales del 2007). Debajo del suelo elevado hay un punto de encuentro de *skaters* con las paredes llenas de grafitis.

Mazmorras de Londres

A los niños más mayores les encantan las **London Dungeons** (plano p. 250; www.thedungeons.com/london; County Hall, Westminster Bridge Rd, SE1; adultos/niños 25,95/20,95 £; 10.00-17.00, hasta 18.00 sa y do; Waterloo)

☑ **Imprescindible**
Las fabulosas vistas desde el London Eye.

o Westminster), según atestiguan las largas colas durante las vacaciones escolares y fines de semana: música espeluznante, fantasmagóricos paseos en barco, macabras recreaciones de una muerte en la horca, sangre falsa y actores que simulan ser torturadores y sangrientos criminales, como Jack el Destripador y Sweeney Todd. Hay que estar atento a las partes interactivas.

Cerca de allí

Roupell St Calle

(Plano p. 250; Roupell St, SE1; Waterloo) La estación de Waterloo no es muy pintoresca, pero si se da una vuelta por los callejones circundantes se descubrirán estupendos edificios. Roupell St está flanqueada por casitas de ladrillos oscuros y puertas de colores que datan de la década de 1820. La calle parece el decorado de una película.

Este tipo de arquitectura se extiende también a las calles Theed y Whittlesey (paralelas a Roupell St, más al norte). Las casas adosadas fueron construidas entre las décadas de 1820 y 1840 por el refinador de oro John Palmer Roupell para sus artesanos. Quedaron intactas tras la II Guerra Mundial y han sobrevivido a numerosos proyectos urbanísticos de la zona.

Imperial War Museum Museo

(www.iwm.org.uk; Lambeth Rd, SE1; 10.00-18.00; Lambeth North) GRATIS Fascinante museo flanqueado por dos enormes cañones navales de 38 cm de calibre, se halla en el antiguo Bethlehem Royal Hospital (o Bedlam). Si bien se centra en la acción militar de las tropas británicas o de la Commonwealth en el s. xx, es un museo bélico en su sentido más amplio. Destacan las **First World War Galleries**, inauguradas en el 2014, para conmemorar el centenario de la I Guerra Mundial.

Desde el South Bank queda a pocas paradas de metro o autobús: vale la pena el esfuerzo si se está interesado en las dos contiendas mundiales.

✕ Una pausa

Scootercaffe (p. 142): excelente café en un entorno bohemio.

Hyde Park

Es el mayor parque real de Londres y ocupa 142 Ha de jardines, zonas silvestres y árboles majestuosos. Además de ser un fabuloso espacio verde en el corazón de la ciudad, acoge algunos lugares de gran interés.

Ideal para...

☑ Imprescindible

La Apsley House, el Albert Memorial y el palacio de Kensington.

El parque fue expropiado en 1536 por Enrique VIII para transformarlo en un coto de caza para la realeza y la aristocracia. Posteriormente fue escenario de duelos, ejecuciones y carreras de caballos. A principios del s. XVII fue el primer parque real que se abrió al público y en 1851 acogió la célebre Exposición Universal. Durante la II Guerra Mundial se destinó al cultivo de patatas. Hoy alberga algún que otro concierto y festival musical.

Speakers' Corner

Frecuentado por Karl Marx, Lenin, George Orwell y William Morris, el **Speakers' Corner** (plano p. 249; Park Lane; Marble Arch), en el extremo noreste, es el lugar tradicional para discursos, oratorias y desvaríos vociferantes.

El "rincón de los oradores" es el único lugar del país en el que los manifestantes

HYDE PARK 105

Albert Memorial, Kensington Gardens.

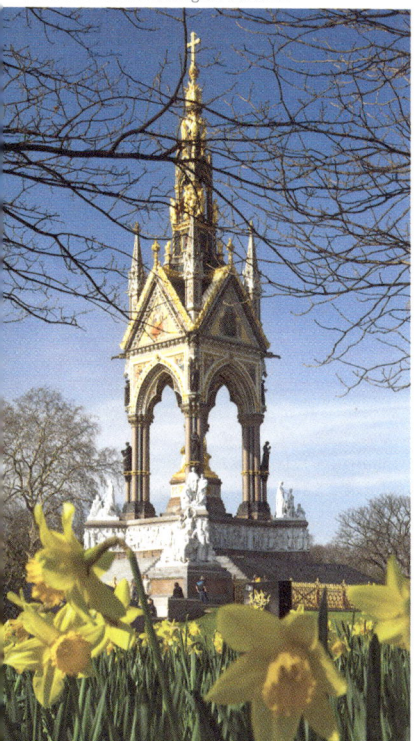

ℹ️ Lo esencial

Plano p. 249; www.royalparks.org.uk/parks/hyde-park; ⏱5.00-24.00; 🚇Marble Arch, Hyde Park Corner o Queensway

🍴 Una pausa

Orangery (plano p. 249; ☎020-3166 6113; www.orangerykensingtonpalace.co.uk; principales 12,50-16 £, té de la tarde 26 £; ⏱10.00-18.00; 🍽), situado en el recinto del palacio de Kensington, sirve tés y pastas.

★ Consejo

Hyde Park es ideal para tomar un 'picnic' entre una atracción turística y la siguiente.

pueden reunirse sin permiso de las autoridades: un privilegio concedido en 1872 a raíz de los graves disturbios de 1855, cuando 150 000 personas se manifestaron contra la Sunday Trading Bill (ley que prohibía comerciar los domingos) y la policía, oculta en Marble Arch, les tendió una emboscada.

El Serpentine

Hyde Park está separado de los Kensington Gardens por el **Serpentine** (plano p. 249; 🚇Knightsbridge o South Kensington), un pequeño lago en forma de L que en los Juegos Olímpicos del 2012 acogió el triatlón.

Las Serpentine Galleries

A ambos lados del lago Serpentine, las **Serpentine Galleries** (plano p. 249; www.serpentinegalleries.org; Kensington Gardens, W2; ⏱10.00-18.00 ma-do; 🚇Lancaster Gate o Knightsbridge) GRATIS son unas de las galerías de arte contemporáneo más importantes de Londres y han acogido obras de Damien Hirst, Andreas Gursky, Louise Bourgeois, Gabriel Orozco, Tomoko Takahashi y Jeff Koons.

El espacio expositivo original es el antiguo salón de té de 1930, ubicado en los Kensington Gardens. En el 2013 se abrió la **Serpentine Sackler Gallery** (plano p. 249; www.serpentinegalleries.org; West Carriage Drive, W2; ⏱10.00-18.00 ma-do; 🚇Lancaster Gate) GRATIS en el Magazine, un antiguo depósito de pólvora al otro lado del puente del Serpentine. Construido en 1805, ha sido ampliado con un ala de forma ondulada proyectada por la arquitecta Zaha Hadid, galardonada con el premio Pritzker.

Fuente conmemorativa de la Princesa Diana

Esta **fuente conmemorativa** (plano p. 249; 🚇Knightsbridge) está dedicada a la princesa de Gales. Proyectada por Kathryn Gustafson, que la describe como un 'foso sin castillo' dispuesto 'como un collar' alrededor del extremo suroeste de Hyde Park, cerca del puente del Serpentine, consta de una doble corriente de agua circular que fluye por 545 piezas de granito de Cornualles. El agua procede de un acuífero situado a más de 100 m de profundidad. Pese a ser inusual, se invita a los visitantes a chapotear en al agua: a los niños les encantará.

Un **transbordador solar** (plano p. 249; 020-7262 1330; www.solarshuttle.co.uk; adultos/niños 5/3 £) cubre el trayecto entre el embarcadero del Serpentine y la fuente (fin de semana mar-sep; diario med jul-fin ago).

Salvas de cañones

El cumpleaños del duque de Edimburgo (10 de junio) y el del príncipe de Gales (14 de noviembre) se celebran disparando 41 salvas de cañones a las 12 del mediodía desde Hyde Park (los otros parques, que no son reales, solo disparan 21).

Cerca de allí
Palacio de Kensington   Palacio

(Plano p. 249; www.hrp.org.uk/kensingtonpalace; Kensington Gardens, W8; adultos/niños 17,50 £/ gratis; 10.00-18.00 mar-oct, hasta 17.00 nov-feb; High St Kensington) Construido en 1605, en 1609 pasó a ser la residencia principal de la monarquía durante el reinado de Guillermo y María de Orange y así siguió hasta que Jorge III fue coronado rey y se trasladó al palacio de Buckingham. Hoy aún es una residencia real, en la que habitan el duque y la duquesa de Cambridge (el príncipe Guillermo y su esposa Catalina) y el príncipe Enrique. No obstante, una gran parte del palacio está abierta al público.

Kensington Gardens.

Los **apartamentos del rey** son los más lujosos, empezando por la **gran escalinata**, un festín de trampantojos. La **sala de la cúpula**, antaño destinada a música y conciertos, está decorada con estatuas doradas y techos pintados. En el **salón**, más allá, el rey y su corte jugaban a las cartas.

Kensington Gardens   Parque
(Plano p. 249; www.royalparks.org.uk/parks/kensington-gardens; 6.00-anochecer; Queensway o Lancaster Gate) Hacia el oeste, lindando con Hyde Park y el lago Serpentine, se hallan estos jardines de 111 Ha que, técnicamente, pertenecen al palacio de Kensington. Este parque incluye jardines, avenidas arboladas y estanques; el más grande es el **Round Pond,** cerca del palacio. También merecen la pena las fuentes de los **Italian Gardens** (plano p. 249), que fueron un obsequio del príncipe Alberto a la reina Victoria.

Apsley House   Edificio histórico
(Plano p. 249; www.english-heritage.org.uk/visit/places/apsley-house/; 149 Piccadilly, Hyde Park Corner, W1; adultos/niños 8,30/5 £, con el arco de Wellington 10/6 £; 11.00-17.00 mi-do abr-oct, 10.00-16.00 sa y do nov-mar; Hyde Park Corner) Antaño este palacio —que alberga muestras dedicadas al duque de Wellington, quien derrotó a Napoleón en la batalla de Waterloo— era el primer edificio que se veía al llegar a Londres por el oeste y de ahí que se llamara "Nº 1 London". En la **galería** del sótano se exponen las reliquias de Wellington, incluida su máscara mortuoria, mientras que en la Waterloo Gallery (1ª planta) pueden contemplarse porcelana y plata, y lienzos de Velázquez, Rubens, Van Dyck, Brueghel, Murillo y Goya.

Albert Memorial   Monumento
(Plano p. 249; Kensington Gardens; circuitos adultos/reducida 8/7 £; circuitos 14.00 y 15.00 1er do del mes mar-dic; Knightsbridge o Gloucester Rd) Espléndido monumento victoriano en el extremo sur de los Kensington Gardens tan ostentoso como modesta era la persona a la que conmemora: Alberto de Sajonia (1819-1861), príncipe consorte de la reina Victoria, que había declarado que a su muerte no deseaba ningún monumento. Sin embargo, el *lord mayor* (alcalde de Londres), haciendo caso omiso de su voluntad, encargó en 1872 a George Gilbert Scott la construcción de este monumento conmemorativo, de estilo gótico y 53 m de alto.

☑ Imprescindible
El Summer Pavilion (jun-oct): todos los años se encarga un pabellón para las Serpentine Galleries a un arquitecto que nunca haya construido en el Reino Unido.

✕ Una pausa
Rose Garden (plano p. 249; Hyde Park; Hyde Park Corner o Knightsbridge): colorido jardín con flores (y sombra) todo el año.

Victoria & Albert Museum

El Museo de las Manufacturas —nombre que recibió cuando fue inaugurado en 1852— formaba parte del legado del príncipe Alberto a la nación tras el éxito de la Exposición Universal de 1851. Su principal objetivo era "mejorar el gusto del público en materia de diseño" y "aplicar las bellas artes a objetos útiles". Hasta le fecha ha realizado una gran labor.

Ideal para...

Lo esencial

Plano p. 249; www.vam.ac.uk; Cromwell Rd, SW7; 10.00-17.45 sa-ju, hasta 22.00 vi; South Kensington; GRATIS

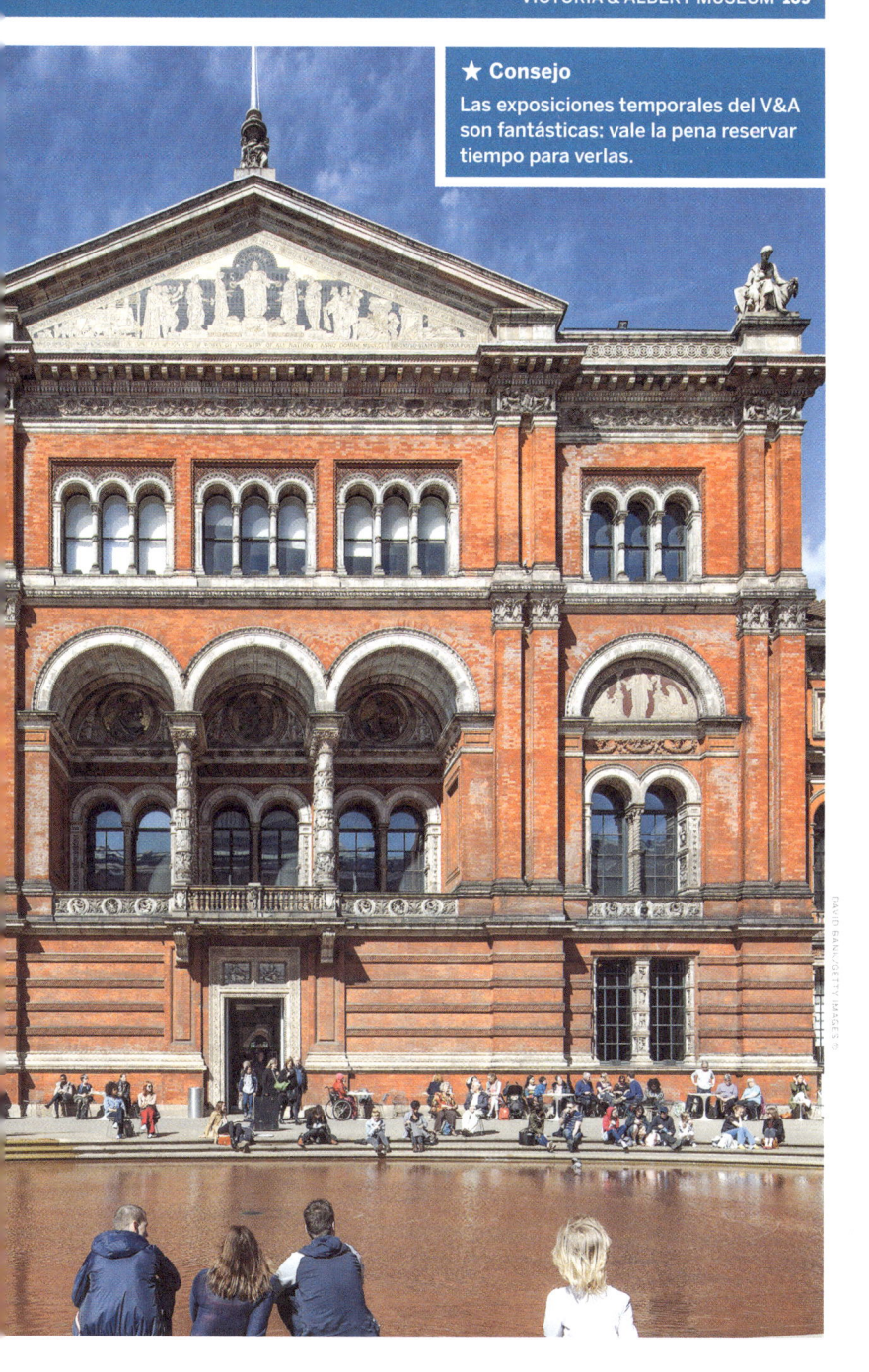

VICTORIA & ALBERT MUSEUM **109**

★ **Consejo**
Las exposiciones temporales del V&A son fantásticas: vale la pena reservar tiempo para verlas.

Colección

El museo exhibe, en 146 galerías, la mayor colección de artes decorativas del mundo: desde porcelana china antigua hasta proyectos de arquitectura modernista, bronce coreano y espadas japonesas, dibujos de Rafael, trajes de época isabelina, joyas antiguas, un *walkman* de Sony y un largo etcétera.

Circuitos

Hay varios circuitos guiados a diario. Salen de la zona de recepción y son gratuitos. Los horarios están indicados, pero también pueden consultarse en la web.

Entrada

En la entrada, tras admirar la **lámpara de araña** de vidrio soplado azul y amarillo de Dale Chihuly, conviene ir al mostrador de información para conseguir un mapa del museo (donativo 1 £). Si hay mucha gente en la entrada principal de Cromwell Rd, hay otra en Exhibition Rd; desde el metro se puede entrar por el túnel del sótano.

1ª planta

La 1ª planta –al nivel de la calle– está dedicada al arte y diseño de la India, China, Japón, Corea y el sureste asiático, así como al arte europeo. Una de las joyas del museo son las **salas de moldes** (46a y 46b), con increíbles moldes de yeso de la época victoriana, como el *David* de Miguel Ángel, adquirido en 1858.

La **galería de T. T. Tsui** (salas 44 y 47e) exhibe piezas bellísimas, como una estatuilla de madera de Guanyin sentado en posición *lalitasana* que data del año 1200

y las *Veinte vistas del palacio de verano de Yuanmingyuan* (1781-1786), que muestra la fuente del zodíaco (Haiyantang) y las 12 cabezas de animales (hoy en ruinas) de Pekín. En la **galería de Japón** (sala 45), tenuemente iluminada, se expone una armadura de estilo *domaru*. La galería del **Oriente Medio Islámico** (sala 42) presenta más de 400 objetos —como cerámica, tejidos, alfombras, obras en vidrio y madera— desde el s. VIII hasta la I Guerra Mundial. Destaca la **alfombra de Ardabil**, de mediados del s. XVI.

El **jardín de John Madejski** es un agradable y sombreado patio interior. Al otro lado están las **salas de Refresco** originales (Morris, Gamble y Poynter), de la década de 1860, remodeladas por McInnes Usher McKnight Architects (MUMA), que también se encargaron de renovar las **galerías Medieval y del Renacimiento** (1350-1600), a la derecha del vestíbulo principal.

2ª y 4ª planta

Las **galerías británicas**, que ilustran todos los aspectos del diseño británico (1500-1900), están divididas entre la 2ª (1500-1760) y la 4ª planta (1760-1900). Esta última también incluye la **galería de arquitectura** (salas 127 a 128a), que describen los estilos arquitectónicos con maquetas y vídeos, y la **galería de cristal contemporáneo** (sala 129), con una iluminación espectacular.

3ª planta

La **galería de las joyas** (salas 91-93), a cuyo nivel superior se accede por una escalera de caracol de cristal y plexiglás, reluce con espadas repletas de piedras preciosas, joyas, relojes y cajas de oro. La **galería de fotografía** (sala 100) exhibe más de 500 000 imágenes recopiladas desde mediados del s. XIX. **Diseño desde 1946** (sala 76) alberga clásicos del diseño, desde una radio Sony en forma de tarjeta de crédito (1985) hasta una zapatilla Nike Air Max (1992), la silla de jardín en forma de huevo de Peter Ghyczy (1968) y el actual palo para *selfies*.

6ª planta

Entre las piezas de la **galería de la cerámica** (salas 136-146) —la más grande del mundo— hay destacadas obras de Oriente Medio y Asia. La **galería de la Dra. Susan Weber** (salas 133-135) rinde homenaje al diseño de mobiliario de los últimos seis siglos.

✕ Una pausa

V&A Café (principales 6,95-11,50 £; 10.00-17.15 sa-ju, hasta 21.30 vi;), situado en las salas de Refresco, data de la década de 1860.

> ☑ **Imprescindible**
> Cerámica china, espadas japonesas, trajes isabelinos y joyas antiguas.

Museo de Historia Natural

Este museo refleja las ansias de coleccionar, catalogar e interpretar el mundo natural de la época victoriana. Merece una visita, tanto por el edificio principal como por sus colecciones, de fama mundial. Además, organiza actividades y exposiciones temporales. Es uno de los mejores museos de Londres, en especial para las familias.

Ideal para...

☑ Imprescindible

Fascinantes secciones sobre el planeta Tierra, el Darwin Centre y arquitectura gótica digna de un cuento de hadas.

Hintze Hall

La sala central se asemeja a la nave de una catedral: una analogía muy apropiada, dado que en la época victoriana las ciencias naturales desafiaban la doctrina de la ortodoxia cristiana. El naturalista Richard Owen, primer director del museo, describió el edificio como una "catedral en honor a la naturaleza".

En el verano del 2017 la sala central estará presidida por el esqueleto de una ballena azul, colocado en posición de inmersión para que sea más espectacular. Sustituirá el molde de esqueleto de diplodocus, la principal pieza expositiva desde la década de 1960.

Zona Azul

La **galería de los dinosaurios** —la atracción estrella del museo— lleva al visitante

MUSEO DE HISTORIA NATURAL 113

Detalle arquitectónico del museo.

ℹ Lo esencial

Plano p. 249; www.nhm.ac.uk; Cromwell Rd, SW7; ⊙10.00-17.50; ⊖South Kensington; **GRATIS**

🍴 Una pausa

Queen's Arms (plano p. 249; www.thequeensarmskensington.co.uk; 30 Queen's Gate Mews, SW7; ⊙12.00-23.00), a la vuelta de la esquina del Royal Albert Hall, ofrece un interior muy acogedor y una soberbia selección de sidra y cerveza de barril.

> ★ **Consejo**
>
> Las familias con niños pueden solicitar en recepción una 'mochila para exploradores' o comprar una ruta de descubrimiento temática (1 £).

por una pasarela elevada que permite observar el *Dromaeosaurus* (un carnívoro pequeño y ágil) antes de llegar al *T-rex* animatrónico, para luego proseguir con esqueletos, fósiles, figuras y murales que ilustra el mundo de los dinosaurios y su extinción.

Otra gran atracción es la **galería de los mamíferos y la ballena azul,** que alberga la reproducción a tamaño natural de una ballena azul y exposiciones sobre los cetáceos.

Zona Verde

A los niños les fascina la Zona Azul, pero los mayores seguramente preferirán la Zona Verde, en especial los **tesoros de la galería Cadogan** (1ª planta), que alberga las piezas más preciadas del museo, como un fragmento de roca lunar, un huevo de pingüino emperador traído por la expedición del capitán Scott y una primera edición de *El origen de las especies* de Charles Darwin.

Igual de excepcionales son las piedras preciosas y minerales expuestos en la **Vault,** incluidos un meteorito de Marte y la esmeralda más grande jamás hallada.

No hay que perderse la sección del tronco de una **secuoya gigante** de 1300 años de antigüedad (2ª planta): sus dimensiones son increíbles.

Y de nuevo en la planta baja, la **galería de los insectos trepadores** ahonda en la vida de los insectos y en si son nuestros amigos o enemigos (o ambas cosas).

Zona Roja

Explora la naturaleza en constante evolución de nuestro planeta y las fuerzas que la conforman. El **simulador de terremotos** (en la **galería de volcanes y terremotos**), que reproduce el terremoto de Kobe de 1995 en una tienda de comestibles (se muestran imágenes), es muy popular, al igual que la galería **Desde el origen,** que recorre la historia de la Tierra.

Tesoro de la Tierra ilustra las riquezas minerales del planeta y cómo se utilizan en nuestra vida diaria: desde joyería hasta construcción y electrónica.

A casi todas las galerías de esta zona se accede por el **Earth Hall** y una escalera mecánica que desaparece en una gran escultura de metal. El **fósil de esqueleto de 'Stegosaurus'** mejor conservado está en la base.

Zona Naranja

El **Darwin Centre** es el corazón del museo: en él trabajan los científicos y se guardan millones de especímenes. Las dos plantas superiores del extraordinario edificio en forma de **capullo** ilustran la labor de investigación que realiza el museo, con ventanas que permiten observar cómo la llevan a cabo los especialistas.

Quienes estén interesados en este tema pueden ir al **Attenborough Studio** (por el famoso naturalista y presentador David Attenborough) y asistir a una de las charlas diarias con los científicos del museo. El estudio también proyecta películas.

Exposiciones

El museo organiza exposiciones (de pago) con regularidad, algunas de forma reiterada. **'Wildlife Photographer of the Year'** (adultos/niños 12,60/6,30 £; nov-ago), que muestra fotografías sensacionales, ha celebrado recientemente su 50º aniversario, mientras que **'Sensational Butterflies'**

Earth Hall, Zona Roja.

—una carpa en forma de túnel en el East Lawn en la que revolotean mariposas— es una atracción muy popular en verano. En invierno es una **pista de patinaje sobre hielo.**

Cerca de allí
Museo de la Ciencia Museo
(Plano p. 249; www.sciencemuseum.org.uk; Exhibition Rd, SW7; 10.00-18.00; South Kensington) GRATIS Contiene siete plantas de exposiciones interactivas y didácticas que abarcan desde las primeras tecnologías hasta los viajes espaciales. Una de las galerías más populares es **Explorando el espacio,** donde pueden verse cohetes y satélites y una reproducción a tamaño real del *Eagle,* la nave que en 1969 llevó a Neil Armstrong y a Buzz Aldrin a la Luna. **Construyendo el mundo moderno** es un festín visual de locomotoras, aviones, coches, máquinas y otros inventos revolucionarios.

La galería **Era de la información** (2ª planta) ilustra cómo la información y las tecnologías de la comunicación —desde el telégrafo hasta los *smartphones*— han transformado nuestras vidas a partir del s. XIX. Entre los objetos de mayor interés figuran mensajes de radio enviados por el *Titanic* mientras se estaba hundiendo, la primera retransmisión de radio de la BBC y una supercomputadora soviética BESM de 1965.

La **galería del Vuelo** (3ª planta) causa furor entre los niños por sus planeadores, globos aerostáticos y aviones, como el *Gipsy Moth,* con el que Amy Johnson voló a Australia en 1930 (circuitos gratuitos a las 13.00 casi a diario). En esta planta también hay un **cine en 3D que simula el vuelo de los Red Arrows** (adultos/niños 6/5 £) y **cabinas simuladoras de vuelo 360** (12 £/cabina). La misma planta alberga una nueva galería interactiva —en la que antes estaba el Launchpad— con modernas exposiciones interactivas. Para los niños menores de cinco años, en el sótano y el **jardín** organizan actividades lúdicas, incluida una zona para jugar con agua (facilitan impermeables).

> ☑ **Imprescindible**
> Del 31 de octubre a enero, una sección del East Lawn del museo se transforma en una popular pista de patinaje sobre hielo.

✕ Una pausa

Los **Wildlife Gardens,** un retazo de la campiña inglesa en el corazón de Londres, incluyen un amplio abanico de hábitats de las llanuras británicas, con un prado, la entrada de una granja y un árbol con una colmena.

Royal Observatory desde Greenwich Park.

Royal Observatory y Greenwich Park

El Royal Observatory aúna el estudio del mar, las estrellas y el tiempo. El meridiano cero, elegido de forma arbitraria en 1884, traza su línea a través de los jardines del observatorio y divide la Tierra en los hemisferios este y oeste.

Ideal para...

☑ Imprescindible

Situarse sobre la línea del meridiano en el Meridian Courtyard y estar a caballo entre los dos hemisferios.

Royal Observatory

A diferencia de muchos otros puntos de interés de Greenwich, el Royal Observatory dispone de zonas de acceso gratuito (Weller Astronomy Galleries, Great Equatorial Telescope) y de pago (Meridian Line, Flamsteed House).

Flamsteed House y Meridian Courtyard

En 1675, Carlos II ordenó la construcción de la Flamsteed House —el observatorio original—, proyectada por Christopher Wren sobre los cimientos del Greenwich Castle tras el cierre del observatorio de la Torre de Londres. Hoy alberga la **sala octogonal** y el apartamento donde vivieron el astrónomo real John Flamsteed y su familia. También acoge las **Time Galleries,** que ilustran cómo se resolvió el problema

ROYAL OBSERVATORY Y GREENWICH PARK 117

Bola del tiempo.

🛈 Lo esencial

www.rmg.co.uk; Greenwich Park, Blackheath Ave, SE10; adultos/niños 9.50/5£, con el *Cutty Sark* 16.80/7.70£; 10.00-17.00 oct-jun, hasta 18-00 jul-sep; DLR Cutty Sark o DLR Greenwich, Greenwich)

✕ Una pausa

Old Brewery (020-3327 1280; www.oldbrewerygreenwich.com) sirve cerveza artesanal local y rica comida.

★ Consejo

Ir cualquier día al Royal Observatory antes de las 13.00 para ver cómo desciende la bola roja del tiempo.

de la medición de la longitud (determinar con precisión la posición este-oeste de un barco) con cálculos astronómicos y la invención del cronómetro marino.

En el Meridian Courtyard, donde el globo terrestre es dividido en este y oeste por el meridiano, puede comprobarse qué se siente al situarse sobre la línea que separa los dos hemisferios. Desde 1833, cada día a las 13.00 desciende la **bola del tiempo** roja desde lo alto del Royal Observatory.

Astronomy Centre y Planetarium

La mitad sur del observatorio contiene las **Weller Astronomy Galleries** (gratuitas), donde se puede tocar el objeto más antiguo que se verá jamás: un fragmento del meteorito de Gibeon, ¡de 4500 millones de años! También destaca el sistema solar mecánico de 1870 sin Urano y Neptuno, documentales sobre astronomía, la primera edición de los *Principia Mathematica* de Newton y la oportunidad de ver la Vía Láctea en múltiples longitudes de onda. En la tienda venden telescopios Skyhawk para los aficionados a la astronomía.

El moderno **Peter Harrison Planetarium** (020-8312 6608; www.rmg.co.uk/whats-on/planetarium-shows; adultos/niños 7,50/5,50 £; Greenwich, DLR Cutty Sark) —el único planetario de Londres— reproduce el cielo estrellado en el techo. Hay un mínimo de cinco proyecciones al día. Conviene reservar.

Greenwich Park

El **parque** (www.royalparks.org.uk; King George St, SE10; 6.00-18.00 invierno, hasta 20.00 primavera y otoño, hasta 21.00 verano; Greenwich o Maze Hill, DLR Cutty Sark) es uno de los espacios verdes más bellos de Londres, con una rosaleda, paseos, túmulos funerarios anglosajones y asombrosas vistas desde lo alto de la colina, cerca del Royal Observatory, hacia Canary Wharf, el distrito financiero al otro lado del Támesis. Greenwich Park acogió las pruebas ecuestres de los Juegos Olímpicos del 2012.

Tiene una superficie de 74 Ha y es el parque real vallado más antiguo; fue proyectado parcialmente por André Le Nôtre, el paisajista que concibió los jardines del palacio de Versalles. La vista desde la estatua del general James Wolfe, que celebra su victoria sobre los franceses en la batalla de Quebec, Canadá, en 1759, es una de las mejores de la ciudad.

Ranger's House (Werhner Collection)

En esta **villa georgiana** (EH; 020-8294 2548; www.english-heritage.org.uk; Greenwich Park, Chesterfield Walk, SE10; adultos/niños 7,20/4,30 £; solo circuitos guiados, 11.00 y 14.00 do-mi fin mar-sep; Greenwich, DLR Cutty Sark), construida en 1723, vivía el guarda del parque. Hoy custodia una colección de 700 obras de arte (pinturas medievales y renacentistas, porcelana, platería, tapices) atesorada por Julius Wernher (1850-1912), hijo de un ingeniero de ferrocarril de origen alemán que en el s. XIX hizo fortuna en los yacimientos de diamantes de Sudáfrica. La colección de joyas del Renacimiento español es la mejor de Europa y la rosaleda frente a la casa es fabulosa, en especial en junio.

Cerca de allí

Old Royal Naval College Edificio histórico
(www.ornc.org; 2 Cutty Sark Gardens, SE10; jardines 8.00-18.00; DLR Cutty Sark) GRATIS

Painted Hall, Old Royal Naval College.

Proyectado por Christopher Wren, es un ejemplo de arquitectura clásica monumental. La Universidad de Greenwich y el Trinity College of Music ocupan una parte del edificio, pero puede visitarse la **capilla** y el **Painted Hall,** que sir James Thornhill tardó 19 años en completar. Hay circuitos diarios (1 h), conducidos por *yeomen* (12.00, 6 £), que permiten acceder a zonas que de otro modo sería imposible conocer.

El complejo se erigió sobre el emplazamiento del palacio de Placentia (s. XV), donde nacieron Enrique VIII e Isabel I. El **Discover Greenwich** (www.ornc.org; Pepys Building, King William Walk, SE10; 10.00-17.00) GRATIS profundiza en este vínculo con los Tudor y en la historia industrial y marítima de Greenwich. También aloja la oficina de turismo y hay un café/restaurante y una cervecería artesanal.

'Cutty Sark' Museo

(020-8312 6608; www.rmg.co.uk/cutty sark; King William Walk, SE10; adultos/niños 12,15/6,30 £, con Royal Observatory 16,80/7.70 £; 10.00-17.00; DLR Cutty Sark) Símbolo de Greenwich, es el último de los grandes veleros que navegó entre China e Inglaterra en el s. XIX. Abierto al público tras una exhaustiva restauración de seis años que costó 25 millones de libras y obedeció, en parte, a un incendio en el 2007, contiene una exposición que narra su historia como nave de transporte de té a finales del s. XIX.

Botado en Escocia en 1869, realizó ocho viajes a China en la década de 1870: partía con una carga mixta y regresaba repleto de té. Hay documentales, mapas interactivos e ilustraciones sobre la vida a bordo del velero.

National Maritime Museum Museo

(www.rmg.co.uk/national-maritime-museum; Romney Rd, SE10; 10.00-17.00; DLR Cutty Sark) GRATIS Entre las piezas más interesantes de este museo, que narra la azarosa historia de la navegación británica, figuran el *Miss Britain III* (la primera embarcación que alcanzó las 100 millas/h en mar abierto), de 1933; la barcaza real dorada de 19 m construida en 1732 para Federico, príncipe de Gales; el gran propulsor de barco; y las coloridas figuras de la planta baja. Las familias disfrutarán también del simulador naval y la galería para niños (2ª planta).

De entre las diversas galerías del museo cabe destacar la **Voyagers: Britons and the Sea** (planta baja) y la premiada **Nelson, Navy, Nation 1688-1815**, dedicada a la historia de la Royal Navy en el s. XVII. Ofrece una mirada al legendario héroe nacional y muestra el uniforme que llevaba el almirante cuando fue herido de muerte en la batalla de Trafalgar.

✕ Una pausa

Astronomy Café, junto al Planetarium, sirve comidas ligeras.

120 LAS MEJORES EXPERIENCIAS

Guía con traje Tudor frente al palacio.

Excursión de un día: Palacio de Hampton Court

Este icono del s. XVI, el palacio Tudor más espectacular de Londres, transmite una fuerte sensación histórica gracias a las enormes cocinas, los imponentes aposentos y los jardines; incluso acoge un laberinto de 300 años de antigüedad. Hay circuitos temáticos conducidos por un historiador en traje de época, así como audioguías que permiten ahondar en Hampton Court y la historia de sus residentes.

Ideal para...

❶ Lo esencial

www.hrp.org.uk/HamptonCourtPalace; adultos/niños/familia 17,50/8,75/43,80 £; 10.00-18.00 abr-oct, hasta 16.30 nov-mar; Hampton Court Palace, Hampton Court

EXCURSIÓN DE UN DÍA: PALACIO DE HAMPTON COURT **121**

★ **Consejo**
Los guardianes ataviados con un sayo rojo facilitan información e incluso cuentan anécdotas.

El palacio de Hampton Court fue construido por el cardenal Thomas Wolsey en 1515, pero Enrique VIII se lo arrebató justo antes de que Wolsey (como canciller) cayera en desgracia. Ya era uno de los palacios más refinados de Europa cuando en el s. XVII se contrató a sir Christopher Wren para ampliarlo. El resultado fue una fusión de arquitectura Tudor y sobrio barroco.

Entrada al palacio

Tras cruzar la puerta principal se llega al **Base Court** y al **Clock Court**, sito detrás, cuyo nombre deriva del reloj astronómico del s. XVI. Las salas revestidas de madera y los umbrales arqueados de los **aposentos del joven Enrique VIII,** subiendo desde el Base Court, ofrecen una gratificante introducción; obsérvese el grafito de la época Tudor en la chimenea. A la derecha del Base Court se pueden admirar las nueve pinturas de Andrea Magenta *Los triunfos de César,* adquiridos por Carlos I en 1629, que representan el retorno de Julio César a Roma en procesión triunfal.

Aposentos de Enrique VIII

La escalinata que hay en la entrada de Ana Bolena conduce a estos aposentos y al **Great Hall.** La **Horn Room,** cuyas paredes están decoradas con impresionantes cornamentas, lleva a la **Great Watching Chamber,** donde los guardas controlaban el acceso a las dependencias del rey. La corona de Enrique VIII, sembrada de piedras preciosas, es una copia de la original, que Oliver Cromwell ordenó fundir; puede admirarse en el **Royal Pew** (⊗10.00-16.00 lu-

Palacio y jardines de Hampton Court.

sa, 12.30-13.30 do), que da a la Chapel Royal, aún un lugar de culto 450 años después.

Cocinas Tudor y Great Wine Cellar

También de la época de Enrique VIII son las cocinas Tudor, donde antaño se cocinaba para la corte real (1200 personas). No hay que perderse la Great Wine Cellar, donde se guardaban 300 toneles de cerveza *ale* y 300 de vino: el consumo anual en palacio a mediados del s. XVI.

Cumberland Art Gallery

Junto al Clock Court, ha sido recientemente restaurada y presenta una colección de obras de arte de la Royal Collection, incluido el *Autorretrato con gorra* (1642) de Rembrandt y *Carlos I a caballo* (c. 1635-1636) de sir Antonhy van Dyck.

Aposentos de Guillermo III y María II

Un circuito recorre estos aposentos —que Wren terminó en 1702— y sube por la **King's Staircase.** Destacan la **King's Presence Chamber,** dominada por un trono frente a un cortinaje escarlata. Durante un incendio en 1986, que destruyó un ala entera del palacio, el personal estaba preparado para, en caso necesario, retirar del marco el enorme retrato de Guillermo III sirviéndose de un cuchillo. No hay que perderse la **King's Great Bedchamber,** con una cama cubierta con plumas de avestruz, y el **King's Closet,** el excusado del rey, con asiento de terciopelo. Restauradas y reabiertas en el 2014, las **Chocolate Kitchens** fueron construidas por Guillermo y María hacia 1689.

La esposa de Guillermo, María II, tenía sus propios aposentos, a los que se accedía por la **Queen's Staircase,** decorada por William Kent.

Aposentos privados georgianos

Los usaron Jorge II y la reina Carolina durante la última visita de la corte a palacio, en 1737. No hay que perderse la estancia Tudor **Wolsey Closet,** encargada por Enrique VIII, con un precioso techo y pinturas en las paredes.

Jardín y laberinto

Pasado el palacio están los jardines, con una **Real Tennis Court** que data de la década de 1620. Creado para Guillermo y María, el **Kitchen Garden** es una reproducción recientemente inaugurada.

No hay que marcharse de Hampton Court sin antes perderse en el **laberinto** (adultos/niños/familias 4/2,50/12 £; 10.00-17.15 abr-oct, hasta 15.45 nov-mar), de 800 m de largo, accesible aunque no se visite el palacio.

✕ Una pausa

El palacio de Hampton Court linda con las 445 Ha de **Bushy Park** (www.royalparks.gov.uk), una extensión de terreno semisalvaje con ciervos y gamos.

124 LAS MEJORES EXPERIENCIAS

Mercado de flores de Columbia Road.

Un domingo en el East End

El East End se caracteriza por una rica historia multicultural, fruto de las diversas oleadas de inmigrantes (franceses, protestantes, judíos, bangladesíes) que han dejado su impronta en la zona. Ello, unido al cockney *y al fenómeno* hipster *del s. XXI, ha dado lugar a un barrio increíblemente vibrante y dinámico.*

Ideal para...

☑ Imprescindible

La oferta gastronómica de la zona es tan variada como su población: desde curris hasta propuestas británicas modernas.

Los domingos, toda la zona se transforma en un mercado. Es divertido, y agotador, por lo que conviene tomárselo con calma: abundan los cafés y restaurantes para relajarse y disfrutar del ambiente.

Mercado de flores de Columbia Road

Toda una explosión de color y vitalidad, este **mercado** semanal (plano p. 255; www.columbiaroad.info; Columbia Rd, E2; ◷8.00-15.00 do; ⊖Hoxton) ofrece un gran surtido de flores, macetas, plantas, bulbos, semillas y todo lo necesario para el jardín. Es divertido y el mejor sitio para escuchar auténtica cháchara de vendedor en jerga *cockney*. Se pone hasta los topes, por lo que hay que ir pronto o a última hora, cuando los vendedores rebajan las flores que les han sobrado.

UN DOMINGO EN EL EAST END 125

Verduras frescas en el mercado de Brick Lane.

❶ Lo esencial
Es mejor visitar esta zona en domingo, cuando los mercados están en plena efervescencia.

✕ Una pausa
Tayyabs (p. 149) prepara estupenda comida pakistaní.

> ★ **Consejo**
> Para evitar una sobredosis de mercados en domingo, conviene elegir entre el mercado de Brick Lane o el de Old Spitalfields.

Mercado de Brick Lane
El mercado de **Brick Lane** (plano p. 255; www.visitbricklane.org; Brick Lane, E1; 9.00-17.00 do; Shoreditch High St), en dirección sur, invade también las calles circundantes y vende desde artículos para el hogar hasta baratijas, ropa de segunda mano, moda económica y comida étnica. Los productos de mejor calidad se encuentran en los mercados de la Old Truman Brewery: **Sunday Up-Market** (plano p. 255; www.sundayupmarket.co.uk; Old Truman Brewery, 91 Brick Lane, E1; 10.00-17.00 do; Shoreditch High St) y el **mercado de Backyard** (plano p. 255; www.backyardmarket.co.uk; 146 Brick Lane, E1; 11.00-17.00 sa y do; Shoreditch High St), donde jóvenes diseñadores venden sus creaciones junto a puestos de arte, artesanía y comida.

Brick Lane's Famous Bagel
Esta reliquia (p. 149) del East End judío es muy popular por sus baratos *bagels* caseros (de salmón, crema de queso y/o ternera salada).

Antiguo mercado de Spitalfields
Los comerciantes llevan vendiendo sus productos aquí desde 1638 y sigue siendo uno de los mejores mercados de Londres. El **mercado** cubierto actual (plano p. 255; www.oldspitalfieldsmarket.com; Commercial St, E1; 10.00-17.00; Shoreditch High St) data de finales del s. XIX y la ampliación más moderna es del 2006. El mejor día para visitarlo es el domingo, pero el jueves hay antigüedades y el viernes moda independiente. También hay puestos de comida.

Brick Lane Great Mosque
Después del almuerzo se puede visitar esta **mezquita** (Brick Lane Jamme Masjid; plano p. 255; www.bricklanejammemasjid.co.uk; 59 Brick Lane, E1; Shoreditch High St o Liverpool St). Ningún edificio refleja tan bien los cambios demográficos experimentados en

esta zona. Construido para los hugonotes en 1743 como la New French Church, fue una capilla metodista entre 1819 y 1898, cuando se transformó en la Gran Sinagoga para los refugiados judíos de Rusia y Europa central. En 1976 volvió a cambiar de culto convirtiéndose en la Gran Mezquita. Obsérvese el reloj de sol en lo alto de la fachada de Fournier St.

Whitechapel Gallery

Desde Brick Lane Mosque se prosigue hasta la **Whitechapel Gallery** (020-7522 7888; www.whitechapelgallery.org; 77-82 Whitechapel High St, E1; 11.00-18.00 ma, mi y vi-do, hasta 21.00 ju; Aldgate East) GRATIS. Innovadora y muy frecuentada por estudiantes de arte y expertos de las vanguardias, solo acoge provocativas exposiciones temporales de arte contemporáneo. Se hizo un nombre con muestras de artistas emergentes y consolidados, incluidas las primeras exposiciones de Pablo Picasso, Jackson Pollock, Mark Rothko y Frida Khalo. Las muestras temáticas cambian cada dos meses (consúltese la web) y a menudo hay música en directo, recitales de poesía, conferencias y películas los jueves por la noche.

Cerca de allí

Geffrye Museum Museo
(Plano p. 255; www.geffrye-museum.org.uk; 136 Kingsland Rd, E2; 10.00-17.00 ma-do; Hoxton) GRATIS Dedicado a la decoración interior, fascinará a quienes les guste curiosear en casa ajena. Construido en 1714 como hospicio para jubilados sin recursos, el complejo de edificios ha sido transformado en salas de estar para ilus-

Brick Lane y la Old Truman Brewery.

trar cómo eran los hogares de las familias de clase media desde 1630 hasta la época victoriana. El jardín posterior también está organizado por épocas. Además hay un huerto de hierbas aromáticas con 170 plantas distintas.

Dennis Severs' House Museo

(Plano p. 255; 020-7247 4013; www.dennissevershouse.co.uk; 18 Folgate St, E1; día/noche 10/15 £; 12.00-16.00 do, 12.00-14.00 y 17.00-21.00 lu, 17.00-21.00 mi; Shoreditch High St) Esta casa georgiana presenta el aspecto que tendría si sus ocupantes acabaran de salir de ella: hay tazas de té sin terminar, velas encendidas y, aunque quizá no sería necesario conceder tanta atención a los detalles, un orinal lleno junto a la cama. Más que un museo es una oportunidad para reflexionar sobre los detalles de la vida cotidiana georgiana a través de una exploración silenciosa.

Old Truman Brewery Edificio histórico

(Plano p. 255; www.trumanbrewery.com; 91 Brick Lane, E1; Shoreditch High St) Fundada en este lugar en el s. XVII, en la década de 1850 la Black Eagle Brewery de Truman fue la mayor fábrica de cerveza del mundo. Hoy alberga modernos mercados, tiendas de moda y de ropa *vintage*, sellos discográficos independientes, cafés, bares y locales de música en directo. Aquí ya no se fabrica cerveza, pero sí se consume.

Tras décadas de declive, la fábrica cerró en 1989, aunque solo temporalmente, ya que la marca resurgió en el 2010 en Hackney Wick. En la década de 1990 los edificios abandonados se convirtieron en un centro de música *britpop*. Hoy ya no es lo que era, pero aún disfruta de cierta popularidad.

Varios de los edificios han sido declarados patrimonio nacional, como la Director's House, en 91 Brick Lane (década de 1740); la Vat House, enfrente, con su campanario hexagonal (c. 1800); y la Engineer's House, en 150 Brick Lane (década de 1830).

> **El dato**
> Gracias a sus comunidades de inmigrantes, el East End es una zona con múltiples opciones para comer, beber y explorar.

Una pausa

93 Feet East (www.93feeteast.co.uk; 150 Brick Lane, E1): de noche sirve cócteles y hay sesiones de DJ.

Estación de St Pancras.

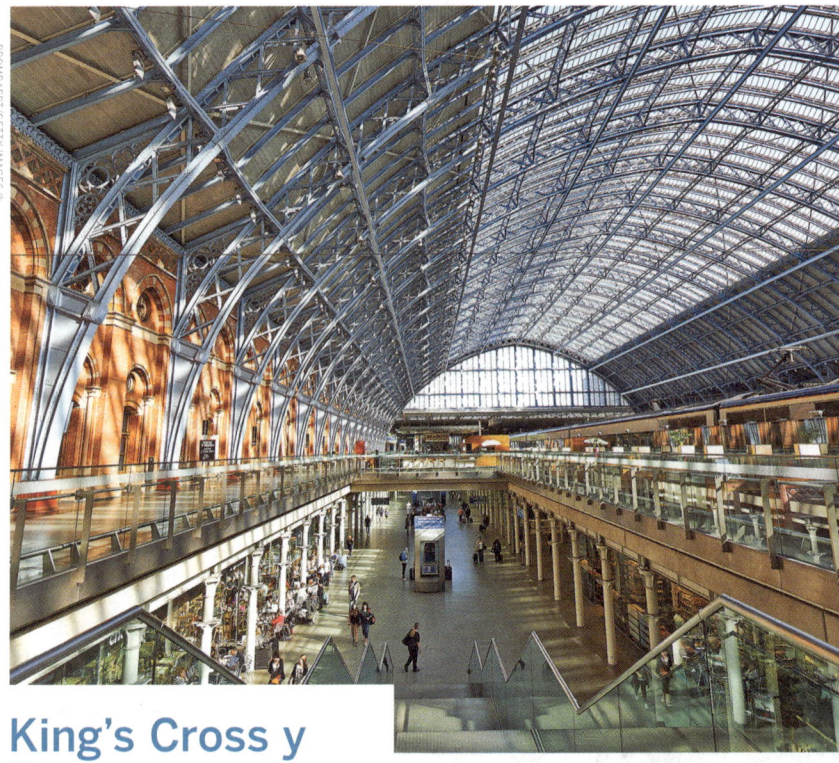

King's Cross y Euston

Antaño el barrio chino de la capital, en un par de décadas dejó de ser una zona que apenas recibía visitantes para convertirse en un lugar con locales de moda y hoteles de lujo.

Ideal para...

☑ **Imprescindible**

Los manuscritos de la Sir John Ritblatt Gallery en la British Library.

Alberga algunos puntos de interés, pero también es excelente para pasar el rato. Son populares la plaza frente a la estación de King's Cross; **Granary Square** (plano p. 256; www.kingscross.co.uk; Stable St, N1; ⊖King's Cross St Pancras), en la parte posterior de la estación de King's Cross; y los escalones recubiertos de césped artificial junto al Regent's Canal cerca de Granary Sq.

British Library   Biblioteca

(Plano p. 256; www.bl.uk; 96 Euston Rd, NW1; ⊘galerías 9.30-18.00 lu, vi y sa, hasta 20.00 ma-ju, 11.00-17.00 do; ⊖King's Cross St Pancras) GRATIS El complejo de la British Library —proyectado por Colin St John Wilson y formado por bajos edificios de ladrillo rojo frente a una gran plaza dominada por una estatua de sir Isaac Newton— despierta sentimientos encontrados (el príncipe Carlos lo

KING'S CROSS Y EUSTON

Una entrada a la British Library.

❶ Lo esencial

Plano p. 256; ⊖King's Cross St Pancras o Euston

✕ Una pausa

Grain Store (p. 152): especializado en gastronomía europea creativa, es un ejemplo de la regeneración de King's Cross.

★ Consejo

Los *fans* de Harry Potter no pueden perderse el letrero del andén 9¾ en la estación de King's Cross.

comparó con un "edificio de la policía secreta"). Completado en 1998, custodia algunos de los tesoros de la palabra escrita, como el *Codex Sinaiticus* (el primer texto completo del Nuevo Testamento), los cuadernos de Leonardo da Vinci y una copia de la Carta Magna (1215).

Los manuscritos más valiosos se hallan en la **Sir John Ritblat Gallery,** incluidos los textos sagrados de los jainíes, magníficamente ilustrados; el último diario del capitán Scott; y el "First Folio" de Shakespeare (1623). Los melómanos disfrutarán con las letras manuscritas de los Beatles y las partituras originales de Bach, Handel, Mozart y Beethoven.

Wellcome Collection Museo

(Plano p. 256; www.wellcomecollection.org; 183 Euston Rd, NW1; ⏲10.00-18.00 ma, mi y vi-do, hasta 22.00 ju; ⊖Euston Sq) GRATIS Explora las conexiones entre arte, ciencia y medicina. Incluye unas pantallas interactivas en las que el visitante puede escanear su rostro y luego verlo reproducido y adaptado al promedio estadístico, disparatadas esculturas modernas inspiradas en enfermedades y algunas piezas escalofriantes, como una parte de una pulga o piojo ampliadas a unas proporciones terroríficas.

Estación y hotel
de St Pancras Edificio histórico

(Plano p. 256; ☏020-8241 6921; Euston Rd, NW1; circuito por persona 20 £; ⏲circuitos 10.30, 12.00, 14.00 y 15.30 sa y do; ⊖King's Cross St Pancras) Dado el esplendor gótico de St Pancras, resulta incomprensible que el Midland Grand Hotel (1873) languideciera vacío durante años y estuviera a punto de ser demolido en la década de 1960. Hoy todo el complejo ha recuperado su esplendor y alberga un hotel de cinco estrellas, 67 apartamentos de lujo y la terminal del Eurostar. Los circuitos recorren la historia del edificio desde sus inicios como terminal sur de la línea Midlands Railway.

Una visión del norte

Este itinerario recorre algunos de los sitios más interesantes del norte de Londres, como el barrio de Primrose Hill, favorito entre las celebridades, y Camden Town, con ruidosos conjuntos de guitarra y los últimos *punk* de Londres

Inicio: ⊖ Chalk Farm
Distancia: 4 km
Duración: 2 h

La foto: el *skyline* de Londres desde Primrose Hill.

2 En **Primrose Hill** se sube hasta la parte más alta del parque para disfrutar de una vista clásica del *skyline* londinense.
VISITBRITAIN/PAWEL LIBERA/GETTY IMAGES ©

1 Regent's Park Rd es uno de los barrios más pudientes de Londres y en él residen muchas celebridades.
BASIC ELEMENTS PHOTOGRAPHY/GETTY IMAGES ©

3 Se baja por la colina en dirección al Zoo de Londres (p. 32); por el camino se verán el aviario del Zoo, de pintorescas barcazas, mansiones y edificios industriales reconvertidos.
RICHARD NEWSTEAD/GETTY IMAGES ©

CIRCUITO A PIE: UNA VISIÓN DEL NORTE

4 En **Camden Lock** se gira a la izquierda para visitar el Lock Market (p. 169), con moda original, arte étnico y puestos de comida.

5 Se sale por **Camden High St** y se gira a la derecha por **Inverness St,** repleta de bares y con un pequeño mercado.

6 En **Gloucester Cres** se gira a la izquierda y se pasa por delante de fabulosas casas georgianas.

Una pausa... Market (p. 152) prepara excelente cocina británica; además, un almuerzo de dos platos solo cuesta 10 £.

7 Se prosigue hacia Delancey St y se va directamente al Edinboro Castle (p. 185) para terminar el paseo con un buen trago.

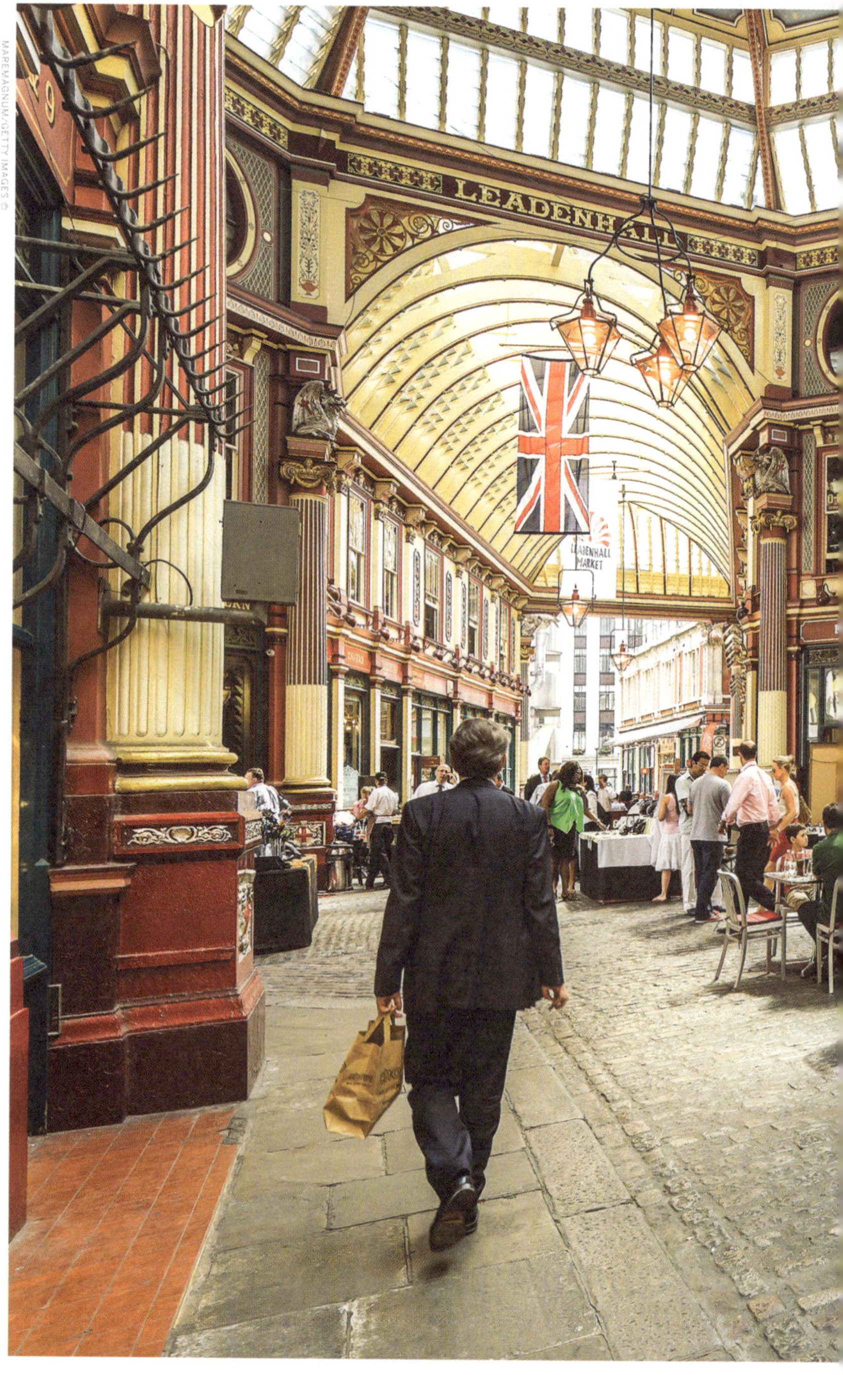
LEADENHALL
MARKET

DÓNDE COMER

Restaurantes de lujo, 'gastropubs', 'afternoon tea' y mucho más

Dónde comer

Antaño el hazmerreír del panorama culinario mundial, en los últimos 20 años Londres se ha convertido en un destino gastronómico indiscutible. Abundan los restaurantes de lujo con estrellas Michelin, pero lo extraordinario es la variedad de su oferta: desde cocina afgana hasta zambiana. Londres aúna casi todos los sabores del mundo.

Hay opciones para todos los bolsillos y ocasiones. Sin duda, cenar en un restaurante fabuloso forma parte de un inolvidable viaje a Londres, pero también hay que probar la comida de los puestos en los mercados y sentarse en alguno de los mejores cafés de la capital.

Sumario

West End	138
La City	141
South Bank	142
Kensington y Hyde Park	145
Clerkenwell, Shoreditch y Spitalfields	147
Este de Londres	149
Camden y norte de Londres	152
Notting Hill y oeste de Londres	153

Guía de precios

Los siguientes símbolos indican el precio medio de un plato principal en un restaurante:

£	menos de 10 £
££	10-20 £
£££	más de 20 £

Propinas

La mayoría de los restaurantes añade a la cuenta un coste discrecional por el servicio (normalmente un 12,5%); si no está incluido y se quiere dejar propina, un 10% sería lo correcto.

DÓNDE COMER **135**

Camden y norte de Londres
Multitud de opciones con tesoros ocultos (p. 152).

Clerkenwell, Shoreditch y Spitalfields
Restaurantes famosos y creativos, y buenas gangas (p. 147).

Notting Hill y oeste de Londres
Ecléctica, desde vegetariana a cocina del este de Europa. (p. 153).

West End
Estupendo para comida asiática, europea y de fusión (p. 138).

La City
Enfocado hacia las comidas de negocios (p. 141).

Este de Londres
Buenos curris, locales tradicionales y restaurantes a la última (p. 149).

Kensington y Hyde Park
Chic, cosmopolita y a menudo caro (p. 145).

South Bank
Cadenas junto al río y joyas culinarias en el interior (p. 142).

Río Támesis

Mejores blogs y webs

Open Table (www.opentable.com) Una de las principales webs para reservar mesa en los restaurantes de Londres.
Time Out (www.timeout.com/london) Enumeración y reseñas de restaurantes.
London Eater (www.londoneater.com) Blog gastronómico de Londres, con soberbias sugerencias.

Especialidades

'Pie & mash' Típico del East End, consiste en un *pie* (especie de empanada) de ternera, acompañado de puré de patatas y anguilas en gelatina.
'Sunday roast' Carne asada (de ternera, pollo, cordero) con verduras y salsas. Se recomienda tomarlo en domingo en un *gastropub*.

Lo mejor

Conocer los mejores restaurantes y cafés londinenses

Por precio

£

Shoryu (p. 140) Cuencos de *ramen tonkotsu* preparados a la perfección.

Café Below (p. 141) Uno de los locales más pintorescos de Londres, con una excelente relación calidad-precio.

Pimlico Fresh (p. 147) Animado café con comida a buen precio.

Polpo (p. 147) Una adictiva selección de tapas italianas.

Watch House (p. 144) Soberbios sándwiches y buen café en un lugar con encanto.

££

Tom's Kitchen (p. 145) Ambiente informal, personal cordial y comida deliciosa.

Palomar (p. 140) Delicias judías para compartir con un amigo *gourmet*.

Baltic (p. 143) Fabulosas propuestas del este de Europa en un entorno minimalista.

The Empress (p. 151) Estupendo *gastropub*.

£££

Dinner by Heston Blumenthal (p. 145) Sublime fusión de gastronomía británica, diseño atractivo y ambiente distinguido.

Arabica Bar & Kitchen (p. 144) Moderna y divina adaptación de la gastronomía de Oriente Próximo.

Clove Club (p. 148) Verdadero *tour de force* de la cocina británica moderna.

Ledbury (p. 153) Consolidado restaurante británico moderno, con dos estrellas Michelin.

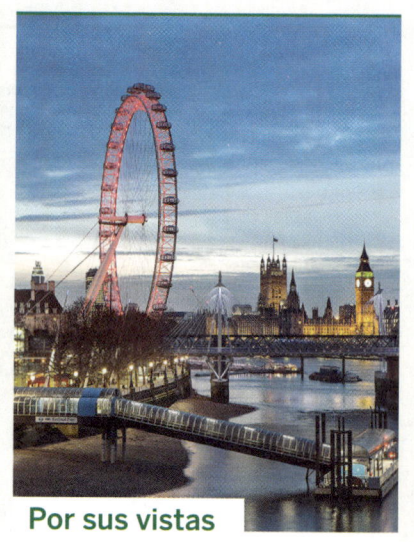

Por sus vistas

Duck & Waffle (p. 142) Sustanciosas propuestas británicas en lo alto de la Heron Tower, 24 h.

Portrait (p. 150) Vistas clásicas de la columna de Nelson, hasta Whitehall y el Big Ben.

Skylon (p. 142) Gastronomía europea moderna con vistas del río desde el South Bank.

Cocina británica

St John (p. 147) Inspiró el *revival* de la cocina británica.

Market (p. 152) Gastronomía británica moderna, con propuestas de temporada.

Rabbit (p. 147) Situado en King's Rd, prepara algunas de las mejores recetas británicas de Londres.

Cocina india

Tayyabs (p. 149) Especializado en comida del Punjab, es uno de los favoritos del East End.

Dishoom (p. 140) Para comer y sentirse como en un auténtico café de Bombay.

Gymkhana (p. 141) Cocina de categoría en un espléndido entorno, digno de un rajá.

Cafés

Scootercaffe (p. 142) Una cueva de Aladino repleta de cadenas de luces y muebles de segunda mano con un ambiente genial.

Tomtom Coffee House (p. 147) Disfruta de gran popularidad por su soberbio café.

Prufrock Coffee (p. 147) Prepara un café delicioso y da formación a bármanes.

Towpath (p. 150) Ideal para tomar un café al aire libre junto al canal: bienvenidos a Londres.

Cocina europea

Dabbous (p. 138) Gastronomía europea moderna en un ambiente de vanguardia.

Morito (p. 147) Fabulosas tapas españolas.

Ottolenghi (p. 153) El rey de los sabores mediterráneos (y de unos postres sublimes).

'Gastropubs'

Anchor & Hope (p. 143) El *gastropub* más emblemático del South Bank durante casi una década.

Perkin Reveller (p. 142) Junto al Támesis, con propuestas clásicas británicas.

The Empress (p. 151) Excelente carta de cocina británica moderna en el East End.

✕ West End

Westminster y St James's

Vincent Rooms Europea moderna £
(☏020-7802 8391; www.centrallondonvenues.co.uk; Westminster Kingsway College, Vincent Sq, SW1; principales 8-12 £; ⊘12.00-14.00 lu-vi, 6.30-21.00 mi y ju; ⊖Victoria) La propuesta consiste en hacer de conejillo de indias de los estudiantes de cocina del Westminster Kingsway College, donde se formaron los famosos chefs Jamie Oliver y Ainsley Harriott. No obstante, el servicio se desvive por complacer, el ambiente de la Brasserie y de la Escoffier Room es más elegante de lo que cabría esperar y la comida (opciones vegetarianas incluidas) oscila entre estupenda y exquisita; ¡y todo ello ia unos precios fabulosos!

Cafe Murano Italiana ££
(Plano p. 252; ☏020-3371 5559; www.cafemurano.co.uk; 33 St James's St, SW1; principales 9-40 £, menú 2/3 platos 18/22 £; ⊘12.00-15.00 y 17.30-23.00 lu-sa; ⊖Green Park) Soberbio restaurante en un entorno modesto, pero siempre a rebosar, deleita con una carta del norte de Italia tan sublime que no precisa ser llamativo ni supermoderno. El *carpaccio* de ternera, los *linguini* de cangrejo y el ragú de cordero, por ejemplo, rozan la perfección. Imprescindible reservar.

Inn the Park Británica ££
(Plano p. 252; ☏020-7451 9999; www.innthepark.com; St James's Park, SW1; principales 14-29 £; ⊘8.00-21.00; 🛜; ⊖Charing Cross o St James's Park) Extraordinario café-restaurante construido en madera y sito en St James's Park, está regentado por el chef irlandés Oliver Peyton. Sirve pasteles y té y deleita con una carta de platos británicos que cambia cada mes. La terraza da a una de las fuentes del parque y a los majestuosos edificios de Whitehall; en verano es fabulosa.

Bloomsbury

Lady Ottoline Gastropub ££
(Plano p. 256; ☏020-7831 0008; www.theladyottoline.com; 11a Northington St, WC1; principales 11-18 £; ⊘12.00-23.00 lu-sa, hasta 17.00 do; ⊖Chancery Lane) Bloomsbury puede resultar algo sombrío desde un punto de vista culinario, pero este bullicioso local (lleva el nombre de una mecenas del círculo de Bloomsbury) constituye una excepción. Aunque se puede comer en el *pub* de la planta baja, es preferible optar por el comedor de la planta superior. Los platos estrella incluyen *fish and chips* (con el pescado rebozado con cerveza) y *pie* de cerdo a la sidra.

Fitzrovia

Busaba Eathai Tailandesa £
(Plano p. 256; ☏020-7299 7900; www.busaba.com; 22 Store St, WC1; principales 8-15 £; ⊘12.00-23.00 lu-ju, hasta 23.30 vi y sa, hasta 22.00 do; 🛜; ⊖Goodge St) Perteneciente a una popular minicadena, este local es más tranquilo que otros del West End, pero conserva todas las características que han propiciado el éxito de la marca: elegante decoración asiática, amplias mesas de madera para compartir y platos tailandeses sabrosos y a buen precio, como fideos *pad thai*, curris verdes y rojos y fragantes sopas de fideos.

Franco Manca Pizzería £
(Plano p. 256; www.francomanca.co.uk; 98 Tottenham Court Rd, W1; principales 4-7 £; ⊘11.30-23.00 lu-ju, 11.30-23.30 vi y sa, 12.00-22.00 do; ⊖Goodge St) Ha recorrido un largo camino desde que años atrás abrió su primer establecimiento en Brixton y se hizo famoso por sus *pizzas* de masa de fermentación lenta. Los clientes son servidos por orden de llegada y pueden elegir entre solo seis variedades de *pizza*, pero son más que suficientes: todas están deliciosas.

Dabbous Europea moderna ££
(Plano p. 256; ☏020-7323 1544; www.dabbous.co.uk; 39 Whitfield St, W1; menú almuerzo/cena 35/56 £; ⊘12.00-15.00 y 17.30-23.30 ma-sa; 🛜; ⊖Goodge St) Premiado restaurante del chef Ollie Dabbous, es imprescindible reservar para cenar, o se puede ir para almorzar (menú de cuatro platos, 28 £). Puede parecer que la exquisita combinación de sabores —calamares con trigo sarraceno,

cerdo con mango, ruibarbo con lavanda—
no encaja con el ambiente vanguardista,
pero funciona a la perfección.

Ragam — India £
(Plano p. 256; www.ragamindian.co.uk; 57 Cleveland St, W1; platos principales 5,95-9,95 £; 12.00-15.00 y 18.00-23.00; Goodge St) Fiel a la máxima de no cambiar lo que funciona, este pequeño local lleva treinta años deleitando con sabrosas propuestas a buen precio. Aunque desde fuera no parece nada del otro mundo, y el interior no es especialmente atractivo, nunca hay que fiarse de las apariencias: las *dosas* son sublimes.

Soho y Chinatown

Koya Bar — Fideos £
(Plano p. 252; www.koyabar.co.uk; 49 Frith St, W1; principales 7-15 £; 12.00-15.00 y 17.30-22.30; Tottenham Court Rd, Leicester Sq) Excelente restaurante japonés, hay que llegar temprano o tarde para no hacer cola. Seduce a los londinenses con sus auténticos fideos *udon* (servidos como una sopa caliente o con una salsa fría), su servicio eficiente y sus precios razonables. Los fideos *udon saba*, con generosos trozos de caballa ahumada salpicados con berros, son soberbios.

Nordic Bakery — Escandinava £
(Plano p. 252; www.nordicbakery.com; 14a Golden Sq, W1; tentempiés 4-5 £; 7.30-20.00 lu-vi, 8.30-20.00 sa, 9.00-19.00 do; Piccadilly Circus) Idóneo para escapar del bullicio del Soho y relajarse entre paneles de madera oscura en el lado sur de una plaza 'secreta'. Los almuerzos consisten en sándwiches de pescado ahumado escandinavo o ensaladas de queso de cabra y remolacha; por la tarde sirve tazas de té o café y galletas de avena rústicas.

Brasserie Zédel — Francesa ££
(Plano p. 252; 020-7734 4888; www.brasseriezedel.com; 20 Sherwood St, W1; principales 8-30 £; 11.30-24.00 lu-sa, hasta 23.00 do; Piccadilly Circus) Sito en la sala de baile *art déco* de un antiguo hotel de Piccadilly, ahora es el restaurante más francés al oeste de Calais. Los platos estrella incluyen

Breve historia de la cocina británica

Es cierto que Inglaterra inventó las *baked beans* (judías con tomate), el *mushy peas* (puré de guisantes) y las *chip butties* (sándwich de patatas fritas), pero eso no es todo.

La cocina británica actual ha entrado en la escena gastronómica gracias a su apuesta por ingredientes tradicionales (y a menudo infravalorados), como los tubérculos, el pescado ahumado, el marisco, la caza, las salchichas y el *black pudding* (morcilla). Los platos van desde carne de caza con verduras tradicionales, como el tupinambo, hasta vieiras a la parrilla con *black pudding* perfumado con naranja o cerdo asado con chorizo y puré de patatas con romero.

Inglaterra hace las delicias de los más golosos, según atestiguan los restaurantes de cocina británica. Entre los dulces más sabrosos se cuentan el *bread-and-butter pudding* (pudin de pan con mantequilla), el *sticky toffee pudding* (pudin al baño maría, con dátiles y recubierto de salsa de caramelo), el *spotted dick* (pudin al baño maría con pasas), el *Eton mess* (merengue, nata montada y fresas formando un popurrí delicioso) y clásicos de temporada, como el *Christmas pudding* (con fruta escarchada y brandy) y los *crumbles* de frutas (de ruibarbo, manzana, etc.).

Sticky toffee pudding.
JENNIFER KENNEDY/GETTY IMAGES

Chefs trabajando, Palomar.

choucroute alsacienne (chucrut con salchichas y embutido, 14 £) y confit de pato con lentejas de Puy. Los menús (8,95/11,75 £ 2/3 platos) y los *plats du jour* (12,95 £) ofrecen una excelente relación calidad-precio y el ambiente es fabuloso.

Palomar   Judía ££

(Plano p. 252; 020-7439 8777; 34 Rupert St, W1; principales 6-19 £; 12.00-14.30 lu-sa y 12.00-15.30 do, 17.30-23.00 lu-mi, 17.30-23.30 ju-sa; Piccadilly Circus) De ambiente animado, rinde homenaje a la cocina judía moderna en todas sus variantes y en un espacio muy atractivo. La polenta al estilo de Jerusalén y las *bourekas* (triángulos de hojaldre) de berenjena y feta son sensacionales. Las raciones no son muy abundantes: es mejor pedir varios platos y compartirlos. Imprescindible reservar.

Bocca di Lupo   Italiana ££

(Plano p. 252; 020-7734 2223; www.boccadilupo.com; 12 Archer St, W1; principales 8-28 £; 12.30-15.00 y 17.30-23.00 lu-sa, 12.15-15.15 y 17.15-21.30 do; Piccadilly Circus) Oculto en un callejón del Soho, es pura sofisticación. La carta consta de varios platos regionales de Italia y pueden pedirse raciones enteras o medias raciones. Excelente selección de vinos italianos y exquisitos postres. Conviene reservar.

Covent Garden y Leicester Square

Shoryu   Fideos £

(Plano p. 252; www.shoryuramen.com; 9 Regent St, SW1; principales 9-15 £; 11.30-23.30 lu-sa, 12.00-22.30 do; Piccadilly Circus) Especializado en fideos, se caracteriza por un espacio compacto y un servicio cordial y eficaz. Atrae a un gran número de clientes, que se acomodan en mostradores de madera y pequeñas mesas. Muy popular, bullicioso y agradable, sus *ramen tonkotsu* —aderezados con *nori* (alga deshidratada y prensada), cebolleta, *nitamago* (huevos cocidos) y semillas de sésamo— son exquisitos. No admite reservas.

Dishoom   India £

(Plano p. 252; 020-7420 9320; www.dishoom.com; 12 Upper St Martin's Lane, WC2; principales

5-17 £; 8.00-23.00 lu-ju, 8.00-24.00 vi, 9.00-24.00 sa, 9.00-23.00 do; Covent Garden) De ambiente tranquilo y relajado, recuerda a los clásicos cafés de Bombay, hoy lamentablemente en vías de extinción. Provisto de un toque moderno (ventiladores en el techo y fotos de Bollywood), sirve deliciosos platos tradicionales, como *sheekh* kebab y *haleem* (cordero cocido a fuego lento, trigo molido, cebada y lentejas), vainas de *okra* fritas y tentempiés como *bhel* (arroz inflado e ingredientes especiados típicos de Bombay, con granada y lima).

The Delaunay Brasserie ££

(Plano p. 250; 020-7499 8558; www.thedelaunay.com; 55 Aldwych, WC2; principales 6-28 £; 7.00-24.00 lu-vi, 8.00-24.00 sa, 9.00-23.00 do; Temple o Covent Garden) Frente a la Bush House, propone una cocina híbrida francoalemana: escalopes y salchichas de Fráncfort junto a *croque-monsieurs* y *choucroute alsacienne*. Counter (plano p. 250; 7.00-20.00 lu-mi, 7.00-22.30 ju y vi, 10.30-22.30 sa, 11.00-17.30 do) es idóneo para tomar una sopa de fideos con pollo y un perrito caliente al estilo neoyorquino.

También sirve *brunch* (11.00-17.00 fin de semana) y el té de la tarde (23,75 £, o 33,50 £ con champán, a diario desde 15.00).

Mayfair

Gymkhana India ££

(Plano p. 252; 020-3011 5900; www.gymkhanalondon.com; 42 Albemarle St, W1; principales 8-28 £, almuerzo 2/3 platos 25/30 £; 12.00-14.30 y 17.30-22.30 lu-sa; ; Green Park) La decoración recuerda a los tiempos del Raj británico —grandes ventiladores, techos de roble, antiguas fotos de críquet y trofeos de caza—, pero las propuestas gastronómicas son frescas y atractivas. Hay una carta dedicada a la caza y un menú degustación de siete platos (65 £). El bar abre hasta la 1.00.

Mercados de comida

El *boom* de la escena gastronómica londinense se ha ampliado a los mercados, que pueden dividirse en tres categorías: los puestos de comida dentro de los mercados, que atraen a turistas deseosos de impregnarse de su ambiente, como Spitalfields (p. 125), Borough (p. 88) o Camden (p. 169); los mercados de productores, con caros productos ecológicos locales (en www.lfm.org.uk se indican los mejores); y los mercados de abastos, donde las naranjas y limones llegan de cualquier parte y los vendedores hablan con el típico acento *cockney*, como Berwick St, en el Soho.

Puesto de comida cerca del Camden Lock Market.
BUSÁ PHOTOGRAPHY/GETTY IMAGES

La City

Bea's of Bloomsbury Café £

(Plano p. 250; 020-7242 8330; www.beasofbloomsbury.com; 83 Watling St, EC4; té de la tarde 9-24 £; 7.30-19.00 lu-vi, desde 10.30 sa y do; St Paul's) Sito en un diminuto local, se hizo un nombre con sus *cupcakes*, de ahí que ofrezca un té de la tarde completo. Filial del café original de Bloomsbury, disfruta de una decoración refinada y los dulces están expuestos. Se encuentra en el centro comercial One New Change: ideal para recargar las pilas tras visitar St Paul.

Café Below Café £

(Plano p. 250; 020-7329 0789; www.cafebelow.co.uk; St Mary-le-Bow, Cheapside, EC2; principales 8-12 £, menú 3 platos 20 £; 7.30-14.30

lu y ma, hasta 21.15 mi-vi; 🍴; 🚇Mansion House, St Paul's) Pintoresco café-restaurante en la cripta de una de las iglesias más famosas de Londres, ofrece una excelente relación calidad-precio y propuestas como besugo frito con *chermoula* (salsa especiada norteafricana) y berenjena a la parmesana. También hay numerosas opciones vegetarianas. En verano se puede comer en un patio con sombra.

Perkin Reveller Brasserie ££
(📞020-3166 6949; www.perkinreveller.co.uk; The Wharf, Torre de Londres, EC3; principales 15-26 £; ⏱10.00-21.00 lu-sa, hasta 17.00 do; 🚇Tower Hill) De estilo minimalista, disfruta de una situación envidiable. Junto al Támesis, a los pies del Tower Bridge, el bar del restaurante ocupa un arco bajo el puente. La carta —principalmente clásicos británicos (gambitas de Morecambe Bay, *fish and chips*, *pies* de alta calidad)— está a la altura de su ubicación.

Duck & Waffle Brasserie ££
(Plano p. 250; 📞020-3640 7310; www.duckandwaffle.com; 40ª planta, Heron Tower, 110 Bishopsgate, EC2; principales 10-19 £; ⏱24 h; 🚇Liverpool St) Restaurante panorámico, sito en lo alto de la Heron Tower, a dos pasos de la estación de Liverpool St, está abierto las 24 h y sirve platos europeos y británicos —marisco, pollo asado, curiosas recetas de pescado, como albóndigas de abadejo— durante el día, gofres de noche y cócteles a cualquier hora.

✗ South Bank

Waterloo
Scootercaffe Café £
(132 Lower Marsh, SE1; ⏱8.30-23.00 lu-vi, 10.00-24.00 sa, 10.00-23.00 do; 📶; 🚇Waterloo) Curioso café-bar —antaño un taller de motos (hay expuesta una Piatti) y hoy toda una institución en la emergente Lower Marsh Road— que seduce con chocolate caliente, café y unos cócteles irresistibles. Además, permite que los clientes lleven su propia comida. Cuando hace sol, el patio de atrás es fabuloso.

Skylon Europea moderna ££
(Plano p. 250; 📞020-7654 7800; www.skylon-restaurant.co.uk; 3ª planta, Royal Festival

Comida callejera en Camden Town.

Hall, Southbank Centre, Belvedere Rd, SE1; menú 2/3 platos en el asador 18/21 £, restaurante 42/48 £; asador 12.00-23.00 lu-sa y 12.00-22.30 do, restaurante 12.00-14.30 y 17.30-22.30 lu-sa y 12.00-16.00 do; Waterloo) Situado en el Royal Festival Hall, consta de una zona informal con un asador y de un restaurante de etiqueta separado por una larga barra (p. 179). La decoración es de los años cincuenta —colores neutros y sillas de época— y los grandes ventanales permiten disfrutar de magníficas vistas del Támesis y de la City. Conviene reservar.

Bankside y Southwark

Baltic   Europa del Este ££

(Plano p. 250; 020-7928 1111; www.balticrestaurant.co.uk; 74 Blackfriars Rd, SE1; principales 10-19 £; 12.00-15.00 y 17.30-23.15 ma-do, 17.30-23.15 lu; Southwark) Luminoso y amplio, con el techo de cristal y vigas de madera, permite disfrutar de un viaje gastronómico desde Polonia hasta Georgia: remolacha al eneldo, albóndigas con *blinis*, adobados y ahumados, guisos y carnes a la brasa. Los sabores son auténticos y la presentación, cuidada. Las cartas de vinos y vodkas también reflejan esta diversidad.

Anchor & Hope   Gastropub ££

(Plano p. 250; www.anchorandhopepub.co.uk; 36 The Cut, SE1; principales 12-20 £; 12.00-14.30 ma-sa, 18-22.30 lu-sa, 12.30-15.00 do; Southwark) Bastión de la escena gastronómica del South Bank, es el *gastropub* por antonomasia: elegante pero sin ser formal y absolutamente delicioso (comida europea con un toque británico). Destacan la paletilla de cordero a la sal de marisma cocinada durante 7 h, el conejo de monte con anchoas, almendras y rúcula y la *panna cotta* con compota de ruibarbo.

Union Street Cafe   Italiana £££

(Plano p. 250; 020-7592 7977; www.gordonramsay.com/union-street-cafe; 47-51 Great Suffolk St, SE1; principales 11-25 £, almuerzo 1/2 platos 12/19 £; 12.00-15.00 y 18.00-23.00 lu-vi, 12.00-16.00 y 18.00-22.30 sa, 12.00-17.00 do; Southwark) Bistró tipo cantina de Gordon Ramsay, nada pretencioso y con un comedor estilo industrial, ofrece una combinación de clásicos *antipasti*, pasta, carnes y platos italianos más inusuales. El *brunch* de los domingos merece una

---

★ Los mejores mercados de comida

Mercado de Borough (p. 88)
Mercado de Portobello Road (p. 168)
Mercado de Maltby Street (p. 184)
Mercado de Broadway (p. 168)
Antiguo mercado de Spitalfields (p. 125)

Izda. y abajo: mercado de Borough.

mención especial: gratis para los niños y, por 12 £, barra libre de *prosecco*. Además, el personal es encantador.

London Bridge
Arabica Bar & Kitchen — Oriente Medio £££
(Plano p. 250; 020-3011 5151; www.arabicabarandkitchen.com; 3 Rochester Walk, mercado de Borough, SE1; platos 4-14 £; 11.00-23.00 lu-mi, 8.30-23.00 ju-sa; London Bridge) Aunque hoy la gastronomía de Oriente Próximo es bien conocida, este restaurante ha logrado introducir algo nuevo: la decoración es contemporánea y luminosa y la comida delicada y ligera, pensada para compartir (2-3 pequeñas raciones por persona). El único inconveniente es el precio.

Bermondsey
Watch House — Café £
(www.watchhousecoffee.com; 193 Bermondsey St, SE1; principales desde 5 £; 7.00-18.00 lu-vi, 8.00-18.00 sa, 9.00-17.00 do; Borough) Elegante café sito en un puesto de vigilancia del s. XIX, donde los guardias controlaban a los ladrones de tumbas del cementerio adyacente, prepara unos sándwiches deliciosos (con panes artesanales) y un café y unos dulces estupendos.

M. Manze — Británica £
(www.manze.co.uk; 87 Tower Bridge Rd, SE1; principales 3-7 £; 11.00-14.00 lu-ju, 10.00-14.30 vi y sa; Borough) Empezó como heladería en 1902, pero luego se transformó en este legendario restaurante, famoso por sus *pies* de carne picada. Es un local clásico, con azulejos añejos y el menú tradicional de los operarios: *pie & mash* (pastel de carne con puré de patatas, 3,70 £), *pie & liquor* (pastel de carne con salsa, 2,95 £) y anguilas, en gelatina o estofadas (4,65 £).

El suntuoso Dinner proporciona un tour histórico-grastronómico.

Dinner by Heston Blumenthal.

✕ Kensington y Hyde Park

Knightsbridge y South Kensington

Tom's Kitchen Europea moderna ££

(☏020-7349 0202; www.tomskitchen.co.uk; 27 Cale St, SW3; principales 10-28 £; menú almuerzo 2/3 platos 16,50/19,50 £; ⊗8.00-14.30 y 18.00-22.30 lu-vi, 10.00-15.30 y 18.00-22.30 sa y do; ⓦ ✦; ⊖South Kensington) Combina, con gran éxito, personal simpático, decoración alegre y una comida absolutamente genial. Prepara a la perfección platos clásicos, como carnes a la parrilla, hamburguesas, cordero cocido a fuego lento y pollo empanado. Los platos de temporada, como el requesón casero o las vieiras asadas con hierbas marinas, son sublimes.

Ognisko Polaca ££

(Plano p. 249; ☏020-7589 0101; www.ognisko restaurant.co.uk; 55 Prince's Gate, Exhibition Rd, SW7; principales 11-17 £; ⊗12.30-15.00 y 17.30-23.15; ⊖South Kensington) Baluarte de la comunidad polaca en Londres desde 1940 (forma parte del Polish Hearth Club), dispone de un comedor majestuoso, con ventanales que lo inundan de luz, decorado con arte moderno y lámparas de araña. La comida no podría ser más auténtica. Las *pierogi* (empanadillas rellenas de queso y patata) y los *blinis* son divinos.

Dinner by Heston Británica
Blumenthal moderna £££

(Plano p. 249; ☏020-7201 3833; www.dinner byheston.com; Mandarin Oriental Hyde Park, 66 Knightsbridge, SW1; menú 3 platos 38 £, principales 28-42 £; ⊗12.00-14.30 y 18.30-22.30; ⓦ; ⊖Knightsbridge) El suntuoso Dinner proporciona un *tour* histórico-gastronómico por Gran Bretaña, con toques modernos. Los platos se acompañan de la fecha en la que fueron creados para situarlos en su contexto histórico, mientras que el interior del restaurante es un triunfo del diseño: desde la cocina con paredes de cristal hasta los ventanales que dan al parque. Imprescindible reservar.

🍽️ Desayuno

Los británicos son los reyes del desayuno; hasta han inventado uno: el *full English breakfast*. El contenido en proteínas es desorbitado, pero no hay nada mejor para eliminar los excesos de una noche de juerga. Incluye beicon, salchichas, judías con salsa de tomate, huevos (fritos o revueltos), champiñones, tomates y tostadas (a veces con *marmite*). Hay innumerables locales sencillos, apodados *greasy spoons* (literalmente, cucharas grasientas), donde los sirven. También son un clásico de los *gastropubs*.

El *porridge* (gachas de avena con leche o agua, dulces o saladas) no falta en un desayuno tradicional. Los restaurantes de lujo que sirven desayunos han desempeñado un papel clave a la hora de dar *glamour* a lo que antes se consideraba comida para pobres. Está delicioso con plátano y miel, compota de fruta o solo, espolvoreado con chocolate en polvo.

DIANA MILLER/GETTY IMAGES ©

Hyde Park y Kensington Gardens

Magazine Internacional ££

(Plano p. 249; ☏020-72987552; www.magazi ne-restaurant.co.uk; Serpentine Sackler Gallery, West Carriage Dr, W2; principales 13-24 £, almuerzo 2/3 platos 17,50/21,50 £; ⊗8.00-18.00 ma-sa, desde 9.00 do; ⊖Lancaster Gate o Knightsbridge) Sito en la extensión de la Serpentine Sackler Gallery (p. 105), no es el típico café de museo. La comida es tan moderna y elegante como el edificio

Londres en bandeja

- Pequeños sándwiches (de salmón ahumado o pepino, por ejemplo).

- Selección de repostería: desde *macarons* hasta pastel Battenberg.

Té o, en ocasiones especiales, champán.

Scones —imprescindibles—, con mermelada y nata cuajada.

El té de la tarde

El té de la tarde en Londres

El *afternoon tea* ha vuelto a adquirir protagonismo en los últimos años y es fácil comprender por qué: es agradable e irresistible (¡todos esos dulces a la vez!), aunque a veces el precio sea excesivo (20-30 £/persona). Se suele servir en los restaurantes y hoteles de lujo los fines de semana, entre las 15.00 y las 18.00. Es mejor saltarse el almuerzo, y probablemente tampoco se cenará. Conviene reservar en casi todos los sitios, en especial en invierno.

★ Tres lugares estrella para tomar el té de la tarde

Portrait (plano p. 252; 020-7312 2490; www.npg.org.uk/visit/shop-eat-drink.php; 3ª planta, National Portrait Gallery, St Martin's Pl, WC2; té de la tarde 28-40 £; 10-11.00, 11.45-14.45 y 15.30-16.45 a diario, 17.30-20.15 ju, vi y sa; Charing Cross) **Delicioso té de la tarde con vistas de la ciudad.**

Bea's of Bloomsbury (plano p. 250; 020-7242 8330; www.beasofbloomsbury.com; 83 Watling St, EC4; té de la tarde 25-35 £; 7.30-19.00 lu-vi, desde 10.30 sa y do; St Paul's) **Uno de los mejores; los dulces son soberbios.**

The Delaunay (plano p. 250; 020-7499 8558; www.thedelaunay.com; 55 Aldwych, WC2; té de la tarde 10-30 £; 7.00-24.00 lu-vi, 8.00-24.00 sa, 9.00-23.00 do; Temple, Covent Garden) **Maravillosa** *brasserie* **a la antigua usanza, sirve el té a diario.**

y las obras de las exposiciones en curso le confieren un toque especial. El té de la tarde (17,50 £) es muy original: en lugar de los clásicos sándwiches de pepino, se compone de *tartare* de ternera y requesón de cabra.

Min Jiang
China £££

(Plano p. 249; 020-7361 1988; www.minjiang.co.uk; Royal Garden Hotel, 10ª planta, 2-24 Kensington High St, W8; principales 12-68 £; 12.00-15.00 y 18.00-22.30; High St Kensington) Sirve marisco y pato pequinés al horno de leña (medio/entero 32/58 £) y cuenta con vistas sobre el palacio de Kensington y sus jardines. La carta es diversa, con algún toque especiado (el Min Jiang es un río de Sichuan).

Chelsea y Belgravia
Rabbit Británica moderna ££

(www.rabbit-restaurant.com; 172 King's Rd, SW3; principales 6-24 £; 12.00-24.00 ma-sa, 12.00-16.00 do, 18.00-23.00 lu; Sloane Sq) Tres hermanos crecieron en una granja —uno se hizo granjero, otro carnicero y el tercero restaurador— y decidieron unirse y fundar este restaurante. ¡Una idea genial! La combinación de un estilo chic rural y una cocina británica moderna, creativa y basada en platos de temporada es fabulosa y supone un soplo de aire fresco en el lujoso Chelsea.

Victoria y Pimlico
Tomtom Coffee House Café £

(Plano p. 249; www.tomtom.co.uk; 114 Ebury St, SW1; 8.00-18.00 do-ma, hasta 21.00 mi-sa, reducido en invierno; Victoria) Debe su reputación al café que prepara, tanto por su presentación (pavos reales en la espuma), como por las opciones: desde el tradicional expreso hasta café de filtro y una extensa selección de granos. Además, se les puede añadir un toque de coñac o de *scotch* (3 £).

Pimlico Fresh Café £

(86 Wilton Rd, SW1; principales desde 4,50 £; 7.30-19.30 lu-vi, 9.00-18.00 sa y do; Victoria) Local con dos salas, ideal para desayunar (tostadas francesas, *porridge* con miel o sirope de arce), almorzar (quiches y sopas caseras, tostadas variadas) o tomar un café con leche y un pastel.

✖ Clerkenwell, Shoreditch y Spitalfields

Clerkenwell
Polpo Italiana £

(Plano p. 255; 020-7250 0034; www.polpo.co.uk; 3 Cowcross St, EC1M; platos 6-10 £; 12.00-23.00 lu-sa, hasta 16.00 do; Farringdon) Delicioso local con una soleada ubicación en la semipeatonal Cowcross St, sirve comida rústica veneciana, como albóndigas, *pizzette* y carnes y pescados a la plancha. Las raciones son más generosas que una tapa pero más pequeñas que un plato principal, ideales para una comida ligera o para compartir con los amigos.

Prufrock Coffee Café £

(Plano p. 255; www.prufrockcoffee.com; 23-25 Leather Lane, EC1N; principales £4-7; 8.00-18.00 lu-vi, 10.00-17.00 sa y do; Farringdon) Además de ser uno de los reyes de la escena cafetera de Londres (ofrece formación para bármanes y talleres de *latte art*), también hay desayunos y almuerzos, y pasteles y tentempiés para acompañar el café. Muchos clientes lo usan como oficina.

Morito Tapas ££

(Plano p. 255; 020-7278 7007; www.morito.co.uk; 32 Exmouth Market, EC1R; tapas 4,50-9,50 £; 12.00-23.00 lu-sa, hasta 16.00 do; Farringdon) Este agradable local es un auténtico bar de tapas español, con asientos en la barra, junto a la ventana o en varias mesas en el interior y al aire libre. Se respira un ambiente informal, amistoso y suele estar abarrotado. La comida es excelente.

St John Británica ££

(Plano p. 255; 020-7251 0848; www.stjohnrestaurant.com; 26 St John St, EC1M; principales

🍽️ 'Gastropubs'

Hasta no hace mucho, al *pub* se iba solo a beber. Hoy, sin embargo, tras el surgimiento de los *gastropubs* en la década de 1990, casi todos los establecimientos sirven comidas completas. Aunque la calidad es variable: desde platos congelados hasta delicias de restaurante con estrellas Michelin.

Pie de cerdo con aderezo.
DIANA MILLER/GETTY IMAGES ©

17-20 £; ⓘ12.00-15.00 y 18.00-23.00 lu-vi, 18.00-23.00 sa, 13.00-15.00 do; ⊖Farringdon) Paredes de ladrillo encaladas, techos altos y muebles de madera permiten a los clientes concentrarse en sus platos *nose-to-tail:* elaborados sin descartar ninguna parte del animal. Las raciones son sustanciosas y rinden homenaje a la tradición culinaria inglesa. No hay que perderse la ensalada de tuétano asado y perejil.

Foxlow — Carnes ££
(Plano p. 255; www.foxlow.co.uk; 69-73 St John St, EC1; 13-24 £; ⓘ 12.00-15.00 sa-do, 17.30-22.30 lu-sa; ⊖Farringdon) Otro éxito de Will Beckett y Huw Gott, fundadores del restaurante Hawksmoor, solo emplea ingredientes de primerísima calidad para preparar sabrosos filetes añejos de la reputada finca ganadera Ginger Pig, pescado de fuentes sostenibles, hamburguesas con queso elaboradas con ternera Angus, e irresistibles asados los domingos. De ambiente acogedor y relajado, el personal destaca por su cordialidad.

Finsbury y St Luke's
Look Mum No Hands! — Café £
(Plano p. 255; ☎020-7253 1025; www.lookmumnohands.com; 49 Old St, EC1V; platos 4-9 £; ⓘ7.30-22.00 lu-vi, 9.00-22.00 sa y do; 🛜; ⊖Barbican) Tanto a los ciclistas como a los no ciclistas les encanta este café/taller (el nombre significa "Mira, mamá, ¡sin manos!") situado en un espacio que da a Old St. Sirve *pies* caseros y ensaladas con platos del día, *baguettes*, pasteles, bizcochos y buen café. Tiene mesas al aire libre y presta candados para aparcar las bicis.

Hoxton y Shoreditch
Sông Quê — Vietnamita £
(Plano p. 255; www.songque.co.uk; 134 Kingsland Rd, E2; principales 7-10 £; ⓘ12.00-15.00 y 17.30-23.00 lu-vi, 12.00-23.00 sa y do; ⊖Hoxton) La mayoría de los restaurantes londinenses solo puede soñar con una clientela tan abundante como la que acude a este local vietnamita (suele haber cola). El servicio es algo brusco, pero la comida es fantástica, con más de 20 tipos de *pho* (sopa de fideos).

Allpress Espresso — Café £
(Plano p. 255; www.allpressespresso.com; 58 Redchurch St, E2; platos 4-6 £; ⓘ8.00-17.00; ⊖Shoreditch High St) Filial de una cadena de cafeterías neozelandesas que confirma el éxito londinense de las marcas procedentes de las antípodas, sirve un café elaborado en su propio tostadero. La carta incluye bizcochos, pasteles, sándwiches y un plato combinado para desayunar.

Clove Club — Británica moderna £££
(Plano p. 255; ☎020-7729 6496; www.thecloveclub.com; 380 Old St, EC1V; almuerzo 3 platos 35 £, cena 5 platos 65 £; ⓘ12.00-14.00 ma-sa, 18.00-21.30 lu-sa; ⓘ; ⊖Old St) Inicialmente un modesto club para cenar en un piso de Dalston, hoy es un restaurante con una estrella Michelin sito en el ayuntamiento de Shoreditch. Deleita con una experiencia culinaria a base de propuestas sabrosas, muy bien elaboradas y con una presen-

tación excepcional, incluidos aperitivos y sorbetes. ¡Sensacional!

Spitalfields

Nude Espresso   Café £
(Plano p. 255; www.nudeespresso.com; 26 Hanbury St, E1; platos 4-12 £; ⏱7.00-18.00 lu-vi, 9.30-17.00 sa y do; ⊖Shoreditch High St) Sencillo local, sirve un café sensacional, desayunos calientes, almuerzos y dulces. Si solo se desea tomar un café, es preferible ir a su tostadero, al otro lado de la calle.

Brick Lane Beigel Bake Panadería £
(Plano p. 255; 159 Brick Lane, E2; *bagels* 1-4 £; ⏱24 h; ⊖Shoreditch High St) Esta reliquia del East End judío es popular por sus baratos *bagels* caseros (de salmón, crema de queso y/o ternera salada).

Esta reliquia es popular por sus famosos bagels caseros.

Hawksmoor   Asador £££
(Plano p. 255; ☎020-7426 4850; www.thehawksmoor.com; 157 Commercial St, E1; principales 13-30 £; ⏱12.00-14.30 y 17.00-22.30 lu-sa, 12.00-16.30 do; 🛜; ⊖Shoreditch High St) No es fácil encontrar este local, pero los carnívoros empedernidos desearán hallarlo a toda costa. Revestido de madera oscura, con ladrillo visto y cortinas de terciopelo, sirve la mejor carne británica. Sus asados del domingo (20 £) son legendarios.

✕ Este de Londres

Whitechapel

Tayyabs   Pakistaní ££
(☎020-7247 9543; www.tayyabs.co.uk; 83-89 Fieldgate St, E1; principales 5-16 £; ⏱12.00-23.30; 🍴; ⊖Whitechapel) Este restaurante punjabí se distingue con creces de los otros locales indios de Brick Lane. Los *seekh* kebabs, el pescado *masala* y otros entrantes servidos en platos calientes son soberbios, al igual que los acompañamientos, como los *dhal*, los *naan* y la *raita*.

Vista del famoso Brick Lane Beigel Bake.

🍽 Restaurantes de museos

National Dining Rooms (plano p. 252; ☎020-7747 2525; www.peytonandbyrne.co.uk; 1ª planta, ala Sainsbury, Galería Nacional, Trafalgar Sq, WC2; principales 12,50-17,50 £; ⊙10.00-17.30 sa-ju, hasta 20.30 vi; ⊖Charing Cross) El restaurante del chef Oliver Peyton en la Galería Nacional se autodefine como "orgulloso y firmemente británico". La carta incluye exquisitos quesos británicos para un almuerzo ligero. Para algo más contundente se recomienda el County Menu, que cambia cada mes y sirve platos de las islas británicas (menú 2/3 platos 19,50/23,50 £).

Portrait (plano p. 252; ☎020-7312 2490; www.npg.org.uk/visit/shop-eat-drink.php; 3ª planta, National Portrait Gallery, St Martin's Pl, WC2; principales 17,50-26 £, menú 2/3 platos 26,50/31,50 £; ⊙10.00-11.00, 11.45-14.45 y 15.30-16.45 a diario, 17.30-20,15 ju, vi y sa; ⊖Charing Cross) Situado sobre la National Portrait Gallery —con vistas a Trafalgar Square y Westminster—, es ideal para relajarse tras una visita a la galería. Se recomiendan el *brunch* (10.00-11.30) y el té de la tarde (15.30-16.45).

Wallace (☎020-7563 9505; www.peytonandbyrne.co.uk/the-wallace-restaurant/index.html; Hertford House, Manchester Sq, W1; principales 14-26 £; ⊙10.00-16.30 lu-do, 18.00-21.30 vi-sa) Pocos restaurantes disfrutan de una ubicación tan ideal como esta *brasserie*, sita en el patio cerrado de la Wallace Collection. La carta se inspira en la gastronomía tradicional francesa, con un menú diario de dos o tres platos por 22/26 £. El té de la tarde cuesta 17 £.

A veces puede ser ruidoso y, el servicio, caótico; a menudo hay cola.

Bethnal Green

Corner Room Británica moderna ££
(☎020-7871 0460; www.townhallhotel.com; Patriot Sq, E2; principales 10-15 £, almuerzo 2/3 platos 19/23 £; ⊙7.30-10.00, 12.00-15.00 y 18.00-22.00; ⊖Bethnal Green) De ambiente informal y oculto en la 1ª planta del Town Hall Hotel, sirve platos magistralmente elaborados y de sabores complejos pero sutiles que realzan lo mejor de los productos de temporada británicos.

Brawn Británica, francesa ££
(Plano p. 255; ☎020-7729 5692; www.brawn.co; 49 Columbia Rd, E2; principales 14-18 £; ⊙12.00-15.00 ma-do, 18.00-22.30 lu-sa; ⊖Hoxton) Tranquilo restaurante con ambiente de bistró parisino, pero con una carta que oscila entre las tradiciones británica y francesa: rabo de buey, *pie* de riñones de ternera, platija a la grenoblesa o *soufflés* de cheddar de Westcombe. Hay que probar los huevos escoceses picantes: un clásico británico presentado con elegancia francesa.

De Beauvoir Town

Towpath Café £
(Plano p. 255; detrás 42-44 De Beauvoir Cres, N1; principales 6-9 £; ⊙9.00-17.30 ma-do; ⊖Haggerston) Modesto local en el camino de sirga del Regent's Canal, ideal para tomarse un café y contemplar los patos y las barcazas. La comida es excelente, con *frittatas* y *brownies* sobre el mostrador y platos calientes escritos a diario en la pizarra.

Duke's Brew & Que Estadounidense ££
(☎020-3006 0795; www.dukesbrewandque.com; 33 Downham Rd, N1; principales 12-27 £; ⊙18.00-22.00 lu-vi, 11.00-15.00 y 17.00-21.30 sa y do; ⊖Haggerston) La especialidad de este *pub* del s. XVIII son las costillas (de cerdo o de ternera) ahumadas sobre nogal americano y asadas a la barbacoa hasta que la carne se desprende del hueso. Son un manjar, en especial si se riegan con una cerveza de la cercana Beavertown Brewery.

El *brunch* del fin de semana es delicioso, con tortitas y enormes tortillas de carne a la barbacoa.

Dalston
Rotorino — Italiana ££
(020-7249 9081; www.rotorino.com; 434 Kingsland Rd, E8; principales 9-17 £; 18.00-23.00 lu-vi, 12.00-15.00 y 18.00-23.00 sa, 12.00-21.00 do; Dalston Junction) Con azulejos azules, linóleo de la década de 1950 y ladrillo visto, su interior ofrece una agradable sorpresa, sobre todo tras ver el desvencijado tramo de Kingsland Rd en el que se halla. En la carta abundan platos italianos como *antipasti*, pasta, parrilla de leña y lumbre.

Mangal Ocakbasi — Turca ££
(www.mangal1.com; 10 Arcola St, E8; principales 8-15 £; 12.00-24.00; Dalston Kingsland) Es el clásico *ocakbasi* (restaurante turco con barbacoa). Abarrotado y lleno de humo, sirve *mezze*, chuletas de cordero a la parrilla, codornices y un delicioso surtido de kebabs. Los clientes pueden llevar su propio alcohol.

Hackney & Hackney Wick
Counter Cafe — Café £
(www.counterproductive.co.uk; 7 Roach Rd, E3; platos 4-8 £; 8.00-17.00; Hackney Wick) En el interior de la galería de arte Stour Space, con vistas al estadio olímpico y junto al canal, sirve café, desayunos, sándwiches y *pies*. Con muebles de segunda mano desparejados, paredes llenas de cuadros y un ambiente informal, es un popular lugar de encuentro de los artistas locales.

The Empress — Británica moderna ££
(020-8533 5123; www.empresse9.co.uk; 130 Lauriston Rd, E9; principales 15-16 £; 10.00-21.30 do, 18.00-22.15 lu, 12.00-15.30 y 18.00-22.15 ma-vi, 10.00-15.30 y 18.00-22.15 sa; 277) *Pub* transformado en un elegante restaurante, ofrece cocina británica moderna bajo la supervisión del chef Elliott Lidstone. Los lunes hay un menú de 10 £ que incluye la bebida y los fines de semana sirve un *brunch* excelente.

Chefs famosos

El renacimiento culinario londinense obedece en parte a un grupo de chefs que han construido imperios gastronómicos en torno a su fama y sus programas televisivos. Gordon Ramsay es el más conocido y sus locales londinenses siguen siendo referentes de la comida de calidad. Otros chefs célebres son Jamie Oliver; Tom Aitken (p. 145), firme defensor de los productos británicos; y Heston Blumenthal (p. 145), cuyos experimentos culinarios, que él define como 'gastronomía molecular', le han hecho muy popular.

El chef Jamie Oliver
MARK CUTHBERT/UK PRESS/GETTY IMAGES ©

Formans — Británica moderna ££
(020-8525 2365; www.formans.co.uk; Stour Rd, E3; principales 15-20 £, brunch 6-10 £; 19.00-23.00 ju y vi, 10.00-14.00 y 19.00-23.00 sa, 12.00-17.00 do; Hackney Wick) Situado junto al río, lleva ahumando pescado desde 1905. Disfruta de vistas del estadio olímpico y cuenta con una galería que da a su ahumadero. La carta incluye un surtido de salmón ahumado (incluido su plato estrella: "ahumado al estilo londinense"), otros muchos frutos del mar y platos con

otros ingredientes. Gran selección de vinos y licores británicos.

✖ Camden y norte de Londres

King's Cross y Euston

Grain Store Internacional ££

(Plano p. 256; 020-7324 4466; www.grainstore.com; 1-3 Stable St, N1C; *brunch* fin de semana 6-17 £, almuerzo 11-17 £, cena 15-17 £; 12.00-14.30 y 18.00-22.30 lu-sa, 11.00-15.45 do; ; King's Cross St Pancras) Las verduras frescas de temporada son el principal atractivo del restaurante de Bruno Loubet. Algunos platos incluyen carne, pero solo bajo algunas hojas o para hacer más crujientes los purés. La creativa carta toma elementos de numerosas cocinas para elaborar platos saludables y deliciosos.

Caravan Internacional ££

(Plano p. 256; 020-7101 7661; www.caravankingscross.co.uk; 1 Granary Sq, N1C; principales 10-17 £; 8.00-22.30 lu-vi, 10.00-23.30 sa, 10.00-16.00 do; ; King's Cross St Pancras) Elegante restaurante de estilo industrial sito en el Granary Building, deleita con sabrosa comida de todo el mundo. Se puede elegir entre varios platos para compartir y los clásicos principales.

Camden Town

Chin Chin Labs Heladería £

(Plano p. 256; www.chinchinlabs.com; 49-50 Camden Lock Pl, NW1; helado 4-5 £; 12.00-19.00 ma-do; Camden Town) Química culinaria elevada a la máxima potencia, con chefs que preparan la base del helado y la congelan *in situ* con nitrógeno líquido. Los sabores varían según la temporada (de panecillos de Pascua, de maracuyá y coco...). Los jarabes y guarniciones son igual de creativos. Está frente a la estatua de Gilgamesh en Camden Lock Market.

Market Británica moderna ££

(Plano p. 256; 020-7267 9700; www.marketrestaurant.co.uk; 43 Parkway, NW1; almuerzo 2 platos 10 £, principales 15-19 £; 12.00-14.30 y 18.00-22.30 lu-sa, 11.00-15.00 do; Camden Town) Este restaurante es una oda a la buena y sencilla comida británica, con un

Caravan.

Vegetarianos y veganos

Londres es un paraíso para los vegetarianos desde 1970. Aunque al principio se debía a la abundancia de restaurantes indios, luego han proliferado los establecimientos vegetarianos que deleitan con creativas propuestas. La mayoría de los locales no vegetarianos suele contar con un par de platos para quienes no toman carne; los veganos, sin embargo, lo tienen más difícil y deben limitarse, principalmente, a los restaurantes indios y especializados.

ISABELLE PLASSCHAERT/GETTY IMAGES ©

punto de sofisticación francesa. La amplia sala refleja esta simplicidad mediante paredes de ladrillo visto, mesas de acero y sillas de madera.

Islington

Ottolenghi   Panadería, mediterránea ££

(020-7288 1454; www.ottolenghi.co.uk; 287 Upper St, N1; desayuno 6-10 £, almuerzo 12-17 £, cena 9-13 £; 8.00-22.30 lu-sa, 9.00-19.00 do; ; Highbury & Islington) Montañas de merengues invitan a entrar en este local repleto de productos horneados y ensaladas. Los platos revelan una fuerte influencia del Mediterráneo oriental y son tan ligeros y alegres como el interior del establecimiento, donde impera un blanco luminoso.

Trullo   Italiana ££

(020-7226 2733; www.trullorestaurant.com; 300-302 St Paul's Rd, N1; principales 16-22 £; 12.30-15.00 a diario, 18.00-22.30 lu-sa; Highbury & Islington) Su pasta casera es deliciosa, pero el principal atractivo es la parrilla de carbón en la que prepara pescados, filetes y chuletas de cerdo al estilo italiano. El servicio es excelente.

Notting Hill y oeste de Londres

Geales   Marisquería ££

(020-7727 7528; www.geales.com; 2 Farmer St, W8; almuerzo exprés 2/3 platos 9,95/12,95 £, principales 8,50-23 £; 12.00-15.00 ma-vi, 18.00-22.30 lu-vi, 12.00-22.30 sa, 12.00-21.30 do; Notting Hill Gate) Inaugurado en 1939, disfruta de una ubicación tranquila, oculto en una esquina del Hillgate Village. El crujiente pescado rebozado es excelente, además de otras delicias inglesas, como panceta de cerdo con corteza y salsa de manzana y *pie* de ternera y beicon. Se recomienda el almuerzo exprés, con una óptima relación calidad-precio.

Mazi   Griega ££

(020-7229 3794; www.mazi.co.uk; 12-14 Hillgate St, W8; principales 10-26 £; 12.00-15.00 mi-do, 18.30-22.30 lu y ma, 18.30-23.00 mi-do; Notting Hill Gate) Situado en Hillgate St, ha revolucionado la tradición griega diseñando una carta de platos modernos e innovadores (muchos para compartir) en un espacio limpio y luminoso, con un pequeño jardín en la parte posterior (para los meses de verano) y una carta de vinos griegos. Es pequeño y popular: conviene reservar.

Ledbury   Francesa £££

(020-7792 9090; www.theledbury.com; 127 Ledbury Rd, W11; menú almuerzo 4 platos 50 £, cena 4 platos 95 £; 12.00-14.00 mi-do y 18.30-21.45 a diario; ; Westbourne Park, Notting Hill Gate) Elegantísimo y con dos estrellas Michelin, el restaurante francés de Brett Graham atrae a una clientela sofisiticada. Las propuestas como cordero de Herdwick con nabos asados a la sal, leche de oveja y brotes de ajo o la caballa a la brasa con pepinillos encurtidos, mostaza celta y *shiso* son sublimes. Los sibaritas londinenses tienen línea directa con Ledbury: imprescindible reservar.

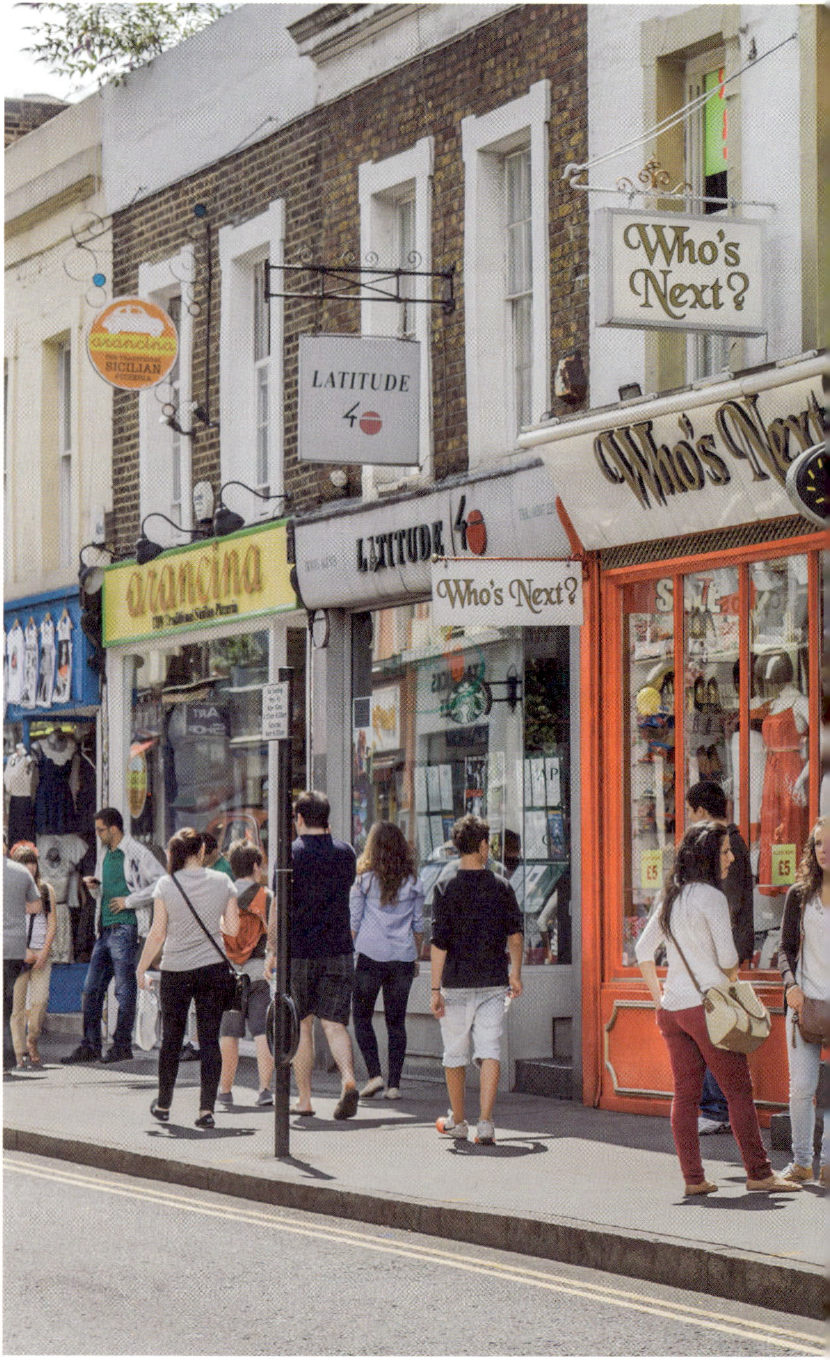

MAREMAGNUM/GETTY IMAGES ©

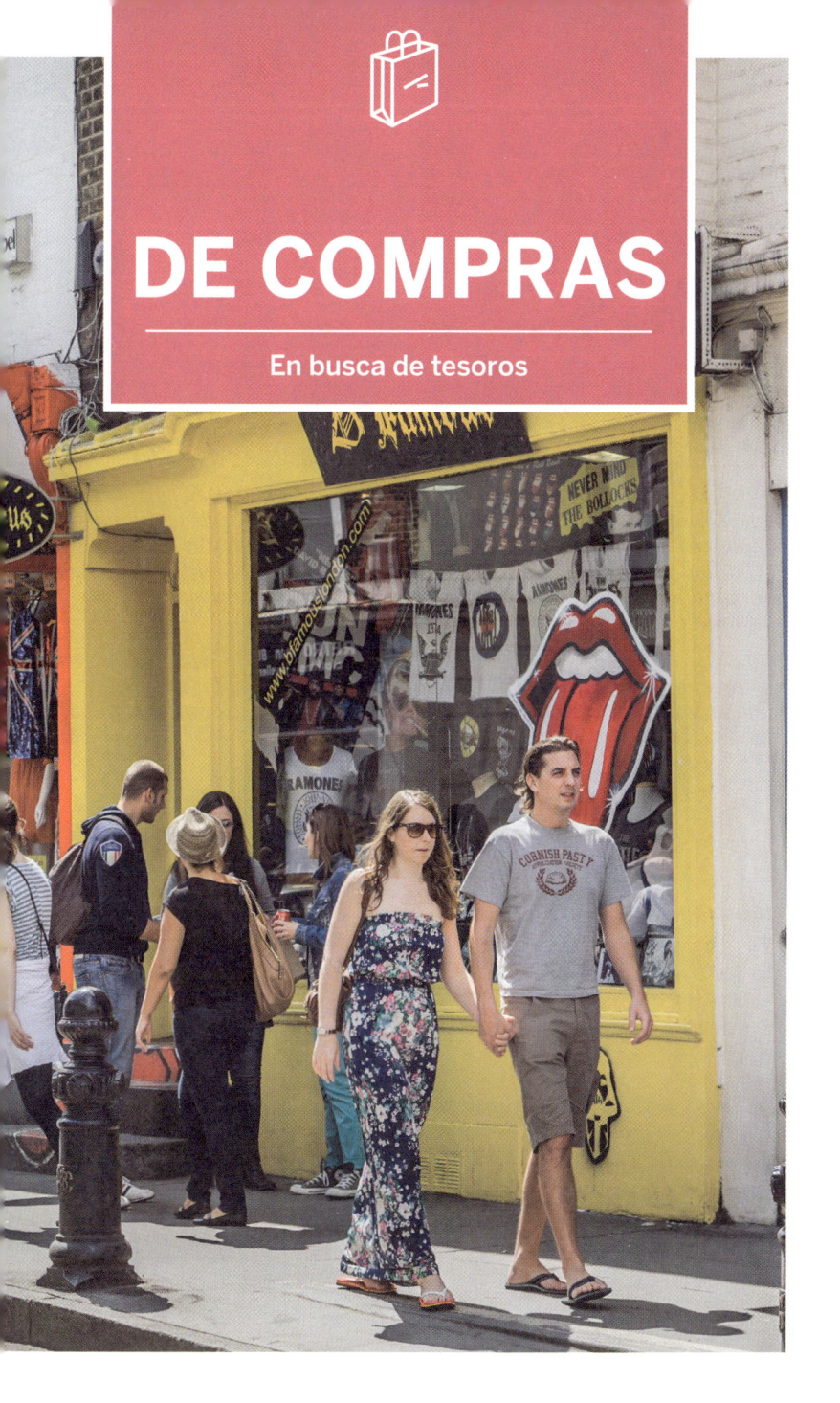

DE COMPRAS

En busca de tesoros

De compras

Desde hallazgos en tiendas de segunda mano hasta bolsos de marca, en Londres hay miles de formas de gastar el dinero. Muchos de los establecimientos más emblemáticos (como Harrods y Hamleys) y de las boutiques de diseñadores famosos (como Stella McCartney y Paul Smith) merecen de por sí una visita, pero las tentaciones son tantas que la cartera seguramente quedará algo maltrecha.

Una de las atracciones más populares son los mercados londinenses. Un tesoro de pequeños diseñadores, joyas únicas, pósteres, fotografías originales, prendas vintage y curiosidades: el antídoto perfecto a las compras impersonales en los grandes centros comerciales.

Sumario

West End	160
La City	164
South Bank	164
Kensington y Hyde Park	164
Clerkenwell, Shoreditch y Spitalfields	166
Este de Londres	167
Camden y norte de Londres	168
Notting Hill y oeste de Londres	168
Greenwich	169

Impuestos y devoluciones

En algunos casos, los viajeros de fuera de la UE pueden solicitar la devolución del 20% que han pagado en concepto de IVA (VAT) al comprar un producto. Solo se aplica a artículos de tiendas con el distintivo "Tax free".
Para conocer el procedimiento a seguir, consúltese www.gov.uk/tax-on-shopping/taxfree-shopping

DE COMPRAS

Camden y norte de Londres
Todo gira en torno al mercado de Camden (p. 168).

Clerkenwell, Shoreditch y Spitalfields
Vintage, vintage, vintage, moda y joyas (p. 166).

Notting Hill y oeste de Londres
Famosos mercados, tiendas *vintage* y preciosas *boutiques* (p. 168).

West End
Tiendas a montones, desde franquicias a *boutiques* (p. 160).

La City
Buena para trajes pero poco más (p. 164).

Este de Londres
Maravillosos mercados y moda rebajada (p. 167).

Kensington y Hyde Park
Alta costura y tiendas glamurosas (p. 164).

South Bank
Comida fabulosa y pequeñas tiendas de diseñadores (p. 164).

Greenwich
Mercados eclécticos y próximos talentos de la moda (p. 169).

Río Támesis

Horario comercial

Las tiendas suelen abrir de 9.00 o 10.00 a 18.00 o 19.00 de lunes a sábado.

Muchas tiendas de las zonas de compras más famosas abren los domingos, normalmente de 12.00 a 18.00 (a veces de 10.00 a 16.00).

Los jueves, las tiendas del West End abren hasta las 21.00.

Rebajas

Dada la creciente popularidad de las compras por internet, ahora las rebajas empiezan antes y duran más tiempo (un mes, aprox.), pero en el Reino Unido hay dos temporadas principales:

Invierno: a partir del 26 de diciembre
Verano: julio

Lo mejor

Conocer las mejores tiendas de Londres

'Vintage'

Beyond Retro (p. 167) El imperio londinense del *vintage* con alma de *rock 'n' roll*.

Bang Bang Clothing Exchange (p. 160) Piezas de diseño *vintage* muy *trendies*.

British Red Cross (p. 166) Ropa de segunda mano de Kensington de alta calidad.

Retrobates Vintage (p. 169) Prendas para una cena de gala de época.

Librerías

Foyles (p. 161) Excelente selección sobre cualquier género.

Daunt Books (p. 163) Guías de viaje, mapas y relatos de todos los rincones del mundo.

Hatchards (p. 160) La librería más antigua de Londres y todavía una de las mejores.

Gosh! (p. 161) Para los amantes de los cómics.

Tiendas de moda

Selfridges (p. 160) Desde ropa informal hasta alta costura bajo un mismo techo.

Burberry Outlet Store (p. 168) La clásica marca británica, algo más económica.

Topshop (p. 160) Especialistas en marcar tendencias.

Grandes almacenes

Selfridges (p. 160) Más de 100 años de innovación en la venta al detalle.
Liberty (p. 161) Telas, moda y un largo etcétera.
Harrods (p. 164) Enorme, apabullante y tentador, con una sección de alimentación de fama mundial.
Fortnum & Mason (p. 160) Un universo gastronómico en un lugar histórico.

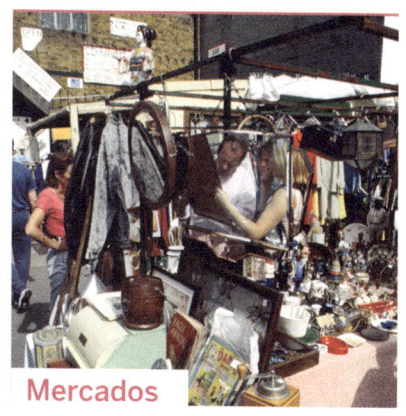

Mercados

Mercado de Camden (p. 169) Desde antigüedades hasta fruslerías para turistas.
Mercado de Portobello Road (p. 168) Un clásico de Notting Hill con artículos *vintage*.
Antiguo mercado de Spitalfields (p. 125) Uno de los mejores mercados londinenses para jóvenes diseñadores de moda.
Sunday UpMarket (p. 125) Nuevos diseñadores, atractivas camisetas y estupenda comida.
Mercado de Broadway (p. 168) Mercado local conocido por su comida pero con muchas cosas más.
Mercado de Greenwich (p. 169) Todo un universo de productos gastronómicos y de otro tipo.

Cosmética

Penhaligon's (p. 160) Clásica perfumería británica con un servicio personalizado.
Jo Loves (p. 166) La última apuesta de la famosa creadora de fragancias británica Jo Malone.
Molton Brown (p. 161) Un punto de referencia en jabones, cremas, lociones…

★ La selección de Lonely Planet

Silver Vaults (p. 164) La mayor colección de plata del mundo: desde cubiertos hasta joyas.
Fortnum & Mason (p. 160) La tienda de alimentación más glamurosa del universo.
Mercado de Camden (p. 169) Todo lo exótico y alternativo: moda *steampunk*, joyas para el ombligo y lámparas marroquíes.
Harrods (p. 164) Estrafalarios, *kitsch* o elegantes, su popularidad nunca decae.
Sister Ray (p. 163) Una de las mejores tiendas independientes de música, con un amplio surtido de vinilos y CD.

West End

Westminster y St James's

Penhaligon's — Accesorios

(Plano p. 252; www.penhaligons.com; 16-17 Burlington Arcade, W1; 10.00-18.00 lu-vi, hasta 18.30 sa, 11.00-17.00 do; Piccadilly Circus o Green Park) Sita en la Burlington Arcade, es una clásica perfumería británica. El personal pregunta a los clientes por sus fragancias favoritas y les muestran, a través de un pequeño recorrido, las esencias de producción propia, además de ayudarles a descubrir nuevos aromas, fragancias para el hogar y productos para el baño y el cuerpo. Todo se elabora en Cornualles.

Fortnum & Mason — Grandes almacenes

(Plano p. 252; www.fortnumandmason.com; 181 Piccadilly, W1; 10.00-21.00 lu-sa, 12.00-18.00 do; Piccadilly Circus) Con su característico azul turquesa, es la tienda de alimentación más antigua de Londres (casi cuatro siglos) y se niega a rendirse a los tiempos modernos. El personal aún viste fracs de otra época y el glamuroso espacio central está repleto de cestas, mermeladas y confituras, tés y demás.

Hatchards — Libros

(Plano p. 252; www.hatchards.co.uk; 187 Piccadilly, W1; 9.30-19.00 lu-sa, 12.00-18.00 do; Green Park o Piccadilly Circus) Inaugurada en 1797, es la librería independiente más antigua de Londres. Disfruta de tres licencias reales (de ahí el retrato de la reina) y ofrece un amplio abanico de ediciones firmadas y un gran surtido de títulos. La planta baja acoge primeras ediciones y a menudo organiza actividades literarias.

Bloomsbury y Fitzrovia

Bang Bang Clothing Exchange — Vintage

(Plano p. 256; 21 Goodge St, W1; 10.00-18.30 lu-vi, 11.00-18.00 sa; Goodge St) Desde vestidos de fiesta hasta zapatos de Topshop y joyas de la década de 1950: ideal para intercambiar, comprar y vender prendas *vintage*, de diseño, etc.

Diseñadores británicos

Los diseñadores británicos están bien posicionados en el mundo de la moda y ahora Stella McCartney (p. 163), Vivienne Westwood, Paul Smith, Burberry, Mulberry y Alexander McQueen (la firma que diseñó el vestido de novia de la princesa Catalina) son nombres populares. En **Selfridges** (www.selfridges.com; 400 Oxford St, W1; 9.30-21.00 lu-sa, 11.30-18.00 do) se encontrará la mejor selección, pero la mayoría cuenta con su propia *boutique* en Londres.

CARL DE SOUZA/AFP/GETTY IMAGES ©

Soho y Chinatown

Topshop — Ropa

(Plano p. 252; www.topshop.co.uk; 36-38 Great Castle St, W1; 9.00-21.00 lu-sa, 11.30-18.00 do; Oxford Circus) La tienda por excelencia de moda y accesorios, en los últimos años se ha introducido en el terreno de la alta costura, personificando la capacidad de Londres para llevar la moda de pasarela al mercado juvenil, a precios asequibles y con rapidez.

Hamleys — Juguetes

(Plano p. 252; www.hamleys.com; 188-196 Regent St, W1; 10.00-21.00 lu-vi, 9.30-21.00 sa, 12.00-18.00 do; Oxford Circus) Trasladada a Regent's Street desde 1881, afirma ser la juguetería más antigua del mundo (y, al parecer, la más grande): desde la planta baja, donde el personal lanza ovnis y bumeranes con maestría, hasta el mundo de Lego y la cafetería en la 5ª planta.

Liberty
Grandes almacenes

(Plano p. 252; www.liberty.co.uk; Great Marlborough St, W1; 10.00-20.00 lu-sa, 12.00-18.00 do; Oxford Circus) Fusión de tendencias contemporáneas en un ambiente de otra época, imitación Tudor, con un departamento dedicado a los cosméticos y una planta de accesorios, así como una sección de lencería, todo a precios desorbitados. Un típico recuerdo de Londres es un artículo en tejido estampado de Liberty, como un pañuelo.

Gosh!
Libros

(Plano p. 252; www.goshlondon.com; 1 Berwick St, W1; 10.30-19.30; Piccadilly Circus) Amplio surtido en novelas gráficas, manga, historietas publicadas en periódicos y libros de Tintín y Astérix, entre otros. Idónea para comprar regalos para niños y adolescentes.

Covent Garden y Leicester Square

Cambridge Satchel Company
Accesorios

(Plano p. 252; www.cambridgesatchel.com; 31 James St, WC2; 10.00-19.00 lu-sa, 11.00-19.00 do; Covent Garden) Presenta el clásico bolso-cartera británico en variantes modernas y coloridas, para mujer y hombre, mochilas, bolsas de tela, bolsos de mano, carteras pequeñas, carteras para el trabajo, carteras inspiradas en portapartituras, minicarteras y mucho más.

Foyles
Libros

(Plano p. 252; www.foyles.co.uk; 107 Charing Cross Rd, WC2; 9.30-21.00 lu-sa, 11.30-18.00 do; Tottenham Court Rd) La librería más legendaria de Londres, en ella pueden encontrarse los títulos más raros. En el 2014 se trasladó a una sede más espaciosa, en la misma calle (la antigua Central St Martins). El nuevo local, rediseñado por completo, es espléndido.

Molton Brown
Belleza

(Plano p. 252; www.moltonbrown.co.uk; 18 Russell St, WC2; 10.00-19.00 lu-sa, 11.00-18.00 do; Covent Garden) Con fragantes productos de belleza naturales, elaborados en Gran Bretaña, es la marca que provee los cuartos de baño de hoteles *boutique*, restaurantes de lujo y la primera clase de las aerolíneas. Sus productos, para

Entrada principal de Fortnum & Mason

Rough Trade East.

Esta tienda de discos sigue siendo el mejor lugar para encontrar música indie o alternativa.

hombres y mujeres, cuidan y miman la piel. También realiza limpiezas faciales y vende accesorios para el hogar.

Ted Baker   Moda
(Plano p. 252; www.tedbaker.com; 9-10 Floral St, WC2; 10.30-19.30 lu-mi, vi y sa, hasta 20.00 ju, 10.00-19.00 sa, 12.00-18.00 do; Covent Garden) Empezó siendo una sastrería en Glasgow, pero se ha transformado en una *boutique* con su propia línea para hombre y mujer. Destaca por la ropa de estilo formal —vestidos en estampados atrevidos y material de primera calidad y sobrios y elegantes trajes para hombre—, pero las colecciones más desenfadadas (vaqueros, ropa de baño, etc.) también son excelentes.

Paul Smith   Moda
(Plano p. 252; www.paulsmith.co.uk; 40-44 Floral St, WC2; 10.30-18.30 lu-mi, hasta 19.00 ju y vi, 10.00-19.00 sa, 12.30-17.30 do; Covent Garden) Ocupa un pequeño establecimiento y representa lo mejor del estilo clásico británico, pero con un toque innovador: elegantes prendas de hombre y trajes y camisas a medida. También confecciona ropa de mujer con cortes sobrios para un *look* andrógino, casi masculino.

Marylebone

Cath Kidston   Menaje, Ropa
(Plano p. 256; www.cathkidston.com; 51 Marylebone High St, W1; 10.00-19.00 lu-sa, 11.00-17.00 do; Baker St) A quien le guste vestir de marca le encantará esta tienda con estampados florales y moda de la década de 1950 (vestidos por la rodilla y ceñidos de cintura, cárdigans, chales y pijamas anticuados). También tiene artículos para el hogar.

Cadenhead's Whisky & Tasting Shop   Bebidas
(www.whiskytastingroom.com; 26 Chiltern St, W1; Baker St) Es el embotellador independiente escocés más antiguo de *whisky* puro de malta, procedente de destilerías locales, y hará las delicias de cualquier apasionado del *uisge* ("agua" en gaélico). Todos los *whiskies* embotellados proceden de ba-

rriles seleccionados de forma individual, sin filtraciones, aditivos ni colorantes, lo que garantiza su pureza. En la planta baja suele haber catas de *whisky* (12 personas máx.).

Daunt Books — Libros
(Plano p. 256; www.dauntbooks.co.uk; 83 Marylebone High St, W1; 9.00-19.30 lu-sa, 11.00-18.00 do; Baker St) Esta librería eduardiana original, con paneles de roble y tragaluces, está especializada en viajes y es una de las más bonitas de la capital. Tiene dos plantas y está bien surtida en ficción y no ficción.

Monocle Shop — Accesorios
(020-7486 8770; www.monocle.com; 2a George St, W1; 11.00-19.00 lu-sa, 12.00-17.00 do; Bond St) Gestionada por los creadores de la revista de diseño y actualidad internacional *Monocle*, se distingue por su sobriedad. Los precios son elevados, pero cautivará a los amantes del minimalismo de calidad (ropa, bolsos, paraguas, etc.). También tiene primeras ediciones magníficamente encuadernadas.

Mayfair

The Sting — Moda
(Plano p. 252; www.thesting.nl; 55 Regent St, W1; 10.00-22.00 lu-sa, 12.00-18.00 do; Piccadilly Circus) Cadena neerlandesa, forma una 'red de marcas': casi toda la ropa es de marcas europeas poco conocidas en el Reino Unido. Distribuida en tres plantas, vende desde pantalones de chándal y camisetas fluorescentes a elegantes vestidos, *tops* con volantes y camisas.

Stella McCartney — Moda
(Plano p. 252; www.stellamccartney.co.uk; 30 Bruton St, W1; 10.00-19.00 lu-sa; Bond St) Establecimiento actual —con un estilo elegante, diseños vaporosos y un enfoque ético de la moda (sin cuero ni piel)—, ocupa una casa victoriana de tres plantas que hace las veces de escaparate minimalista de las colecciones. Según la pasión que despierten este tipo de cosas y el presupuesto de que se disponga, uno se sentirá como en casa o fuera de lugar.

Tiendas de música independientes

Los británicos compran más música per cápita que cualquier otra nación. Las tiendas de música independientes tienen dificultades para seguir adelante, en especial en el centro de Londres, pero aún existen. Estas son algunas de las mejores.

Rough Trade East (plano p. 255; www.roughtrade.com; Old Truman Brewery, 91 Brick Lane, E1; 8.00-21.00 lu-vi, 11.00-19.00 sa y do; Shoreditch High St) Aunque ya no está vinculada al legendario sello discográfico de bandas como The Smiths y The Libertines, aún es la mejor para comprar música *indie* o alternativa. Además de su colección de CD y vinilos también ofrece café y conciertos promocionales.

Sister Ray (plano p. 252; www.sisterray.co.uk; 75 Berwick St, W1; h10.00-20.00 lu-sa, 12.00-18.00 do; Oxford Circus o Tottenham Court Rd) Especializada en música innovadora, experimental e *indie*, perfecta para los *fans* del ya fallecido John Peel, de la BBC/BBC World Service.

Ray's Jazz (plano p. 252; www.foyles.co.uk; 2ª planta, 107 Charing Cross Rd, WC2; h9.30-21.00 lu-sa, 11.30-18.00 do; Tottenham Court Rd) Sita en la 2ª planta de la librería Foyles, es una tienda tranquila y una de las mejores selecciones de *jazz* de Londres.

Reckless Records (plano p. 252; www.reckless.co.uk; 30 Berwick St, W1; 10.00-19.00; Oxford Circus o Tottenham Court Rd) Pese a sus cambios de nombre, su espíritu sigue siendo el mismo. Continúa vendiendo discos y CD nuevos y de segunda mano de *punk, soul, dance* y música independiente y comercial.

Moda 'vintage'

Las prendas *vintage*, que antes solo interesaban a quienes iban en busca de artículos excéntricos y originales, han pasado a formar parte del consumo de masas. Ropa y retazos de las décadas de 1920-1980 adornan los percheros de *boutiques vintage* sorprendentemente lujosas.

Las tiendas solidarias —sobre todo en zonas como Chelsea, Kensington e Islington— son la apuesta más segura para conseguir verdaderas gangas en ropa de diseño (por lo general, cuanto más acomodada es la zona, mejores son las tiendas de segunda mano).

LOLOSTOCK/GETTY IMAGES ©

La City

Silver Vaults Artesanía
(Plano p. 250; 020-7242 3844; http://silvervaultslondon.com; 53-63 Chancery Lane, WC2; 9.00-17.30 lu-vi, hasta 13.00 sa; Chancery Lane) Los 30 establecimientos que se reparten en este sótano acumulan la mayor colección de objetos de plata del mundo bajo un mismo techo: desde cuberterías hasta marcos de fotos y joyas.

South Bank

Waterloo

National Theatre Gift Shop Libros
(Plano p. 250; 020-7452 3456; www.nationaltheatre.org.uk; South Bank, SE1; 9.30-22.45 lu-sa, 12.00-18.00 do; Waterloo) Alberga una gran selección de libros de literatura, historia, arte y otros temas, además de productos del National Theatre y objetos de regalo originales. Las joyas y los regalos para niños se exhiben junto a mapas desplegables de cervezas artesanas y gomas en forma de calavera.

Southbank Centre Shop Menaje
(Plano p. 250; www.southbankcentre.co.uk; Festival Tce, SE1; 10.00-21.00 lu-vi, hasta 20.00 sa, 12.00-20.00 do; Waterloo) Pefecto si lo que se busca son libros insólitos sobre Londres, artículos para el hogar inspirados en la década de 1950, láminas originales y regalos creativos para niños. La tienda es ecléctica, pero seguro que se encuentran artículos únicos y sensacionales.

Bermondsey

Lovely & British Regalos
(020-7378 6570; www.facebook.com/LovelyandBritish; 132a Bermondsey St, SE1; 10.00-15.00 lu, 11.30-18.00 ma, 10.00-18.00 mi-vi, 10.00-17.30 sa, 11.00-16.00 do; London Bridge) Esta *boutique* de Bermondsey atesora reproducciones, joyas y muebles de diseñadores británicos. Una combinación de artículos nuevos y *vintage* a precios razonables.

Kensington y Hyde Park

Knightsbridge y South Kensington

Harrods Grandes almacenes
(Plano p. 249; www.harrods.com; 87-135 Brompton Rd, SW1; 10.00-21.00 lu-sa, 11.30-18.00 do; Knightsbridge) Estridente y elegante a un tiempo, Harrods es una cita obligada: desde los que viajan con un presupuesto ajustado hasta quienes pueden permitirse todo tipo de lujos. El surtido de productos es asombroso, al igual que sus precios. Las escaleras mecánicas, sumamente *kitsch*, parecen de una película de Indiana Jones, mientras que la fuente conmemorativa de Dodi y Di (semisótano) añade un toque surrealista.

Cinco recuerdos indispensables

Té
La bebida británica por excelencia, con muchas marcas y una amplia variedad de tés entre los que elegir. En Fortnum & Mason (p. 160) o Harrods (p. 164) lo venden magníficamente presentado.

Ropa y calzado 'vintage'
Las prendas *vintage* se asociarán de forma inequívoca con el viaje a la capital londinense. En Dalston hay unas tiendas excelentes, como Beyond Retro (p. 168).

Diseño británico
Elegante y discreto, el diseño británico disfruta de popularidad en todo el mundo. Vale la pena visitar The Conran Shop (p. 166) o Monocle Shop (p. 163).

Música
La ciudad de la que han surgido desde los Rolling Stones hasta Amy Winehouse es fabulosa para comprar discos. Se recomiendan Rough Trade East (p. 163) y Sister Ray (p. 163).

Juguetes londinenses
Autobuses, ositos Paddington, guardias con gorros de piel de oso... Los iconos de Londres convertidos en juguetes. Hamleys (p. 160) es el mejor lugar donde encontrarlos.

The Conran Shop   Diseño
(Plano p. 249; www.conranshop.co.uk; Michelin House, 81 Fulham Rd, SW3; 10.00-18.00 lu, ma, vi y sa, hasta 19.00 mi y ju, 12.00-18.00 do; South Kensington) Original tienda de diseño que data de 1987 y atesora bellos objetos: desde radios a gafas de sol, utensilios de cocina, juguetes y libros para niños, accesorios de baño y tarjetas de felicitación.

Chelsea y Belgravia

British Red Cross   Vintage
(69-71 Old Church St, SW3; 10.00-18.00 lu-sa; Sloane Sq) El dicho que asegura que lo que uno no quiere puede ser un tesoro para otro no podía ser más cierto en esta zona de Londres, donde lo que se descarta son trajes de diseño y jerséis de cachemira. Los precios son un poco más altos que los de las tiendas solidarias convencionales (40 £ en vez de 5 £ por un jersey o una chaqueta); con todo siguen siendo una ganga.

Pickett   Regalos
(Plano p. 249; www.pickett.co.uk; esq. Sloane St y Sloane Tce, SW1; 9.30-18.30 lu-vi, 10.00-18.00 sa; Sloane Sq) Al entrar aquí uno se siente como un niño en una juguetería: los refinados artículos de piel son tan coloridos que no se sabe por dónde empezar. Destacan los bolsos de acabado perfecto, los juegos de *backgammon* y los kits de aseo para hombre. Todos los productos de cuero están fabricados en Gran Bretaña.

Jo Loves   Belleza
(Plano p. 249; www.joloves.com; 42 Elizabeth St, SW1; 10.00-18.00 lu-sa, 12.00-17.00 do; Victoria) Es la última apuesta de la creadora de fragancias británica Jo Malone: velas emblemáticas y perfumes y productos de baño en un amplio abanico de aromas: ámbar árabe, rosa blanca y hojas de limón, *oud* y mango. Todos los productos están presentados en cajas rojas con lazos negros.

Clerkenwell, Shoreditch y Spitalfields

Clerkenwell

Hatton Garden   Joyas
(Plano p. 255; www.hatton-garden.net; EC1N; Farringdon) Si se está interesado en mon-

French Connection UK.

turas clásicas o piedras sin engastar, hay que darse un paseo por Hatton Garden, sobre todo el extremo sur, repleto de tiendas que venden oro, diamantes y joyas.

Shoreditch

Boxpark — Centro comercial

(Plano p. 255; www.boxpark.co.uk; 2-10 Bethnal Green Rd, E1; 11.00-19.00; Shoreditch High St) Original centro comercial creado con contenedores reciclados, ideal para encontrar marcas conocidas y otras emergentes: moda, diseño, artículos de regalo, obras de arte y vino. En la planta superior hay restaurantes, bares y una terraza.

Tatty Devine — Joyas

(Plano p. 255; 020-7739 9191; www.tattydevine.com; 236 Brick Lane, E2; 10.00-18.30 lu-sa, hasta 17.00 do; Shoreditch High St) Harriet Vine y Rosie Wolfenden crean joyas ingeniosas con gran popularidad entre los jóvenes londinenses. Sus diseños incluyen collares florales y con animales, así como bigotes, dinosaurios y banderines. Los collares de plexiglás con el nombre que se desee (por encargo, desde 28 £) son fantásticos.

Labour & Wait — Menaje

(Plano p. 255; www.labourandwait.co.uk; 85 Redchurch St, E2; 11.00-18.00 ma-do; Shoreditch High St) Establecimiento especializado en menaje británico y europeo, ofrece productos simples y funcionales, pero sin renunciar al estilo, elaborados a la vieja usanza por fabricantes independientes: desde jabón de afeitar a cafeteras esmaltadas, lujosas mantas de lana de cordero, plumeros de pluma de avestruz e incluso fregaderos de cocina.

Este de Londres

Dalston

Beyond Retro — Vintage

(020-7923 2277; www.beyondretro.com; 92-100 Stoke Newington Rd, N16; 10.00-19.00 lu-sa, 11.30-18.00 do; Dalston Kingsland) Amplio establecimiento repleto de colores, faralaes, volantes, plumas y pantalones acampanados, vende todo tipo de moda *vintage,* desde sombreros hasta calzado. Si se desea hacer una pausa, dispone de un café con licencia para vender alcohol. Hay

---

★ **Las cinco mejores cadenas de tiendas**

Ben Sherman (www.bensherman.com)
French Connection UK (www.frenchconnection.com)
Jigsaw (www.jigsaw-online.com)
Marks & Spencer (www.marksandspencer.co.uk)
Reiss (www.reiss.co.uk)

Izda.: Jigsaw; abajo: Marks & Spencer.

otra tienda, más pequeña pero más económica, en **Bethnal Green** (www.beyondretro.com; 110-112 Cheshire St, E2; 10.00-19.00 lu-sa, 11.30-18.00 do; Shoreditch High St).

Traid Ropa
(www.traid.org.uk; 106-108 Kingsland High St, E8; 10.00-18.00; Dalston Kingsland) Hay que olvidarse de cualquier idea preconcebida sobre las tiendas con fines benéficos: amplia, luminosa y sin olor a naftalina, es distinta de cualquier otra. Los artículos a la venta no son necesariamente *vintage*, sino prendas contemporáneas de segunda mano de buena calidad, a precios de ganga. También vende sus propias creaciones confeccionadas a partir de retales.

Burberry Outlet Store Ropa
(www.burberry.com; 29-31 Chatham Pl, E9; 10.00-17.00; Hackney Central) Marca británica que vuelve a estar de moda, este *outlet* vende el *stock* internacional sobrante de la temporada actual y la anterior. Los precios, pese a que son un 30% aprox. más baratos que en los centros comerciales, siguen siendo caros.

Hackney
Mercado de Broadway Mercado
(www.broadwaymarket.co.uk; mercado de Broadway, E8; 9.00-17.00 sa; 394) Esta calle ha albergado un mercado desde finales del s. XIX. Hoy se centra en productos alimenticios artesanales, bisutería de diseño, libros, discos y ropa *vintage*.

Pringle of Scotland Outlet Store Ropa
(www.pringlescotland.com; 90 Morning Lane; 10.00-18.30 lu-sa, 11.00-17.00 do; Hackney Central) Excelente *outlet* de prendas de fin de temporada y con pequeñas taras de Pringle of Scotland, ofrece verdaderas gangas: géneros de punto de lana merina, cachemira y astracán de alta calidad tanto para hombre como para mujer.

Camden y norte de Londres

King's Cross y Euston
Harry Potter Shop at Platform 9¾ Infantil
(Plano p. 256; www.harrypotterplatform934.com; estación de King's Cross, N1; 8.00-22.00; King's Cross St Pancras) El callejón Diagon es imposible de encontrar, por lo que si uno va a Londres en busca de su propia varita mágica, hay que teletransportarse hasta la estación de King's Cross. Esta tienda revestida de paneles de madera también tiene sudaderas con los colores de las cuatro casas de Hogwarts (Gryffindor ocupa el puesto de honor) y un amplio surtido de artículos.

Islington
Mercado de Camden Passage Antigüedades
(Plano p. 255; www.camdenpassageislington.co.uk; Camden Passage, N1; 8.00-18.00 mi y sa, 11.00-18.00 do-ma, ju y vi; Angel) No hay que confundirlo con el mercado de Camden: Camden Passage es una calle adoquinada de Islington, con tiendas de antigüedades, *boutiques* de ropa *vintage* y cafés. Hay cuatro zonas separadas con objetos y curiosidades antiguas. Los principales días de mercado son los miércoles y domingos. Los propietarios de los puestos conocen muy bien su mercancía, por lo que es raro encontrar gangas.

Notting Hill y oeste de Londres

Mercado de Portobello Road Ropa, antigüedades
(www.portobellomarket.org; Portobello Rd, W10; 8.00-18.30 lu-mi, vi y sa, hasta 13.00 ju; Notting Hill Gate o Ladbroke Grove) Este mercado es todo un icono londinense, con su mezcla de puestos de comida, fruta y verdura, antigüedades, curiosidades, artículos de coleccionista, moda y baratijas. Las tiendas de Portobello Rd abren a diario y los puestos de fruta y verdura (de Elgin Cres

¿Qué mercado de Camden?

El **mercado de Camden** (plano p. 256; www.camdenmarket.com; Camden High St, NW1; 10.00-18.00; Camden Town) consta de cuatro zonas bien diferenciadas. Todas suelen vender productos similares (como camisetas con variantes del eslogan "Keep Calm & Carry On"), pero cada una tiene sus particularidades y especialidades.

Stables Market (plano p. 256; Chalk Farm Rd, NW1; 10.00-18.00; Chalk Farm) Conectada con el Lock Market, esta zona es la mejor de todo el mercado de Camden: antigüedades, objetos asiáticos, alfombras, muebles *retro* y ropa *vintage*.

Camden Lock Market (plano p. 256; www.camdenlockmarket.com; 54-56 Camden Lock Pl, NW1; 10.00-18.00; Camden Town) Junto a la esclusa del canal, este es el mercado original de Camden, con comida, cerámica, muebles, alfombras orientales, instrumentos musicales y ropa.

Camden Lock Village (plano p. 256; Chalk Farm Rd, NW1; 10.00-18.00; Camden Town) Esta parte del mercado, especializada en productos propios de mercadillo, se extiende junto al canal al otro lado de la calle del Lock Market. Según un polémico proyecto, está previsto transformarlo en el "mercado municipal del norte de Londres", en el marco de un programa que incluye la construcción de oficinas y 170 apartamentos en un gran edificio en la parte posterior del mercado.

Buck Street Market (esq. Buck y Camden High Sts, NW1; 9.00-17.30; Camden Town) Aunque se autodefina como "el mercado de Camden", este espacio cubierto no forma parte del complejo principal. Vende camisetas, joyas y baratijas para turistas. Es el mercado más cercano a la estación de metro, pero el menos interesante.

a Talbot Rd) cierran el domingo, pero el día más concurrido sin duda es el sábado, cuando los anticuarios abren sus puestos (de Chepstow Villas a Elgin Cres).

El sábado también es el día más efervescente para la ropa (debajo de Westway, desde Portobello Rd hasta Ladbroke Rd), aunque el viernes y el domingo tampoco están mal.

Greenwich

Mercado de Greenwich Mercado
(www.greenwichmarketlondon.com; College Approach, SE10; 10.00-17.30; DLR Cutty Sark) Es uno de los mercados más pequeños de Londres, pero de una calidad excelente. Los martes, miércoles, viernes y fines de semana acoge puestos de artistas independientes que venden pinturas originales, productos de belleza naturales, joyas y accesorios excéntricos, moda *trendy*, etc. Los martes, jueves y viernes también hay artículos *vintage*, antigüedades y objetos de coleccionista.

Arty Globe Regalos, recuerdos
(www.artyglobe.com; 15 Greenwich Market, SE10; 11.00-18.00; DLR Cutty Sark) Los inusuales dibujos con vista de ojo de pez de varias zonas de Londres (y de otras ciudades, como Nueva York, París y Berlín), realizados por el arquitecto Hartwig Braun, son verdaderas obras de arte y en esta tienda aparecen en bolsas de la compra, manteles, cuadernos, posavasos, tazas y puzles.

Retrobates Vintage Vintage
(330-332 Creek Rd, SE10; 10.30-18.00 lu-vi, hasta 18.30 sa y do; DLR Cutty Sark) Todos los artículos son piezas únicas en este establecimiento *vintage*, con vitrinas de bisutería, antiguos frascos de perfume y sombreros de paja y percheros con chaquetas y *blazers*. La oferta para caballeros es inusualmente abundante para una tienda *vintage*.

CLAUDIO DIVIZIA/SHUTTERSTOCK ©

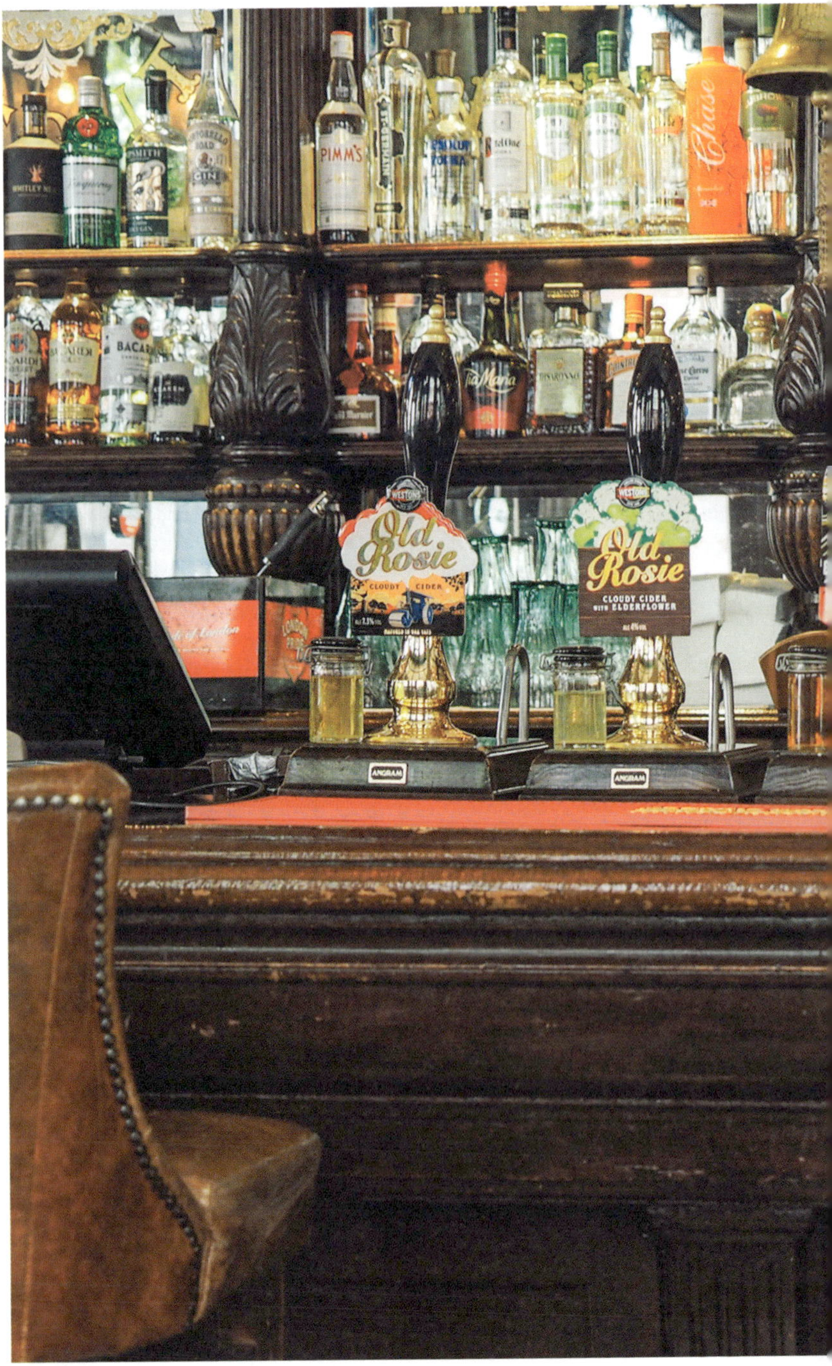

DE COPAS

Cervezas a media tarde, 'gin-tonics' a media noche y mucho más

De copas

Pocas cosas gustan más a los londinenses que beber alcohol y salir de juerga hasta las tantas. Así lo refleja la historia de la capital: desde los grabados Gin Lane *de William Hogarth del s. xviii hasta la decisión del exalcalde Boris Johnson en el 2008 de prohibir el consumo de bebidas alcohólicas en los transportes públicos.*

La metrópolis ofrece un amplio abanico de establecimientos en los que tomar una copa: desde pubs *hasta locales nocturnos. Recuérdese que en lo que a clubes se refiere, planificarse contribuirá a reducir gastos y a evitar colas.*

Sumario

West End	176
La City	178
South Bank	179
Clerkenwell, Shoreditch y Spitalfields	180
Este de Londres	182
Camden y norte de Londres	184
Notting Hill y oeste de Londres	185
Greenwich y sur de Londres	186

Horario comercial

Los *pubs* suelen abrir a las 11.00 o a las 12.00 y cerrar a las 23.00 o a las 24.00 (un poco antes los domingos). Los viernes y sábados, algunos bares y *pubs* permanecen abiertos hasta las 2.00 o las 3.00.

Los clubes suelen abrir a las 22.00 y cerrar entre las 3.00 y las 7.00.

DE COPAS 173

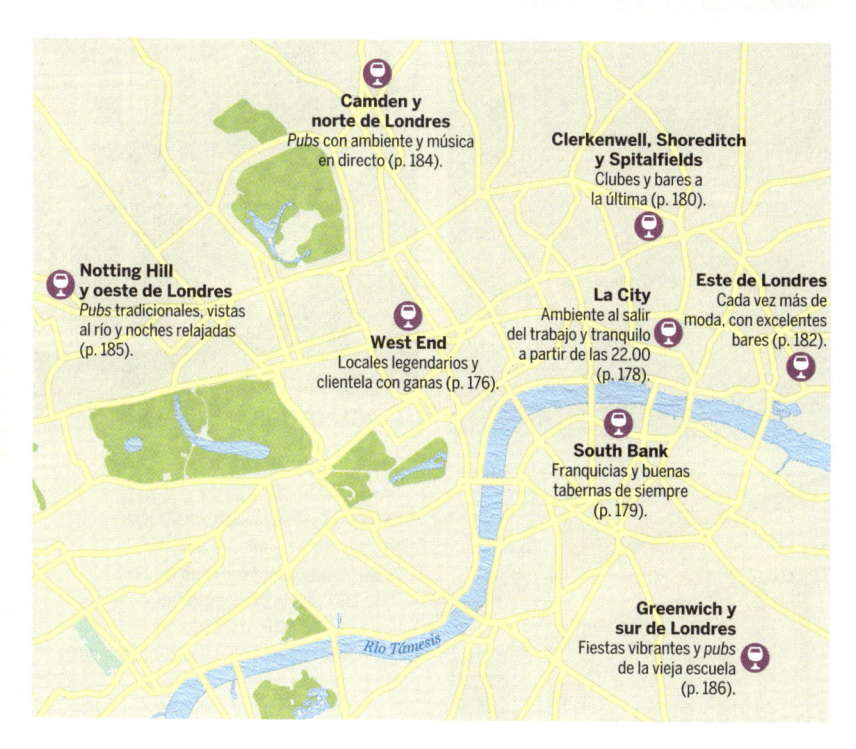

Mapa de zonas

Camden y norte de Londres
Pubs con ambiente y música en directo (p. 184).

Clerkenwell, Shoreditch y Spitalfields
Clubes y bares a la última (p. 180).

Notting Hill y oeste de Londres
Pubs tradicionales, vistas al río y noches relajadas (p. 185).

West End
Locales legendarios y clientela con ganas (p. 176).

La City
Ambiente al salir del trabajo y tranquilo a partir de las 22.00 (p. 178).

Este de Londres
Cada vez más de moda, con excelentes bares (p. 182).

South Bank
Franquicias y buenas tabernas de siempre (p. 179).

Greenwich y sur de Londres
Fiestas vibrantes y *pubs* de la vieja escuela (p. 186).

Río Támesis

Precios

Muchos clubes son gratis o más baratos entre semana. La entrada a un club famoso un sábado por la noche puede rondar las 20 £. Algunos locales son más baratos a primera hora de la noche.

Propinas

No son habituales.

Mejores blogs y webs

London on the Inside (www.london theinside.com).

Skiddle (www.skiddle.com) Amplia información sobre clubes nocturnos, DJ y actuaciones.

Time Out (www.timeout.com/london) Información sobre bares, *pubs* y vida nocturna.

Lo mejor

Conocer los mejores locales londinenses para tomar una copa

Coctelerías

Dukes Bar (p. 183) Cócteles al estilo de James Bond.
LAB (p. 70) Cócteles personalizados en un clásico local del Soho.
Experimental Cocktail Club (p. 176) Cócteles creativos en un interior *vintage* con decoración al estilo de Shanghai.
Little Bird Gin (p. 183) Cócteles preparados con su ginebra homónima, de sabor cítrico y producción limitada, destilada en Londres.
Zetter Townhouse Cocktail Lounge (p. 180) Excéntrico local famoso por sus singulares cócteles.

'Pubs'

Jerusalem Tavern (p. 180) Diminuto pero rebosante de ambiente de época.
Jamaica Wine House (p. 178) Vale la pena buscar este local oculto en un callejón de la City.
Carpenter's Arms (p. 182) Repleto de historia sobre el East End, soberbias cervezas y un interior fabuloso.
Dove Freehouse (p. 184) Amplio abanico de cervezas belgas de barril en un entorno artístico.
Cutty Sark Tavern (p. 186) Pintoresco y hermoso *pub* junto al Támesis.

'Beer gardens'

Windsor Castle (p. 186) En verano los clientes habituales reemplazan el interior histórico por su jardín.
Edinboro Castle (p. 185) Festivo lugar en el que relajarse durante las noches veraniegas.

DE COPAS **175**

Locales con vistas

Oblix (p. 179) Se halla en una de las plantas intermedias del Shard, pero las vistas son legendarias.

Sky Pod (p. 178) Para degustar un cóctel en una terraza sita en una planta 35ª.

Kensington Roof Gardens (p. 185) No se halla en un rascacielos, pero los jardines lo compensan.

Bares

Gordon's Wine Bar (p. 177) Toda una institución en Londres, ocupa un sótano con el techo abovedado.

Bar Pepito (p. 185) Delicioso y minúsculo bar andaluz dedicado a los amantes del jerez.

French House (p. 70) El mejor bar del Soho, con una excéntrica clientela local.

Proud Camden (p. 185) Sito en un antiguo hospital para caballos, es uno de los mejores locales de música de Camden.

Clubes

Ministry of Sound (p. 187) Club legendario que vuelve a estar en plena forma.

Fabric (p. 180) Inmenso local para los aficionados al *drum & bass*, *dubstep*, *house*, *techno* y música electrónica.

Corsica Studios (p. 187) Club sin ánimo de lucro, acoge algunas de las mejores noches de EDM (música electrónica de baile).

XOYO (p. 180) Excelentes actuaciones, conciertos, noches disco y eventos artísticos.

★ La selección de Lonely Planet

Princess Louise (p. 177) Precioso pub victoriano con pequeños salones y cristales grabados.

Worship St Whistling Shop (p. 180) Sofisticación en forma líquida.

Cat & Mutton (p. 182) Tradicional y moderno a un tiempo, siempre perfecto para divertirse.

Wine Pantry (p. 179) Ofrece los mejores vinos británicos.

Trafalgar Tavern (p. 186) Taberna junto al río repleta de historia.

West End

Bloomsbury

The Lamb — Pub

(Plano p. 256; www.thelamblondon.com; 94 Lamb's Conduit St, WC1; 12.00-23.00 lu-mi, hasta 24.00 ju-sa, hasta 22.30 do; Russell Sq) La barra central de caoba con preciosas divisiones victorianas (conocidas como "biombos esnobs" porque permitían beber en privado a la clientela acaudalada) es una de las predilectas entre los londinenses desde 1729. Casi tres siglos después, sigue siendo igual de popular: conviene ir temprano para conseguir un reservado, saborear una buena selección de cervezas amargas Young's y disfrutar de un ambiente genial.

Queen's Larder — 'Pub'

(Plano p. 256; www.queenslarder.co.uk; 1 Queen Sq, WC1; 11.30-23.00 lu-sa, 12.00-22.30 do; Russell Sq) Situado en una hermosa plaza al sureste de Russell Sq, debe su nombre ('despensa de la reina') a que la reina Carlota, consorte del rey Jorge III, alquiló parte del almacén del *pub* para guardar en él alimentos especiales para su esposo mientras este se recuperaba de su locura en un lugar cercano. Es pequeño pero acogedor; hay bancos fuera y un comedor en la planta superior.

Soho y Chinatown

Experimental Cocktail Club — Coctelería

(Plano p. 252; www.experimentalcocktailclublondon.com; 13a Gerrard St, W1; 18.00-3.00 lu-sa, hasta 24.00 do; Leicester Sq o Piccadilly Circus) Sensacional coctelería de tres plantas en Chinatown, con una entrada modesta y sin letrero (junto al restaurante Four Seasons), el interior, con una iluminación tenue, espejos, paredes de ladrillo visto y mobiliario elegante, es tan sofisticado como los cócteles: licores originales, champán *vintage* y jarabes afrutados de producción propia. No es necesario reservar; después de las 23.00 hay que pagar entrada (5 £).

Ku Klub Lisle St — Gay

(Plano p. 252; www.ku-bar.co.uk; 30 Lisle St, WC2; 10.00-3.00 lu-sa, 10.00-24.00 do; Leices-

Pub The Lamb.

ter Sq) Situado en un sótano, con un interior de diseño y una amplia programación de eventos (disco, cabaré, sesiones de DJ, etc.), este local del grupo Ku Klub atrae a una clientela joven y amante de la diversión. Los domingos, noches *retro*.

Holborn y The Strand

Princess Louise — Pub
(Plano p. 252; http://princesslouisepub.co.uk; 208 High Holborn, WC1; 11.00-23.00 lu-vi, 12.00-23.00 sa, 12.00-18.45 do; Holborn) Espectacular pub de finales del s. XIX, con elegantes azulejos, espejos grabados, estuco y una suntuosa barra central en forma de herradura, las antiguas divisiones victorianas en madera ofrecen un sinfín de rincones donde sentarse al amparo de miradas indiscretas. Solo sirve cervezas Sam Smith's, pero una pinta cuesta menos de 3 £, por lo que muchos optan por instalarse aquí toda la noche.

Heaven — Club, gay
(Plano p. 252; www.heavennightclub-london.com; Villiers St, WC2; 23.00-5.00 lu, ju y vi, 22.00-5.00 sa; Embankment o Charing Cross) Situado bajo los arcos de la estación de Charing Crosss, fue inaugurado hace 36 años y su popularidad no decae. Organiza excelentes actuaciones en directo y noches disco. La Monday's Popcorn (noche de bailes mixtos, abierta a todos los públicos) es una de las mejores de la capital entre semana. La noche G-A-Y se celebra los jueves (G-A-Y Porn Idol), viernes (G-A-Y Camp Attack) y sábados (Plain ol' G-A-Y).

Gordon's Wine Bar — Bar
(Plano p. 252; www.gordonswinebar.com; 47 Villiers St. WC2; 11.00-23.00 lu-sa, 12.00-22.00 do; Embankment) Siempre a tope, salvo que se llegue antes que los empleados que salen de las oficinas (sobre las 18.00), es imposible conseguir mesa. Oscuro y cavernoso, los vinos franceses y americanos tienen un precio razonable y pueden acompañarse de pan, queso y aceitunas. En verano hay mesas en el jardín.

★ Las cinco mejores microcervecerías

Meantime
(www.meantime.london.com)

Sambrooks
(www.sambrooksbrewery.co.uk)

Camden Town Brewery
(www.camdentownbrewery.com)

London Fields Brewery
(www.londonfieldsbrewery.co.uk)

Beavertown
(www.beavertownbrewery.co.uk)

Izda.: cervezas en Meantime; abajo: Club Heaven.

El 'pub'

El *pub* (apócope de public house) es el centro de la vida londinense y un excelente nivelador social. Prácticamente todo londinense tiene su *pub* de barrio y para el turista buscar uno de referencia constituye una divertida actividad en toda visita a la capital.

Entre semana, los *pubs* del centro suelen llenarse a partir de las 17.00 con gente que sale de trabajar, mientras que los fines de semana son frecuentados por quienes salen a divertirse. Los de las zonas más residenciales cobran vida los fines de semana, cuando los almuerzos se prolongan hasta bien entrada la tarde y los grupos de amigos se reúnen. Los días laborables, muchos también organizan concursos por la noche, mientras que otros atraen a la clientela con música en directo o espectáculos de comedia. Los que se han granjeado una sólida reputación por la calidad de sus platos se denominan *gastropubs*.

En un *pub* se puede pedir de todo: cerveza, vino, refrescos, licores y a veces bebidas calientes. Algunos se especializan en cerveza artesanal y ofrecen productos de microcervecerías locales, como *real ale*, cerveza afrutada y sidra ecológica. Otros, sobre todo los *gastropubs*, han invertido en una buena carta de vinos. En invierno, muchos sirven vino caliente especiado, mientras que en verano nunca falta el Pimm's con limonada (con menta fresca, cítricos, fresas y pepino).

La City

Sky Pod — Bar

(Plano p. 250; 0333-772 0020; http://skygarden.london/sky-pod-bar; 20 Fenchurch St, EC3; 7.00-2.00 lu-vi, 8.00-2.00 sa, 9.00-21.00 do; Monument) Situado en el **Sky Garden**, en la planta 35 del **Walkie Talkie**, el 5º edificio más alto de la ciudad, es ideal para tomar una copa disfrutando de unas vistas espectaculares, sobre todo desde el espacio abierto de la South Terrace con una vegetación exuberante.

Puede tomarse un cóctel o una copa; el único inconveniente es que sin reserva para cenar hay que pagar entrada (consúltese la web) desde las 10.00 hasta las 18.00 (entre semana) y desde las 11.00 hasta las 21.00 (sa y do). Fuera de estos horarios, hay que hacer cola y la entrada no está asegurada.

Jamaica Wine House — Pub

(Plano p. 250; www.shepherdneame.co.uk/pubs/london/jamaica-wine-house; 12 St Michael's Alley, EC3; 11.00-23.00 lu-vi; Bank) Pese al nombre, no es una vinoteca, sino un histórico *pub* victoriano que ocupa lo que fue la primera cafetería de Londres (1652) y probablemente la tapadera de un burdel. Situado al final de un estrecho callejón, cuesta encontrarlo, pero vale la pena buscarlo.

The Counting House — 'Pub'

(Plano p. 250; www.the-counting-house.com; 50 Cornhill, EC3; 11.00-23.00 lu-vi; Bank o Monument) Excelente *pub* sito en la antigua sede del NatWest Bank (1893), con un lucernario abovedado y una barra central magníficamente decorada, es uno de los locales preferidos por los chicos y las chicas de la City, tanto por su selección de *real ales* como por sus deliciosos *pies* (desde 11,25 £).

The Counting House.

Este premiado pub es uno de los predilectos de los chicos y chicas de la City.

🍷 South Bank

Waterloo

Skylon Bar

(Plano p. 250; www.skylon-restaurant.co.uk; Royal Festival Hall, Southbank Centre, Belvedere Rd, SE1; ⏰12.00-1.00 lu-sa, hasta 22.30 do; ⊖Waterloo) Con su decoración de los años cincuenta y unas vistas espectaculares, es un lugar inolvidable para tomar una copa o comer (p. 142), pero hay que llegar temprano para conseguir una de las mesas en la zona frontal, con vistas del río. La carta de bebidas comprende desde cócteles de temporada hasta infusiones y una selección de *whiskies*.

London Bridge

Wine Pantry Vinoteca

(Plano p. 250; www.winepantry.co.uk; 1 Stoney St, SE1; catas 5 £; ⏰12.00-20.00 ju-vi, 11.00-19.00 sa; ⊖London Bridge) Cien por cien británico, apoya a los vinicultores nacionales con añejos como Nyetimber, Bolney y Ridgeview, que pueden pedirse por copas (5-7 £) y degustar en alguna de las mesas junto al mercado de Borough (p. 88). Los clientes pueden llevar su propio aperitivo o comprar botellas para llevar.

Oblix Bar

(Plano p. 250; www.oblixrestaurant.com; planta 32, The Shard, 31 St Thomas St, SE1; ⏰12.00-23.00; ⊖London Bridge) En la planta 32 del Shard, brinda unas vistas sublimes de Londres. Se puede pedir un café (3,50 £) o un par de cócteles (desde 10 £) y disfrutar casi de las mismas vistas que desde las plataformas del Shard (pero por mucho menos y con una bebida incluida). Cada noche hay música en directo (desde las 19.00).

Rake Pub
(Plano p. 250; ☎020-7407 0557; www.utobeer.co.uk; 14 Winchester Walk, SE1; ⊕12.00-23.00 lu-sa, hasta 22.00 do; ⊖London Bridge) Minúsculo, pero siempre muy frecuentado, ofrece más de 130 cervezas: 10 de barril y una amplia selección de cervezas artesanales (muchas internacionales), *ales*, *lagers* y sidras que cambian a menudo (se sirven en vasos de 150 ml). La terraza, decorada con bambú, es muy popular.

Clerkenwell, Shoreditch y Spitalfields

Clerkenwell
Fabric Discoteca
(Plano p. 255; www.fabriclondon.com; 77a Charterhouse St, EC1M; 14-26 £; ⊕desde 23.00 vi-do; ⊖Farringdon) La segunda discoteca más famosa de Londres después de Ministry of Sound, se halla en un antiguo almacén frente al mercado de carne de Smithfield y consta de tres pistas de baile. Los viernes por la noche se celebra la FabricLive, con *drum & bass y dubstep*, mientras que los sábados (Fabric at Fabric) y los domingos (WetYourSelf!) hay música *house*, *techno* y electrónica.

Jerusalem Tavern Pub
(Plano p. 255; www.stpetersbrewery.co.uk; 55 Britton St, EC1M; ⊕11.00-23.00 lu-vi; 🛜; ⊖Farringdon) Pintoresco *pub* de la década de 1720, dispone de reservados con paneles de madera en los que degustar cervezas de la St Peter's Brewery (norte de Suffolk). Es muy popular y a menudo está abarrotado.

Ye Olde Mitre Pub
(Plano p. 255; www.yeoldemitreholborn.co.uk; 1 Ely Ct, EC1N; ⊕11.00-23.00 lu-vi; 🛜; ⊖Farringdon) *Pub* histórico con una amplia carta de cervezas, oculto en un callejón junto a Hatton Garden (hay un letrero de Fuller's en un arco a la izquierda), fue construido en 1546 para los sirvientes del palacio de Ely. No hay música: lo que se escucha de fondo es el murmullo de los clientes conversando.

Zetter Townhouse Cocktail Lounge Coctelería
(Plano p. 255; ☎020-7324 4545; www.thezettertownhouse.com; 49-50 St John's Sq, EC1V; ⊕7.30-00.45; ⊖Farringdon) Tras una modesta puerta en St John's Sq, se trata de un excéntrico local sito en una planta baja, con elegantes sillones, cabezas de animales disecadas y lámparas. La carta de cócteles se inspira en la historia de las destilerías de la zona: recetas del pasado y licores artesanales para crear inusuales cócteles.

Hoxton y Shoreditch
Worship St Whistling Shop Coctelería
(Plano p. 255; ☎020-7247 0015; www.whistlingshop.com; 63 Worship St, EC2A; ⊕17.00-24.00 lu-ju, hasta 2.00 vi y sa; ⊖Old St) Este local subterráneo, cuyo nombre se remonta a la época victoriana y alude a la venta clandestina de alcohol, cuenta con expertos mixólogos que exploran los límites futuristas de la química y ciencia aromática de los cócteles. Muchos ingredientes están elaborados con los evaporadores rotativos del laboratorio in situ.

XOYO Club
(Plano p. 255; www.xoyo.co.uk; 32-37 Cowper St, EC2A; ⊕horario variable; ⊖Old St) Sito en un almacén de Shoreditch, ofrece conciertos, noches disco y eventos artísticos. La variada oferta —desde actuaciones de grupos *indie* a música *hip hop*, *electro* y *dubstep*— atrae a una clientela heterogénea (desde *hípsters* hasta hedonistas más maduros).

The Old Blue Last Pub
(Plano p. 255; www.theoldbluelast.com; 38 Great Eastern St, EC2A; ⊕12.00-00.00 lu-ma, 12.00-1.00 ju, 12.00-2.00 vi-do; 🛜; ⊖Old St) A menudo abarrotado de gente joven a la última moda, este *pub* de barrio es propiedad de la revista *Vice*, símbolo de la contracultura juvenil. Acoge algunas de las mejores fiestas de Shoreditch y música en directo.

BrewDog Bar
(Plano p. 255; www.brewdog.com; 51-55 Bethnal Green Rd, E1; ⊕12.00-24.00; 🛜; ⊖Shoreditch

★ Los 'pubs' londinenses

Londres sin sus *pubs* sería como París sin sus cafés o Nueva York sin sus bares. Forman parte del ADN cultural de la capital y son el lugar idóneo para ver a los londinenses en su salsa. La ampliación del horario ha consolidado la reputación del *pub* como pilar del ocio nocturno.

Desde arriba: cerveza de barril; letreros de *pubs*; Ye Olde Mitre.

Locales nocturnos

En lo que se refiere a la vida nocturna, Londres se lleva la palma. Probablemente uno ya sabe lo que desea: grandes discotecas o un pequeño club con los últimos DJ de moda. Con todo, hay tantas opciones que vale la pena probar algo nuevo.

Los jueves son para quienes desean divertirse antes de que los oficinistas abarroten las calles los viernes. Los sábados están dedicados a las discos, mientras que los domingos suelen deparar gratas sorpresas en prácticamente toda la ciudad y son los preferidos por quienes no trabajan los lunes.

Hay locales nocturnos en toda la ciudad. El East End acoge los clubes de vanguardia, en especial Shoreditch. Dalston y Hackney son populares por los clubes improvisados en sótanos de restaurantes y antiguas tiendas. Camden Town es la zona predilecta de los *indies*, mientras que la comunidad homosexual prefiere la zona al sur del Támesis, sobre todo Vauxhall, aunque sigue estando presente en el West End y en el East End.

High St) Un nirvana para los amantes de la cerveza *ale*, ofrece unos 20 tipos de barril, cientos en botella y Dirty Burgers para acompañarlas. Tiene su propia fábrica de cerveza ecológica cerca de Aberdeen, en Escocia, pero también dispone de muchas otras cervezas artesanales.

Spitalfields
93 Feet East — Bar, Club
(Plano p. 255; www.93feeteast.co.uk; 150 Brick Lane, E1; 17.00-23.00 ju, hasta 1.00 vi y sa, 14.00-22.30 do; Shoreditch High St) Integrado en el complejo de la Old Truman Brewery, comprende un patio, tres salas grandes y una terraza que las tardes soleadas se llena con gente *trendy* del East End. Hay sesiones de DJ y música en directo.

Este de Londres

Bethnal Green
Carpenter's Arms — Pub
(www.carpentersarmsfreehouse.com; 73 Cheshire St, E2; 16.00-23.30 lu-mi, 12.00-23.30 ju-do; Shoreditch High St) Antaño propiedad de unos gánsteres (los hermanos Kray, que lo compraron para que lo regentara su madre), ha sido restaurado y hoy es un local elegante y acogedor. De ambiente agradable, dispone de una amplia carta de cervezas y sidras y cuenta con una sala en la parte posterior y un patio.

Bethnal Green Working Men's Club — Club
(www.workersplaytime.net; 42-44 Pollard Row, E2; variable; Bethnal Green) Se trata, en efecto, de un club recreativo al que los hombres acuden después del trabajo, pero ha abierto sus puertas a todo tipo de eventos estrambóticos, como fiestas de tipo *burlesque*, de ambiente, noches *retro*, *beach parties* y concursos de cocina. Con moquetas pegajosas y un escenario reluciente, el ambiente recuerda a una discoteca en el salón de actos de una escuela.

Dalston
Dalston Superstore — Gay
(www.dalstonsuperstore.com; 117 Kingsland High St, E8; 10.00-00.30 do-ma, hasta 2.00 mi-vi, hasta 4.00 sa; Dalston Kingsland) ¿Bar, club o cafetería? ¿Gay o hetero? Este espacio industrial de dos plantas es difícil de clasificar y, al parecer, de eso se trata. Aunque está abierto todo el día, cobra vida al anochecer, con noches disco en el sótano. A las lesbianas les encantará la Clam Jam del jueves.

Hackney
Cat & Mutton — Pub
(www.catandmutton.com; 76 Broadway Market, E8; 12.00-24.00; 394) Fabuloso *pub* georgiano donde los *hipsters* de Hackney degustan pintas bajo trofeos de caza, fotografías en blanco y negro de boxeadores de antaño y un gran retrato de Karl Marx.

DE COPAS **183**

Londres en un vaso

Puede aderezarse con un trozo de lima

Utilizar una ginebra londinense, como Sipsmith, Sacred o Beefeater 24

Añadir agua tónica

Incorporar tantos cubitos de hielo como se desee

Puede usarse un vaso bajo (como en la imagen) o uno largo

'Gin-tonic' clásico

Historia del 'gin-tonic'

La ginebra fue importada de Holanda en el s. XVII, pero los londinenses rápidamente se apropiaron de ella. En la década de 1850, los británicos de las colonias tuvieron la idea de mezclar su dosis diaria de quinina (para prevenir la malaria) con ginebra y así fue cómo nació el *gin-tonic*. Puede prepararse con muchos tipos de ginebra, pero la típica londinense es la que obtiene todo su sabor en el proceso de destilación.

★ Los cinco mejores lugares para tomar un 'gin-tonic'

Little Bird Gin (www.littlebirdgin.com; Maltby St, SE1; 10.00-16.00 sa, desde 11.00 do; London Bridge)

Dukes Bar (plano p. 252; 020-7491 4840; www.dukeshotel.com; 35 St James's Pl, SW1; 14.00-23.00 lu-sa, 16.00-22.30 do; ; Green Park)

Jensen (www.jensengin.com; 55 Stanworth St, SE1; 10.00-16.00 sa; London Bridge)

The Phene (www.thephene.com; 9 Phene St, SW3; 12.00-23.00 lu-vi, desde 11.00 sa y do; ; Sloane Sq)

Portobello Star (020-3540 7781; www.portobellostarbar.co.uk; 171 Portobello Rd, W11; cócteles desde 6 £; 11.00-23.30 do-ju, hasta 00.30 vi y sa; ; Ladbroke Grove)

Bermondsey Beer Mile

En Londres, la cerveza artesanal está a la orden del día y Bermondsey, con siete microcervecerías en poco más de 1 milla (1,5 km), es el epicentro de este fenómeno. Todas producen una gama completa de cervezas *(pale ales, porters, stouts,* IPA…) y abren los sábados (normalmente de 11.00 a 16.00 o 17.00).

Destaca la **Southwark Brewing Company** (www.southwarkbrewing.co.uk; 46 Druid St, SE1; 11.00-17.00 sa; London Bridge). Sita en un espacio similar a un hangar, es la más nueva y cuenta con mesas y sofás. Permite llevar comida del cercano mercado de Borough (p. 88) o de **Maltby Street** (www.maltby.st; Maltby St, SE1; 9.00-16.00 sa, 11.00-16.00 do; London Bridge). La London Pale Ale es muy estimulante. También se recomienda la **Anspach & Hobday** (www.anspachandhobday.com; 118 Druid St, SE1; 17.00-21.30 vi, 11.00-18.00 sa, 12.00-17.00 do; London Bridge), especializada en cerveza *porter* (oscura y tostada) y con una zona para sentarse en el exterior.

CHRIS RATCLIFFE/GETTY IMAGES ©

Si abajo está lleno, una escalera de caracol conduce hasta la planta superior, con cómodos sofás. Los fines de semana los DJ ponen *funk, disco* y *soul.*

Dove Freehouse Pub
(020-7275 7617; www.dovepubs.com; 24-28 Broadway Market, E8; 12.00-23.00; ; 394) Laberíntico, con múltiples salas y atractivo a cualquier hora del día, ofrece una amplia gama de cervezas trapenses belgas, de trigo y afrutadas. Con buen tiempo los clientes invaden la calle; cuando hace frío, se refugian en la sala posterior, poco iluminada y con juegos de mesa.

Netil360 Bar
(www.netil360.com; 1 Westgate St, E8; 10.00-22.00 lu-vi, 12.00-23.00 sa y do; ; 55) Café/bar de moda sito en la azotea de la Netil House, ofrece unas vistas sublimes de Londres, con telescopios que permiten observar a la gente que trabaja en el Gherkin. También se puede jugar al *croquet* sobre el césped artificial o reservar un *jacuzzi*.

Camden y norte de Londres

King's Cross y Euston

Drink, Shop & Do Bar
(Plano p. 256; 020-7278 4335; www.drinkshopdo.com; 9 Caledonian Rd, N1; 10.30-24.00 lu-ju, hasta 2.00 vi, 10.30-2.00 sa, 10.30-20.00 do; ; King's Cross St Pancras) Excéntrico local, difícil de clasificar, aúna un bar, un café, un centro de actividades, una tienda de regalos e incluso una discoteca. La idea es que siempre haya bebida (ya sea té o ginebra), música y actividades: desde baile a construcción de robots con piezas de Lego.

Euston Tap Bar
(Plano p. 256; 020-3137 8837; www.eustontap.com; 190 Euston Rd, NW1; 12.00-23.00; Euston) Gemelo del Cider Tap —al otro lado de la calle, especializado en sidras—, se halla en una gran estructura de piedra cerca de la estación de Euston. Los amantes de la cerveza artesanal pueden elegir entre 8 tipos de *real ale,* 20 cervezas de barril y 150 tipos de cervezas embotelladas, para degustar en las mesas de la calle, o subir por una escalera de caracol a la planta superior.

Bar Pepito — Vinoteca

(Plano p. 256; http://camino.uk.com/location/bar-pepito/; 3 Varnishers Yard, The Regent's Quarter, N1; 17.00-24.00 lu-sa; King's Cross St Pancras) Acogedora bodega andaluza especializada en jerez y tapas, dispone de un personal siempre dispuesto a asesorar. Es experta en maridajes (excelente selección de jamones y quesos): se recomienda la cata de tres tipos de jerez con sus correspondientes tentempiés.

Camden Town

Proud Camden — Bar

(Plano p. 256; www.proudcamden.com; Stables-Market, Chalk Farm Rd, NW1; gratis-15 £; 10.30-1.30 lu-sa, 12.00-24.00 do; Chalk Farm) Sito en un antiguo hospital para caballos en el Stables Market, cuenta con reservados en los viejos establos, fotografías de estrellas de *rock* en las paredes y una terraza ajardinada con *jacuzzi*. También es uno de los mejores locales de música de Camden, con grupos en directo y DJ casi todas las noches.

Edinboro Castle — 'Pub'

(Plano p. 256; www.edinborocastlepub.co.uk; 57 Mornington Tce, NW1; 12.00-23.30 lu-vi; 10.00-23.30 sá; 12.00-22.30 do; Camden Town) Espacioso y tranquilo, presenta un ambiente refinado, un mobiliario que invita a relajarse, un bar fantástico y una completa carta. Sin embargo, el principal atractivo es el *beer garden*, con barbacoa, futbolín y luces de colores.

Notting Hill y oeste de Londres

Kensington Roof Gardens — Club

(Plano p. 249; www.roofgardens.virgin.com; 99 Kensington High St, W8; club 22.00-3.00 vi y sa, jardines 9.00-17.00; High St Kensington) Dominando Kensington High St desde lo alto del edificio Derry & Toms, es realmente fabuloso: un local nocturno con 0,6 Ha de jardines con flamencos. Sin embargo, para disfrutar de esta maravilla hay que pagar una entrada de 20 £ (25 £ may-sep), registrarse previamente en la

Dove Freehouse.

👍 Cerveza

Hay muchos tipos de cervezas. Por lo general, los *pubs* ofrecen un buen surtido de *lager* (con mucho gas y servida fría o helada) y un repertorio más reducido de *real ales* o *bitter* (con muy poco o nada de gas), con un fuerte aroma y a temperatura ambiente. La marca británica de *lager* más conocida es Carling, pero puede encontrarse desde Fosters hasta San Miguel. Las negras, cuya abanderada es la Guinness irlandesa, son cervezas algo dulces, con el peculiar sabor que les confiere la malta tostada antes de fermentar.

De las *ales* que pueden degustarse en los *pubs* londinenses, las mejores son London Pride, Courage Best, Burton Ale, Adnam's, Theakston (sobre todo la Old Peculier) y Old Speckled Hen. Antaño considerada una bebida para quienes peinan canas, hoy la *real ale* disfruta de un resurgimiento entre los jóvenes de la capital. El personal de los bares bien surtidos de *real ales* y cervezas artesanales suele conocerlas muy bien, al igual que los sumilleres de los restaurantes con una buena carta de vinos.

Desde hace unos años, en Londres proliferan las cervecerías artesanales; destacan Meantime, Sambrook's, Camden Town Brewery, London Fields Brewery y Beavertown.

La cerveza de barril se sirve por pintas (570 ml) o medias pintas (285 ml).

lista de invitados (http://gls.roofgardens.com) y vestir con elegancia. Cada consumición son 10 £.

Windsor Castle Pub
(www.thewindsorcastlekensington.co.uk; 114 Campden Hill Rd, W11; 12.00-23.00 lu-sa, hasta 22.30 do; Notting Hill Gate) Clásica taberna en lo alto de Campden Hill Rd, con una larga historia y rincones en los que acomodarse, sus principales atractivos son el interior compartimentado, una chimenea chisporroteante (en invierno), un beer garden (en verano) y la simpática clientela (casi siempre). Según la leyenda, los restos de Thomas Paine (autor de Los derechos del hombre) descansan en la bodega. Antaño podía verse el castillo Windsor desde el pub; de ahí el nombre.

🍷 Greenwich y sur de Londres

Greenwich

Cutty Sark Tavern Pub
(www.cuttysarktavern.co.uk; 4-6 Ballast Quay, SE10; 11.00-23.00 lu-sa, 12.00-22.30 do; DLR Cutty Sark) Alojado en un edificio georgiano con vigas de madera y ventanales, construido directamente sobre el Támesis, es uno de los pocos *pubs* independientes que quedan en Greenwich. En la barra se alinean seis barriles de cerveza *ale*, que puede degustarse en el exterior contemplando el río. Está a 10 min a pie de la estación del DLR.

Trafalgar Tavern Pub
(020-8858 2909; www.trafalgartavern.co.uk; 6 Park Row, SE10; 12.00-23.00 lu-sa, hasta 22.30 do; DLR Cutty Sark) Elegante taberna, con ventanales y vistas al Támesis, disfruta de una larga historia. Dickens era uno de los clientes habituales y se inspiró en ella para la escena del desayuno de bodas de *Nuestro amigo común.* Asimismo, los primeros ministros Gladstone y Disraeli solían frecuentarla para saborear sus célebres chanquetes.

Windsor Castle.

Elephant & Castle

Corsica Studios Club
(www.corsicastudios.com; 4/5 Elephant Rd, SE17; 6-17,50 £; variable; Elephant & Castle) Son locales como este los que confieren un toque de modernidad a la antaño conflictiva zona de Elephant & Castle. Club sin ánimo de lucro, alojado en un sótano, es famoso por su música electrónica. Pequeño e íntimo, disfruta de un excelente sistema de sonido y acoge actuaciones y noches *disco* hasta las 3.00 entre semana y hasta las 6.00 los fines de semana.

Ministry of Sound Discoteca
(www.ministryofsound.com; 103 Gaunt St, SE1; 16-22 £; 22.00-6.30 vi-do; Elephant & Castle) Legendaria discoteca de fama mundial, con cuatro barras y cuatro pistas, perdió algo de popularidad a principios de la década del 2000, pero tras fichar a DJ de primera, vuelve a situarse entre los mejores locales nocturnos de la ciudad. Los viernes están dedicados al *trance*, mientras que los sábados impera lo último en *house*, electrónica y DJ *techno*.

PADMAYOGINI/SHUTTERSTOCK ©/LA COMPAÑÍA THE LIONS PART EN UNA REPRESENTACIÓN EN EL SHAKESPEARE'S GLOBE

ESPECTÁCULOS

Desde una noche en el teatro hasta locales de música en directo

Espectáculos

Londres satisface cualquier preferencia en términos de ocio. Constituye un referente mundial del teatro desde finales del s. XVI, cuando empezaron a representarse en la ciudad las obras de un joven de Stratford-upon-Avon; y desde que la capital empezó a moverse a ritmo de swing *en la década de 1960, su panorama de conciertos de* rock *y música* pop *sigue igual de efervescente.*

La clave para conseguir entradas para espectáculos muy populares consiste en reservar con antelación o confiar en que habrá entradas sin vender el día de la función. En cualquier caso, cada noche la ciudad ofrece, literalmente, cientos de actuaciones y conciertos, y lo divertido es dar con ellos por azar.

Sumario

West End	192
La City	194
South Bank	194
Kensington y Hyde Park	196
Clerkenwell, Shoreditch y Spitalfields	196
Este de Londres	196
Camden y norte de Londres	197
Notting Hill y oeste de Londres	198
Greenwich y sur de Londres	199

Entradas

Hay que reservarlas con antelación. También pueden comprarse *standby tickets* el día de la función en el propio teatro.

Webs

Tkts Leicester Sq (www.tkts.co.uk/leicester-square) vende entradas con descuento (a veces del 50%) el día de la función para diversas producciones del West End.

ESPECTÁCULOS **191**

Royal Albert Hall (p. 196).

Lo mejor

Teatro

Shakespeare's Globe (p. 195) Shakespeare tal y como era hace 400 años.

National Theatre (p. 194) Teatro contemporáneo en el South Bank.

Wilton's (p. 196) La tradición del teatro de variedades de la época victoriana pervive en el East End.

Música en directo

Royal Albert Hall (p. 196) Sublime, imponente y espacioso.

KOKO (p. 198) Fabuloso local que acoge *indie rock*.

Royal Opera House (p. 192) Uno de los teatros de la ópera más prestigiosos del mundo.

O2 Academy Brixton (p. 199) Legendaria sala de conciertos.

⭐ West End

Soho y Chinatown

Soho Theatre Comedia
(Plano p. 252; 020-7478 0100; www.sohothea tre.com; 21 Dean St, W1; entrada 10-25 £; Tottenham Court Rd) Disfruta de una soberbia reputación como escaparate de nuevos dramaturgos y actores cómicos, pero también acoge a prestigiosos cómicos de monólogos y *sketches*, como Alexei Sayle y Doctor Brown, además de espectáculos de cabaré.

Covent Garden y Leicester Square

Royal Opera House Ópera
(Plano p. 252; 020-7304 4000; www.roh.org.uk; Bow St, WC2; entradas 7-250 £; Covent Garden) La reestructuración de 210 millones de libras confirió a este clásico teatro de la ópera un aspecto sensacional: una velada aquí es todo un lujo (caro). La programación incluye influencias modernas, pero el atractivo principal siguen siendo la ópera y el *ballet* clásico: todas las producciones son soberbias, con artistas de fama mundial.

Entre semana, las primeras funciones son más económicas y las butacas con visión parcial solo cuestan 7 £. Las entradas puestas a la venta desde las 10.00 el mismo día de la función (una por espectador, para las primeras 67 personas de la cola) cuestan entre 8 y 44 £, y las standby para estudiantes 10 £. A veces hay entradas *standby* a mitad de precio cuatro horas antes de la función.

The Comedy Store Comedia
(Plano p. 252; 0844 871 7699; www.thecomedystore.co.uk; 1a Oxendon St, SW1; 8-23,50 £; Piccadilly Circus) Uno de los primeros y mejores clubes de comedia londinenses. Las noches del miércoles y el domingo tiene lugar la Comedy Store Players, la improvisación más famosa de la ciudad, con Josie Lawrence; los jueves, viernes y sábados, Best in Stand Up ofrece lo mejor de la comedia londinense.

★ Escena teatral londinense

Todo viaje a Londres debe incluir un espectáculo en el West End, ya sea una obra de teatro de primera clase o un musical de éxito. El Theatreland —distrito de los teatros— siempre ofrece algo nuevo que cosecha elogios de la crítica y atrae a un público entusiasta, además de los espectáculos que se mantienen largo tiempo en cartel.

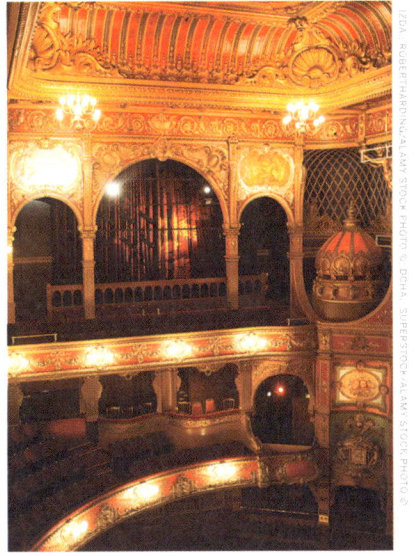

Desde arriba: Theatreland londinense (p. 198); interior del Hackney Empire (p. 197); Paul Hamlyn Hall, Royal Opera House.

Música clásica, 'ballet' y ópera

Con múltiples orquestas y bandas de fama mundial, locales de calidad, precios razonables y espectáculos que cubren todo el espectro musical —desde los más tradicionales hasta composiciones innovadoras—, Londres complacerá al aficionado más exigente. El Southbank Centre (p. 195), el Barbican (p. 194) y el Royal Albert Hall (p. 196) seducen con una atractiva programación, realzando aún más la fama de Londres como centro cosmopolita de la música clásica. El evento más destacado son los Proms (p. 12).

Para los amantes del *ballet* y la ópera, la Royal Opera House (p. 192) es de cita obligada; el entorno y la calidad de la programación son excelentes.

Concierto de los BBC Proms.
CHRISTER FREDRIKSSON/GETTY IMAGES ©

The Prince Charles Cine
(Plano p. 252; www.princecharlescinema.com; 7 Leicester Pl, WC2; tickets 8-16 £; ⊖Leicester Sq) Los precios de las salas de Leicester Sq son un robo: es mejor esperar a que los estrenos lleguen al Prince Charles, el cine más económico del centro de Londres (8-10 £ para los no socios). También acoge minifestivales, charlas con directores, filmes clásicos, maratones nocturnos de películas y veladas en las que el público es invitado a cantar durante la proyección de *Frozen, Sonrisas y lágrimas* y *Rocky Horror Picture Show*.

Mayfair
Wigmore Hall Música clásica
(www.wigmore-hall.org.uk; 36 Wigmore St, W1; ⊖Bond St) Es una de las salas de música clásica más hermosas, mejores y activas (400 actividades al año) de la ciudad, no solo por su acústica, su vestíbulo *art nouveau* y la variedad de conciertos y recitales, sino también por la alta calidad de los conciertos. Construida en 1901, sigue siendo una de las más prestigiosas del mundo para la música de cámara.

Los conciertos matinales de los domingos (11.30) y los del almuerzo los lunes (13.00) (ambos adultos/reducida 13/11 £) son excelentes. Los vespertinos cuestan entre 15 y 35 £.

☆ La City

Barbican Artes escénicas
(Plano p. 255; ☎0845 121 6823, taquilla 10.00-20.00 lu-sa, desde 11.00 do ☎020-7638 8891; www.barbican.org.uk; Silk St, EC2; ⊖Barbican) Sede de la London Symphony Orchestra y de la BBC Symphony Orchestra (su asociada), también acoge conciertos de prestigiosos músicos especializados en otros géneros, como *jazz, folk, world music* y *soul*. La danza es otro de sus puntos fuertes.

☆ South Bank

Waterloo
National Theatre Teatro
(Plano p. 250; ☎020-7452 3000; www.national theatre.org.uk; South Bank, SE1; ⊖Waterloo) El teatro insignia del país acoge en tres escenarios (Olivier, Lyttelton y Dorfman) una combinación de obras clásicas y contemporáneas interpretadas por prestigiosos actores. Nicholas Hytner, el director artístico, ha concluido una década de oro al frente del teatro, con varias producciones históricas, como *War Horse*. Su sustituto, Rufus Norris, empezó en abril del 2015.

Hay entradas Travelex por solo 15 £ para ciertas representaciones durante la temporada punta. Las entradas para el mismo día también cuestan 15 £. Los menores de 18 años pagan la mitad.

Southbank Centre   Sala de conciertos

(Plano p. 250; 0844 875 0073; www.southbankcentre.co.uk; Belvedere Rd, SE1; Waterloo) El Southbank Centre del Royal Festival Hall (p. 102) alberga un anfiteatro con 3000 butacas y es uno de los mejores espacios para asistir a conciertos de *world music* y música clásica. La acústica es excelente, la programación; impecable y en el vestíbulo suele haber conciertos gratuitos.

También organiza festivales, como el London Wonderground (dedicado al circo y al cabaré), Udderbelly (festival de comedia en todas sus variedades) y Meltdown (un evento musical con estrellas de varios géneros, como Guys Garvey en el 2016, Yoko Ono en el 2013 y Massive Attack en el 2008).

London Bridge

Shakespeare's Globe   Teatro

(Plano p. 250; 020-7401 9919; www.shakespearesglobe.com; 21 New Globe Walk, SE1; asientos 10-43 £, de pie 5 £; Blackfriars o London Bridge) Un auténtico nirvana para los amantes de Shakespeare, el Globle es un auténtico teatro shakesperiano: un escenario circular sin ningún tipo de cubierta sobre la platea central. Aunque en las gradas que rodean el escenario hay bancos de madera cubiertos, mucha gente (el aforo es de 700 personas) opta por imitar a los espectadores del s. XVII y permanece de pie frente al escenario.

La temporada (fin abr-med oct) comprende obras de Shakespeare y sus contemporáneos, como Christopher Marlowe.

Dado que el edificio está expuesto a las inclemencias del tiempo, hay que abrigarse. No se permite usar paraguas, pero venden chubasqueros baratos. Cabe señalar que los dos pilares que sostienen el techo del escenario (los llamados Heavens) entorpecen gran parte de la visibilidad en la sección D; es preferible estar de pie.

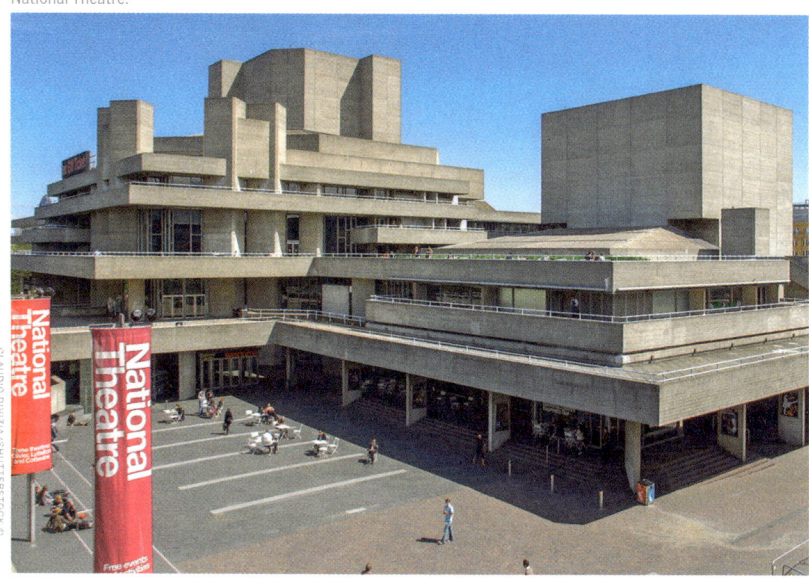

National Theatre.

Si la perspectiva de mojarse o pasar frío no es muy atractiva, se puede optar por una obra a la luz de las velas en el Sam Wanamaker Playhouse (p. 93), un teatro cubierto jacobino muy similar al utilizado por Shakespeare en invierno. La programación también incluye ópera.

☆ Kensington y Hyde Park

Royal Albert Hall Sala de conciertos
(Plano p. 249; ☎0845 401 5034; www.royalalberthall.com; Kensington Gore, SW7; ⊖South Kensington) Sala de conciertos victoriana, acoge música clásica, *rock* y otros espectáculos, pero destaca por el ciclo de conciertos patrocinados por la BBC, denominados Proms (med jul-med sep). Es posible reservar, pero el público de los Proms también hace cola para conseguir entradas de pie *(promenading)* por 5 £ (se ponen a la venta una hora antes de que se levante el telón). La taquilla y los mostradores de recogida de entradas prepagadas están en la puerta 12 (extremo sur del vestíbulo).

☆ Clerkenwell, Shoreditch y Spitalfields

Sadler's Wells Danza
(Plano p. 255; ☎0844 412 4300; www.sadlerswells.com; Rosebery Ave, EC1R; ⊖Angel) Magnífico teatro fundado en 1683, se reconstruyó en su totalidad y hoy es una de las salas de danza más modernas de la ciudad, con espectáculos experimentales de todos los géneros y de todos los rincones del mundo. El Lilian Baylis Studio alberga pequeñas producciones.

☆ Este de Londres

Wapping
Wilton's Teatro
(☎020-7702 2789; www.wiltons.org.uk; 1 Graces Alley, E1; circuito 6 £; ⊙circuito 18.00 casi todos los lunes, bar 17.00-23.00 lu-sa; ⊖Tower Hill) Teatro victoriano con ambiente de época, acoge desde comedia y música clásica a teatro y ópera. Los circuitos guiados (1 h)

Ballet en Sadler's Wells.

descubren su historia. El Mahogany Bar permite hacerse una idea del lugar si no se asiste a un espectáculo.

Hackney

Hackney Empire Teatro

(020-8985 2424; www.hackneyempire.co.uk; 291 Mare St, E8; Hackney Central) Este teatro eduardiano (1901) renovado, uno de los más hermosos de Londres, ofrece desde teatro con un fuerte componente político hasta musicales, ópera y comedia. Excelente para ver una revista musical navideña.

Dalston

Passing Clouds Discoteca

(www.passingclouds.org; 1 Richmond Rd, E8; 19.00-00.30 lu-ju, hasta 3.30 vi y sa, 14.00-00.30 do; Dalston Junction) Decorada con farolillos y parafernalia tropical, organiza fiestas hasta altas horas de la madrugada, con DJ, música en directo y un público de distintas nacionalidades: es el auténtico Londres multicultural. Propone, en especial, *world music*, con grupos de *afrobeat* y *jam session* los domingos (desde las 20.30).

Vortex Jazz Club Jazz

(www.vortexjazz.co.uk; 11 Gillet Sq. N16; Dalston Kingsland) Acoge destacados músicos, cantantes y compositores de jazz del Reino Unido, EE UU, Europa, África y más allá. El local es pequeño: conviene reservar.

☆ Camden y norte de Londres

King's Cross y Euston

Scala Música en directo

(Plano p. 256; 020-7833 2022; www.scala-london.co.uk; 275 Pentonville Rd, N1; King's Cross St Pancras) Inaugurado en 1920 como sala de cine, en la década de 1970 fue convertido en sala X para renacer como discoteca y local de música en directo en la década del 2000. Es uno de los mejores espacios de Londres para un concierto de ambiente íntimo y para bailar, con diversas ofertas de noches disco.

🎟 Música en directo

Musicalmente diversa y un hervidero de innovación y de talentos musicales, Londres es un referente mundial del *indie rock*. Los ídolos de la guitarra del mañana están tocando en garitos de Camden Town, Shoreditch y Dalston.

Para las grandes producciones internacionales, Londres constituye una parada indispensable en sus giras mundiales, pero las entradas se agotan rápido. Los antiguos teatros de la ciudad y salas de conciertos acogen nombres famosos en entornos más íntimos. En verano, grandes festivales inundan los parques de la ciudad, mientras que eventos más modestos, como el Dalston Music Festival (www.dalstonmusicfestival.com), presentan a nuevos grupos en varios espacios. Los amantes del *jazz* y el *blues* encontrarán clubes y *pubs* con melodías clásicas y contemporáneas. El mayor acontecimiento jazzístico es el London Jazz Festival (p. 16), en noviembre.

Lee Hogans en el London Jazz Festival.
ANDY SHEPPARD/REDFERNS/GETTY IMAGES ©

Camden

Cecil Sharp House Música tradicional

(Plano p. 256; www.cecilsharphouse.org; 2 Regent's Park Rd, NW1; Camden Town) Ideal para zapatear, ondear pañuelos o hacer sonar cascabeles. Sede de la Sociedad Inglesa de Danza y Canción Folclórica, mantiene vivas todo tipo de tradiciones folclóricas, con actuaciones y clases en

Teatro

En toda visita a Londres, ir una noche al teatro es tan indispensable como viajar en el piso superior de los autobuses rojos. Theatreland, en el West End (desde Adwych al este, pasada Shaftesbury Ave hasta Regent St en el oeste), disfruta de una concentración de teatros solo equiparable a Broadway, en Nueva York. La oferta es apasionante, diversa y abarca desde los clásicos de Shakespeare, interpretados con la precisión de la vieja escuela, hasta obras de vanguardia, musicales y algunos de los espectáculos más longevos del mundo.

En el West End hay unos 40 teatros, pero Theatreland solo es la cara más radiante de la escena teatral londinense, donde los locales abarcan desde serias instituciones teatrales hasta diminutos escenarios alternativos ocultos encima de *pubs*.

Garrick Theatre, Theatreland.
MAREMAGNUM/GETTY IMAGES ©

su salón Kennedy, cubierto de murales. Las clases de danza son divertidas y no se precisa experiencia.

KOKO   Música en directo
(Plano p. 256; www.koko.uk.com; 1a Camden High St, NW1; ⊖Mornington Cres) Antaño el legendario teatro Camden Palace donde actuaron Charlie Chaplin, los Goons y los Sex Pistols, sigue considerándose uno de los mejores locales de conciertos de Londres. Con una pista de baile y palcos, los viernes atrae a una clientela *indie* con su noche Club NME. Casi cada noche acoge grupos en directo.

Jazz Cafe   Música en directo
(Plano p. 256; ☎0844 847 2514; www.thejazzcafelondon.com; 5 Parkway, NW1; ⊖Camden Town) Pese a su nombre, el *jazz* es solo uno de los múltiples géneros que integran la programación. En su íntimo espacio tipo club también suenan *funk, hip hop, R&B* y *soul*, con frecuentes actuaciones de grandes estrellas. La noche disco del sábado "I love the 80s v I love the 90s" es muy popular.

The Camden
Assembly   Música en directo
(Plano p. 256; http://camdenassembly.com; 49 Chalk Farm Rd, NW1; ⊖Chalk Farm) Típico espacio grunge que ofrece sobre todo indie-rock famoso por acoger a artistas desconocidos. El local es pequeño, por lo que se tiene la sensación de asistir a una función particular. También acoge noches disco. La Jubilee del viernes probablemente sea la mejor, con grupos en directo y DJ.

☆ Notting Hill y oeste de Londres

Electric Cinema   Cine
(☎020-7908 9696; www.electriccinema.co.uk; 191 Portobello Rd, W11; entradas 8-22,50 £; ⊖Ladbroke Grove) Tras cumplir su primer centenario hace algunos años, es uno de los cines más antiguos del Reino Unido. Ha sido remodelado y cuenta con sillones de piel, sofás, reposapiés y mesas para comida y bebida en el auditorio, además de seis camas de matrimonio en la primera fila. Los lunes las entradas son más baratas.

Opera Holland Park   Ópera
(www.operahollandpark.com; Holland Park, W8; ⊖High St Kensington o Holland Park) Cada verano durante la temporada de lírica (9 semanas) se instala en el centro de **Holland Park** (Ilchester Pl; ⏲7.30-hasta el atardecer) una carpa para 800 personas que acoge óperas populares, otras menos

Tory Lanez en KOKO.

conocidas y algunas inéditas. Cada año suelen representarse seis óperas.

☆ Greenwich y sur de Londres

Greenwich

Up the Creek — Comedia
(www.up-the-creek.com; 302 Creek Rd, SE10; entrada 5-15 £; 7.00-23.00 ju y do, hasta 2.00 vi y sa; DLR Cutty Sark) En este club, las interrupciones de los espectadores pueden resultar más divertidas que los propios espectáculos. Travesuras, alboroto y comedia están a la orden del día, con noches Blackout de micrófono abierto los jueves (www.the-blackout.co.uk, 5 £) y números especiales los domingos (www.sundayspecial.co.uk, 7 £). Los viernes y sábados hay discoteca después del espectáculo.

Brixton

O2 Academy Brixton
Música en directo
(www.o2academybrixton.co.uk; 211 Stockwell Rd, SW9; abre a las 19.00 casi todas las noches; Brixton) Imposible no pasarlo en grande en el Brixton Academy, aunque uno termine con las suelas pegajosas a causa de la cerveza. En este antiguo teatro *art déco*, con capacidad para 5000 personas, siempre se respira un ambiente divertido. Además de un suelo con desnivel que garantiza una óptima visión, hay muchas barras y una combinación de artistas consolidados y emergentes.

The O2 — Música en directo
(www.theo2.co.uk; Peninsula Sq, SE10; North Greenwich) Uno de los principales espacios para conciertos de la ciudad (aforo de 20 000 personas), ha acogido a grandes estrellas: los Rolling Stones, Paul Simon, Sting, Barbra Streisand, Prince y muchos más. También ofrece eventos deportivos. El Indigo at the O2 tiene capacidad para 2350 personas.

The Original Tour
London Sightseeing
www.theoriginaltour.com
Tel : 020 8877 1722
ARRIVA

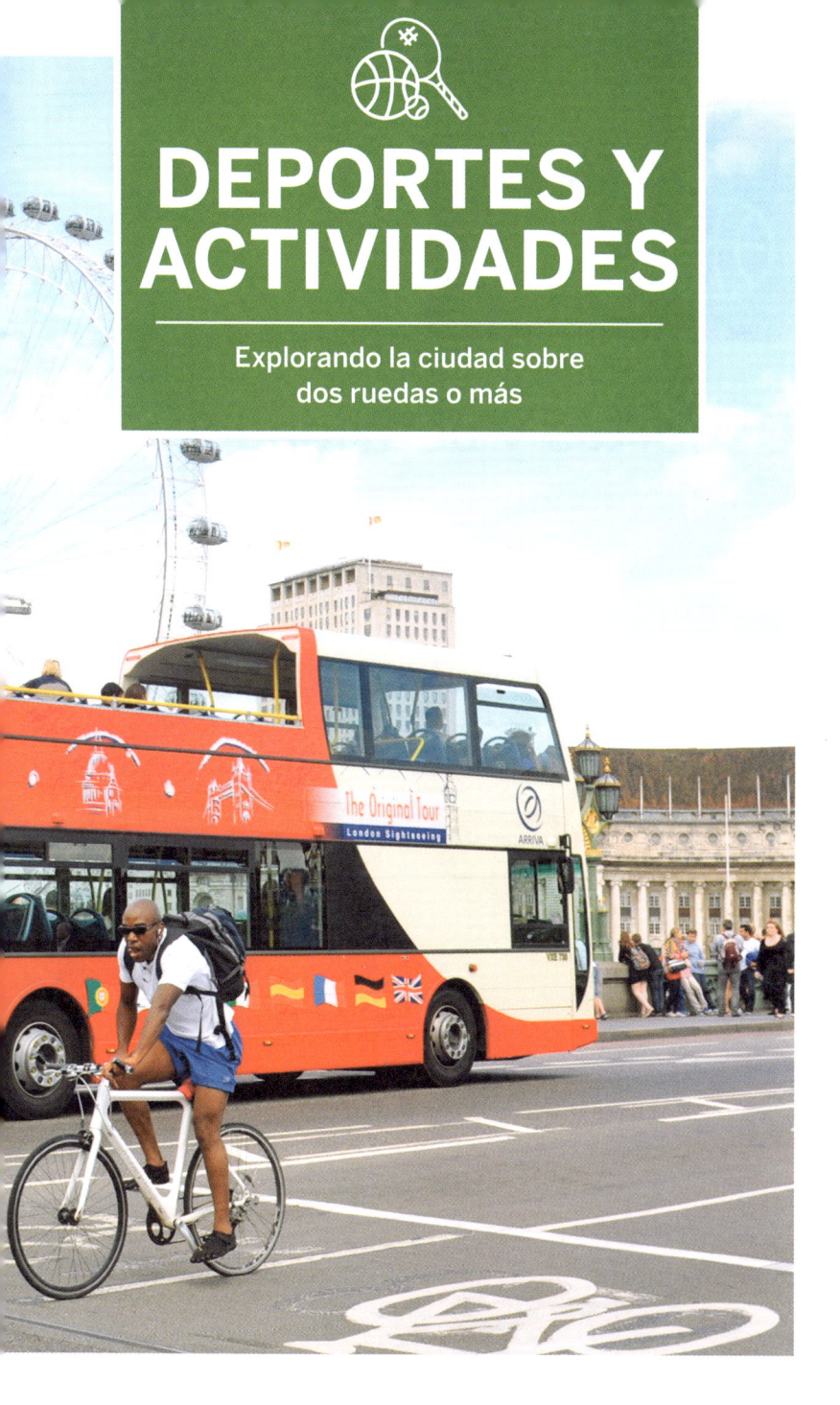

DEPORTES Y ACTIVIDADES

Explorando la ciudad sobre dos ruedas o más

Deportes y actividades

Los Juegos Olímpicos del 2012 dieron más energía a Londres y dejaron excelentes instalaciones deportivas en el este de la ciudad, algunas ahora abiertas al público. El resto de la urbe hace gala de una infraestructura deportiva bien desarrollada, por lo que ya no hay excusa para no sudar la camiseta o emocionarse en las gradas.

Se puede asistir a muchos eventos gratuitos o, si son muy destacados, verlos en un pub *o en una pantalla grande en otro lugar. A los más activos les encantará el Santander Cycle Hire Scheme: permite explorar la ciudad fácilmente (y de forma muy económica) sobre dos ruedas.*

Sumario

Tenis 204
Críquet...204
Circuitos en barco...............................204
Circuitos en autobús 206
Circuitos temáticos 206
Piscinas y *spas*....................................207
Deportes de aventura 207

Temporadas deportivas

Fútbol De mediados de agosto a mayo.
'Rugby' El Torneo de las Seis Naciones (www.rbssixnations.com) se celebra durante cinco fines de semana (feb y mar).
Tenis Londres enloquece durante el Campeonato de Wimbledon (jul).

DEPORTES Y ACTIVIDADES **203**

Dónde ver eventos deportivos

Dada la pasión de Londres por los deportes, en verano no faltan grandes pantallas al aire libre que proyectan los principales eventos deportivos, como la Copa del Mundo de Fútbol, Wimbledon, la Copa del Mundo de Rugby o los Campeonatos del Mundo de Atletismo de 2017. Se instalan en varios lugares, como Trafalgar Square (p. 58) y el Queen Elizabeth Olympic Park.

Lo mejor

Deportes-espectáculo gratuitos

Maratón de Londres (abr) Miles de corredores invaden las calles, desde Greenwich hasta el palacio de Buckingham.

Regata de Oxford y Cambridge (ppios abr) Célebre competición entre las dos universidades más famosas del país, de Putney a Mortlake.

Head of the River Race (fin mar) Regata por el mismo tramo del Támesis que la de Oxford y Cambridge pero en sentido contrario y con equipos internacionales.

🎾 Tenis

Wimbledon (www.wimbledon.com; ⊖Wimbledon) es el centro del universo deportivo durante los 15 días (jun/jul) en los que se celebra el torneo de tenis sobre hierba, pero conseguir entradas no es fácil. Para ver o visitar la pista central en otras épocas del año hay que ir al **Wimbledon Lawn Tennis Museum** (☎020-8946 6131; www.wimbledon.com/museum; puerta 4, Church Rd, SW19; adultos/niños 13/8 £, museo y circuito 24/15 £; ⊙10.00-17.00; ☒Wimbledon, luego autobús nº 93, ⊖Wimbledon). Muchos parques de la ciudad tienen pistas de tenis, muchas gratuitas.

🏏 Críquet

En un día estival, ¿qué mejor que preparar un *picnic* y pasar la jornada con el sonido de fondo de los bates de sauce golpeando el cuero? La **English Cricket Board** (☎020-7432 1200; www.ecb.co.uk) informa sobre horarios y entradas. Se juegan partidos con regularidad en el **Lord's** (☎información circuitos 020-7616 8595; www.lords.org; St John's Wood Rd, NW8; ⊖St John's Wood) y en el **Oval** (☎0844 375 1845; www.kiaoval.com; Kennington, SE11; partido internacional 20-350 £, local 20-35 £; ⊖Oval).

⛵ Circuitos en barco

Thames River Services   Circuito en barco

(www.thamesriverservices.co.uk; adultos/niños solo ida 12,25/6,13 £, ida y vuelta 16/8 £) Estos barcos tipo crucero zarpan del muelle de Westminster en dirección a Greenwich, con parada en la Torre de Londres. Uno de cada dos prosigue hasta la barrera del Támesis (solo ida adultos/niños 14/7 £, ida y vuelta 17/8,50 £, cada hora 11.30-15.30), aunque allí no se puede bajar. Por el camino se ve el O2.

The London Waterbus Company   Crucero

(☎020-7482 2550; www.londonwaterbus.co.uk; 58 Camden Lock Pl, NW1; adultos/niños solo ida 8,30/6,80 £, ida y vuelta 12/9,80 £; ⊙cada hora 10.00-17.00 abr-sep; ⊖Warwick Ave o Camden Town) Una barcaza cerrada realiza paseos (50 min) por el Regent's Canal entre Little Venice y Camden Lock, pasando por el Regent's Park y parando en el Zoo de Londres. En temporada baja hay menos salidas; consúltense los horarios en la web.

London RIB Voyages   Circuito en barco

(Plano p. 250; ☎020-7928 8933; www.londonribvoyages.com; puerta embarque nº 1, London Eye, Waterloo Millennium Pier, Westminster Bridge Rd, SE1; adultos/niños 42/22,95 £; ⊙cada hora 10.00-18.00) Para sentirse como James Bond —o David Beckham camino de los Juegos Olímpicos del 2012— en una embarcación hinchable que avanza por

🚲 Santander Cycles

Al igual que París y otras ciudades, Londres también tiene su propio sistema de alquiler de bicicletas: el **Santander Cycles** (☎0343 222 6666; www.tfl.gov.uk), a veces conocido como 'Barclays Bikes' por su anterior patrocinador, o 'Boris Bikes', porque el alcalde Boris Johnson (2008-2016) promovió esta iniciativa, muy popular entre londinenses y turistas.

El concepto es muy simple: se toma una bicicleta de una de las 700 estaciones repartidas por la capital, se pedalea y se deja en otra estación.

La cuota de abono cuesta 2 £ (24 h) y solo se precisa una tarjeta de crédito o de débito. Los primeros 30 min son gratis; luego, cada período adicional (30 min) cuesta 2 £. Durante el período de abono al servicio (24 h) pueden usarse tantas bicis como se desee, dejando 5 min entre un viaje y el siguiente.

El sistema de precios pretende incentivar los trayectos cortos (para recorridos más largos es mejor una empresa de alquiler). Aunque las bicis son fáciles de manejar, solo tienen tres marchas y son bastante pesadas. Para contratar el servicio hay que tener 18 años y para utilizar las bicis, un mínimo de 14.

CIRCUITOS EN BARCO **205**

★ El Londres deportivo

Tal vez no se consigan entradas para la final de la FA Cup en el estadio de Wembley ni asientos en primera fila para las finales de Wimbledon, pero Londres ofrece un sinfín de oportunidades para disfrutar del deporte.

Desde arriba: circuito en barco por el Támesis; alquiler de bicicletas cerca de las Casas del Parlamento; circuito en autobús por el Tower Bridge.

Fútbol

Profundamente arraigado en la cultura inglesa, solo en Londres hay unos 12 equipos profesionales, cinco o seis de los cuales suelen estar presentes en la Premier League (ago-med may). Es muy difícil conseguir entradas para los partidos de la Premier League, pero algunos de los estadios donde puede asistirse a un partido o que pueden visitarse son: **Wembley** (0844 980 8001; www.wembleystadium.com; tours adultos/niños 19/11 £; Wembley Park); **Arsenal Emirates Stadium** (020-7619 5000; www.arsenal.com/tours; Hornsey Rd, N5; circuito autoguiado adultos/niños 20/10 £, circuito guiado 40 £; 10.00-18.00 lu-sa, hasta 16.00 do; Holloway Rd); **Chelsea Stamford Bridge** (0871 984 1955; www.chelseafc.com; Stamford Bridge, Fulham Rd, SW6; circuitos adultos/niños 20/13 £; museo 9.30-17.00; Fulham Broadway); y el Estadio Olímpico, al que se trasladó el West Ham United (www.whufc.com), en mayo del 2016.

Muchos *pubs* de Londres ofrecen los partidos de la Premier League (así como de los otros principales campeonatos de Europa) en grandes pantallas.

PAUL ELLIS/AFP/GETTY IMAGES

el Támesis a la increíble velocidad de 30-35 nudos. Por el mismo precio también hay viajes temáticos con el Capitán Kidd (del London Eye al Canary Wharf).

Circuitos en autobús

Big Bus Tours Circuito en autobús
(www.bigbustours.com; adultos/niños 32/13 £; cada 20 min 8.30-18.00 abr-sep, hasta 17.00 oct y mar, hasta 16.30 nov-feb) Comentarios informativos en ocho idiomas. El billete incluye un circuito por el río con City Cruises y tres circuitos temáticos a pie (Londres monárquico, escenarios cinematográficos, misterios). Descuentos si se reserva por internet.

The Original Tour Circuito en autobús
(www.theoriginaltour.com; adultos/niños 30/15 £; 8.30-20.30) Servicio de autobús de subida-bajada libre que incluye un crucero por el río y tres circuitos temáticos a pie: cambio de guardia, *rock 'n' roll* y Jack el Destripador. Hay autobuses cada 5-20 min; venta de billetes en el autobús o por internet.

Circuitos temáticos

Guide London Circuito
(Association of Professional Tourist Guides; 020-7611 2545; www.guidelondon.org.uk; medio día/día completo 150/240 £) Permite contratar a los guías Blue Badge, profesionales muy competentes y con extensa formación. Cuentan singulares anécdotas u organizan circuitos temáticos, desde la familia real hasta los Beatles, pasando por los parques o yendo de compras por la ciudad. Las visitas se efectúan en coche, transporte público, bici o a pie.

London Walks Circuito a pie
(020-7624 3978; www.walks.com; adultos/niños 10 £/gratis) Un amplio abanico de recorridos temáticos a pie (Jack el Destripador, los Beatles, Sherlock Holmes, Harry Potter…). Hay circuitos a diario; consúltense los horarios en la web.

Piscinas de competición en el London Aquatics Centre.

⭐ Piscinas y 'spas'

Serpentine Lido   Natación
(Plano p. 249; ☎020-7706 3422; Hyde Park, W2; adultos/niños 4,60/1,60 £; ⏰10.00-18.00 diario jun-ago, 10.00-18.00 sa y do may; ⓔHyde Park Corner o Knightsbridge) Piscina en el lago Serpentine, abierta de mayo a agosto.

Porchester Spa   Spa
(Porchester Centre, Queensway, W2; entrada 28 £; ⏰10.00-22.00; ⓔBayswater o Royal Oak) Spa funcional junto al ayuntamiento de Westminster, ocupa un edificio art déco y comprende una piscina (30 m), una sauna de madera finlandesa, dos salas de vapor, tres baños turcos y una gran piscina de relax. Ofrece tratamientos a precios asequibles, como masajes y sesiones de estética para hombres y mujeres.

Los martes, jueves y viernes, y los domingos de 10.00 a 14.00, son solo para mujeres; los lunes, miércoles y sábados, solo para hombres. Los domingos se admiten parejas (16.00-22.00).

London Aquatics Centre   Natación
(www.londonaquaticscentre.org; Queen Elizabeth Olympic Park, E20; adultos/niños 4,50/2,50 £; ⏰6.00-22.30; ⓔStratford) Proyectado por la prestigiosa arquitecta Zaha Hadid, con sus amplias líneas onduladas, es la joya arquitectónica del parque olímpico. La piscina (50 m), iluminada con luz natural, se halla bajo la enorme cubierta (solo se apoya en tres soportes) y es fabulosa para nadar. También hay una piscina de 50 m, una de saltos, un gimnasio, una guardería y un café.

⭐ Deportes de aventura

Up at the O2   Deportes de aventura
(www.theo2.co.uk/upattheo2; O2, Greenwich Peninsula, SE10; entre semana/fin de semana desde 28/35 £; ⏰horario variable; ⓔNorth Greenwich) Londres no es el destino estrella para quienes buscan emoción, pero este ascenso a la cúpula del O2 solo es para intrépidos. Equipado con un traje de escalada y un arnés, el visitante escala la cúpula blanca hasta llegar al mirador, a 52 m sobre el Támesis, con vistas al Canary Wharf, al río, a Greenwich y más allá.

No es adecuado para menores de 10 años; consúltense las restricciones de altura y peso.

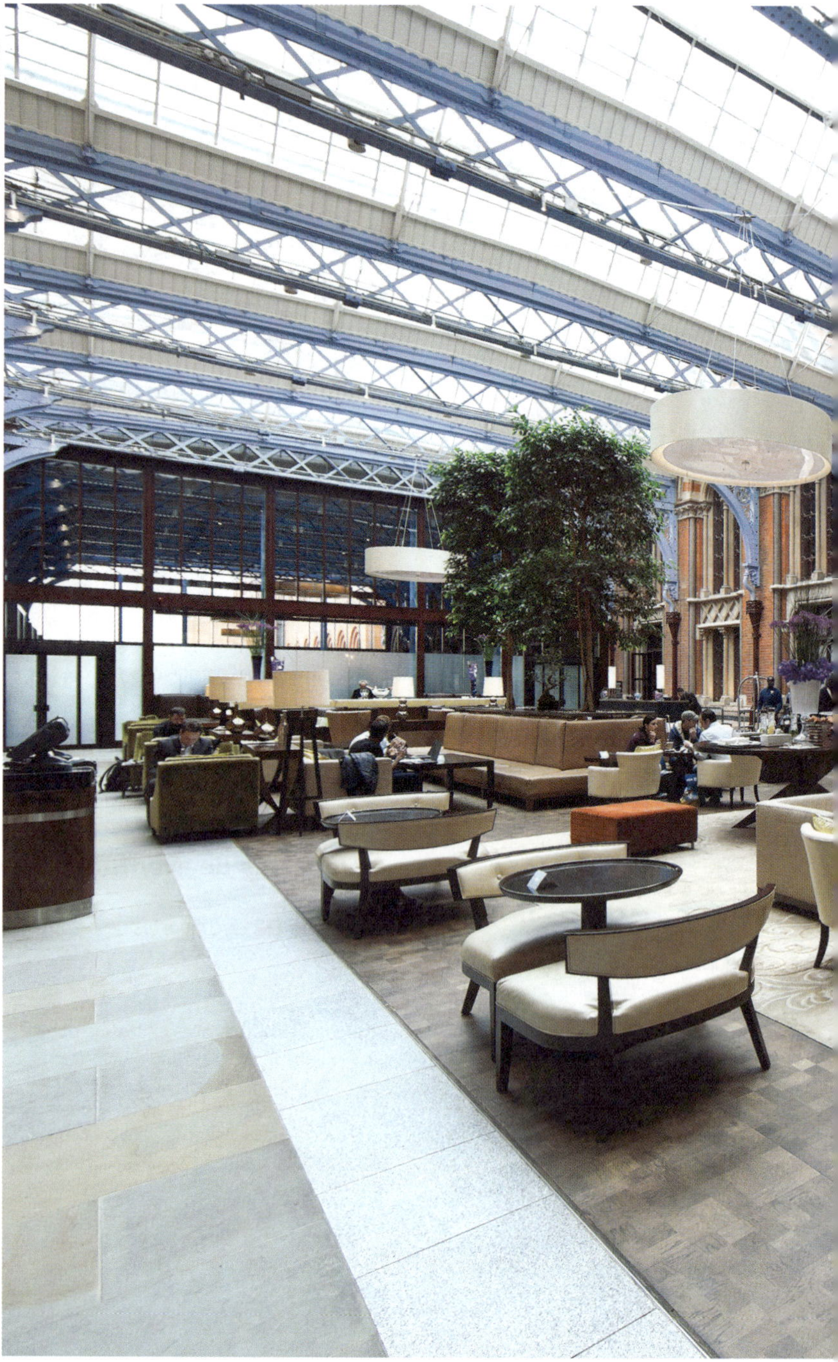

JON ARNOLD/GETTY IMAGES ©

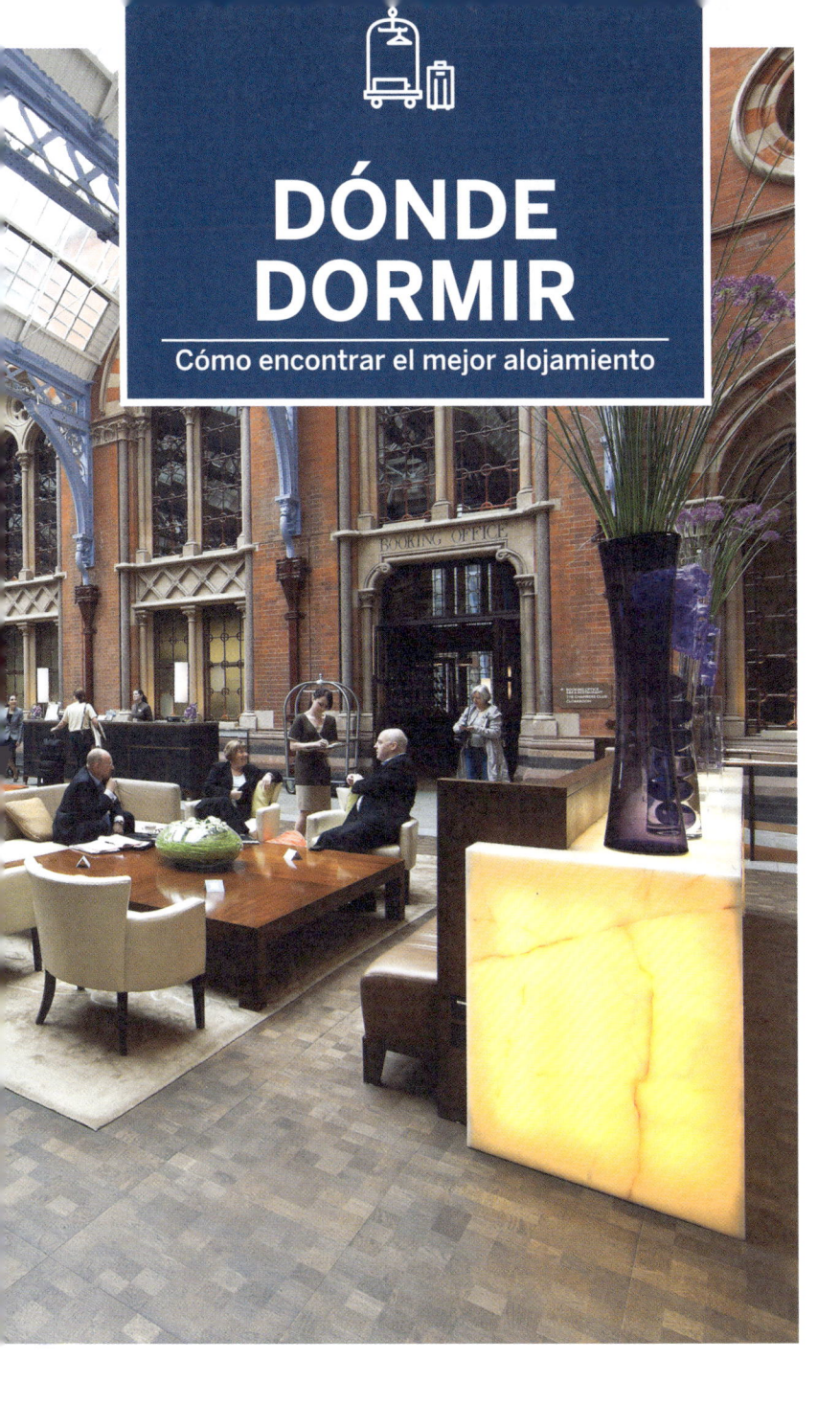

DÓNDE DORMIR

Cómo encontrar el mejor alojamiento

Dónde dormir

Encontrar el alojamiento idóneo es una parte esencial de todo viaje a Londres. La oferta es enorme: desde albergues con fiestas continuas a señoriales hoteles de lujo; por ello, vale la pena dedicar algo de tiempo a explorar varias opciones antes de partir.

Dado el elevado precio del alojamiento en Londres, probablemente la elección dependa del presupuesto. Sin embargo, no hay que olvidar el barrio: ¿se es un amante de la cultura? Tras una noche de copas, ¿se quiere regresar a pie? ¿Se prefiere un ambiente tradicional o una zona moderna y lujosa? Es importante reflexionar sobre las distintas opciones y reservar con antelación: Londres está de moda todo el año.

Sumario

Hoteles..212
B&B..212
Albergues 212
Tarifas y reservas 212
Apartamentos.....................................212

Precios

Una habitación doble con baño en un hotel 'económico' suele costar menos de 100 £; en un hotel de categoría media ronda las 100-200 £. Las opciones de lujo superan las 200 £.

Propinas

No es habitual dejar propina en los hoteles, salvo a los conserjes en los de más categoría (pero es opcional).

Mandarin Oriental Hyde Park.

Reservas

Conviene reservar con antelación, en especial fines de semana y períodos vacacionales.

El British Hotel Reservation Centre (www.bhrconline.com) tiene mostradores en los aeropuertos y principales estaciones de tren.

Visit London (www.visitlondonoffers.com) ofrece un servicio de reservas gratuito y una lista de opciones *gay-friendly*.

Webs útiles

Lonely Planet Se pueden hacer reservas de hoten en línea en www.lonelyplanet.es.

London Town (www.londontown.com) Ofertas de última hora en hoteles *boutique* y B&B.

Alastair Sawdays (www.sawdays.co.uk) Cuidada selección de alojamientos en la capital.

Londres ofrece varios tipos de alojamiento según el presupuesto y las necesidades.

Hoteles

La ciudad cuenta con un amplia selección de hoteles señoriales (en muchos casos, toda una experiencia en sí mismos). Los estándares de los hoteles de primera categoría y de muchos hoteles *boutique* son elevados, al igual que sus precios. Abundan la originalidad y singularidad, pero también los alojamientos tradicionales. Los hoteles *boutique* económicos disfrutan de gran éxito, mientras que las cadenas hoteleras de precio medio, algo inferiores en cuanto a calidad y encanto, están bien situados y son confortables. Dado que la demanda suele ser superior a la oferta —en especial en la escala más baja—, conviene reservar, sobre todo en verano y festivos.

B&B

Aunque los *bed and breakfast* son de menor categoría que los hoteles, se hallan en preciosos edificios, tienen un encanto similar al de los hoteles *boutique* y ofrecen un servicio más personalizado. Abundan en Paddington, South Kensington, Victoria y Bloomsbury.

Albergues

Después de los B&B, el alojamiento más económico son los albergues, tanto los de la Youth Hostel Association (YHA) como los independientes, más modernos y con un ambiente más festivo. La calidad es muy variable. Muchos ofrecen habitaciones dobles y dormitorios.

Tarifas y reservas

Una habitación doble en un hotel de lujo ronda las 350 £, pero la categoría superior ofrece una rica gama de opciones: por unas 200 £ puede encontrarse una habitación en un hotel sin prestigio pero con un confort excelente. Algunos hoteles *boutique* también se sitúan en esta categoría. Por debajo de este precio, la calidad disminuye notablemente. Las opciones más funcionales y económicas cuestan menos

Datos útiles

Todas las habitaciones de hotel están sujetas al 20% de IVA. Algunos hoteles incluyen este impuesto en las tarifas anunciadas; otros no.

A veces las tarifas incluyen el desayuno, normalmente tipo continental; el desayuno inglés completo suele llevar recargo.

de 100 £. Algunos hoteles de más categoría son asequibles gracias a ofertas de fin de semana. Las tarifas suelen ser más bajas en invierno. Las mejores ofertas se consiguen en las webs de los hoteles.

Apartamentos

Para una estancia en Londres de una semana o más, sale a cuenta alojarse en un apartamento o en un apartotel: las tarifas de los más económicos son similares a las de los B&B, no es necesario comer fuera (más ahorro) y brindan la oportunidad de sentirse como un londinense.

Los barrios que permiten disfrutar de esta experiencia son Notting Hill, Hackney, Bermondsey, Pimlico y Camden: abundan los mercados de alimentos, los *pubs* y las *boutiques*. Airbnb (www.airbnb.co.uk/london) tiene la mejor selección de apartamentos, pero también conviene consultar Holiday Lettings (www.holidaylettings.co.uk/london).

Los apartoteles, con más comodidades, también son una excelente opción. Los siguientes están en el centro: **196 Bishopsgate** (020-7621 8788; www.196bishopsgate.com; 196 Bishopsgate, EC2; apto. desde 175 £; Liverpool St), **Number 5 Maddox Street** (020-7647 0200; www.living-rooms.co.uk/hotel/no5maddoxstreet; 5 Maddox St, W1; apto. 250-925 £; Oxford Circus) y **Beaufort House** (020-7584 2600; www.beauforthouse.co.uk; 45 Beaufort Gardens, SW3; apto. 1-4 hab. 440-1346 £; Knightsbridge).

Dónde alojarse

Barrio	Ambiente
West End	Centro de Londres, muy bien comunicado. Fantásticas opciones de alojamiento, pero caras. Zona muy concurrida. Muchos restaurantes y locales nocturnos.
La City	Céntrico y bien comunicado, orientado a una clientela de negocios; muy tranquilo en fin de semana. Alojamiento caro entre semana, pero buenas ofertas en fin de semana.
South Bank	Más económico que el West End, pero con menos opciones de transporte. Cerca de lugares de interés, como la Tate Modern y el mercado de Borough.
Kensington y Hyde Park	Zona elegante, con fantásticos hoteles, pero cara y vida nocturna limitada. Buen transporte y bien comunicado con Heathrow.
Clerkenwell, Shoreditch y Spitalfields	Zona muy de moda, hoteles *boutique;* excelentes restaurantes y vida nocturna, pero pocas atracciones turísticas y opciones de transporte limitadas.
Este de Londres y Docklands	Opciones de alojamiento limitadas, pero fantástico ambiente multicultural; algunas zonas menos seguras de noche.
Camden y norte de Londres	Zona verde, fabulosas opciones de alojamiento y animada vida nocturna, pero lejos de las principales atracciones turísticas y pocas opciones de transporte.
Notting Hill y oeste de Londres	Muy pintoresco, fantástico ambiente en fin de semana. Abundan los hoteles económicos, pero sin personalidad. Pocas atracciones turísticas.
Greenwich y sur de Londres	Zona de tipo rural, pero pocas opciones de alojamiento y de transporte. Excelente para los lugares de interés de Greenwich, pero alejada de todo lo demás.
Richmond, Kew y Hampton Court	Hoteles elegantes junto al río, núcleos semirrurales, pero puntos de interés dispersos y lejos del centro de Londres.

León de bronce de Trafalgar Square (p. 58) y el Big Ben (p. 50).

De cerca

Londres hoy 216
¿Se ha convertido Londres en la 'capital de Europa'?

Historia 218
Las oleadas de inmigrantes —desde celtas y romanos hasta 'nuevos europeos'— han contribuido al desarrollo de Londres.

Arquitectura 224
Desde iglesias medievales hasta rascacielos ultramodernos, Londres aúna múltiples estilos arquitectónicos.

Londres literario 227
De Chaucer a Shakespeare, de Dickens a Zadie Smith, Londres es la ciudad de los poetas, dramaturgos y novelistas.

Arte 230
Generaciones de artistas se han inspirado en el impulso creativo de Londres.

Londres hoy

Los Juegos Olímpicos del 2012 legaron a Londres un firme optimismo. En los últimos años, el turismo —propiciado por las Olimpiadas, un matrimonio real y el nacimiento de dos príncipes— ha aumentado a pasos agigantados. Pero eso no es todo: Londres se impone una y otra vez como la capital de la innovación, el dinamismo cultural y el cambio.

Arriba: Millennium Bridge (p. 85) y catedral de St Paul (p. 80).
GEORGETHEFOURTH/SHUTTERSTOCK ©

Londres y el resto del país

Londres es el principal centro mundial de las finanzas y del comercio internacional, así como la quinta economía más importante del mundo. Conforme la gran recesión económica del último decenio se va disipando, la división del Reino Unido en dos partes cada vez es más acusada: por un lado, Londres y la zona suroriental; por otro, el resto del país. La capital genera más del 20% de los ingresos del país y este porcentaje no ha dejado de aumentar en los últimos 10 años; el precio de la vivienda es el doble que el de la media nacional y los ingresos son un 30% más elevados que en el resto del país. Sin embargo, un 28% de los londinenses vive en la pobreza, en comparación con un 21% en el resto de Inglaterra.

Pluralidad étnica y cultural

La ciudad más cosmopolita del planeta sigue atrayendo a inmigrantes de todos los rincones del mundo. Los ricos inversores de Rusia, Oriente Próximo y China en busca de un lugar estable en el que invertir compiten por espacio con otros en pos de oportunidades que escasean en sus países de origen. Según el último censo (2011), casi el 37% de la población londinense ha nacido en el extranjero (y casi una cuarta parte fuera de Europa). Se estima que hoy la ciudad cuenta con 270 grupos étnicos que hablan 300 idiomas; pese a algunas tensiones, casi siempre conviven en armonía.

grupos religiosos
(% de la población)

- 58 Cristianos
- 27 Otros
- 8 Musulmanes
- 4 Hindúes
- 2 Judíos
- 1 Budistas

si Londres tuviera 100 habitantes

- 60 serían británicos blancos
- 12 serían asiáticos
- 11 serían blancos no británicos
- 11 serían africanos o afrocaribeños
- 6 serían de otros lugares

población por km²

≈ 250 personas

Londres / Inglaterra

El 'boom' inmobiliario

El incremento de la población (se estima que antes del 2020 Londres tendrá 9 millones de habitantes, frente a los 8,3 millones actuales) se ha traducido en un *boom* inmobiliario sin precedentes desde el final de la II Guerra Mundial. Hoy los campanarios de las iglesias parecen minúsculos en medio de un bosque de grúas para construir más de 230 edificios altos de pisos y oficinas. Algunos de los rascacielos nuevos más emblemáticos son el Walkie Talkie, de 37 plantas (20 Fenchurch St), y el Cheesegrater (Leadenhall Building), de 225 m de alto, pero hay muchos más proyectados o en construcción al sur del río.

Austeridad y cambio

Aunque en las elecciones generales del 2015 el Partido Conservador infligió una rotunda derrota al Laborista, conquistando 28 escaños y una escasa mayoría parlamentaria, en las elecciones a la alcaldía de Londres del 2016 salió ganador el Partido Laborista y Sadiq Khan se convirtió en el primer alcalde musulmán. Como se aprecia, la ciudad tiende a votar por preferencias de personalidad y a menudo en contra de la tendencia nacional. Casi simultáneamente, en junio del 2016, se produjo un referéndum sobre la pertenencia británica en la Unión Europea y se impuso, con un 52% de los votos, la opción de la salida de la UE, lo que se conoce como Brexit.

En aras del progreso

La red de transporte londinense está siendo objeto de un plan de reestructuración. Para ayudar a satisfacer la demanda se están construyendo carriles bici, como los Santander Cycles (también conocidos como 'Boris Bikes'), y en el 2018 se inaugurará Crossrail, una línea de ferrocarril de 117 km que cruzará el Gran Londres de este a oeste. Mientras tanto, incluso algunas líneas del metro han empezado a funcionar las 24 h del día durante los fines de semana.

Historia

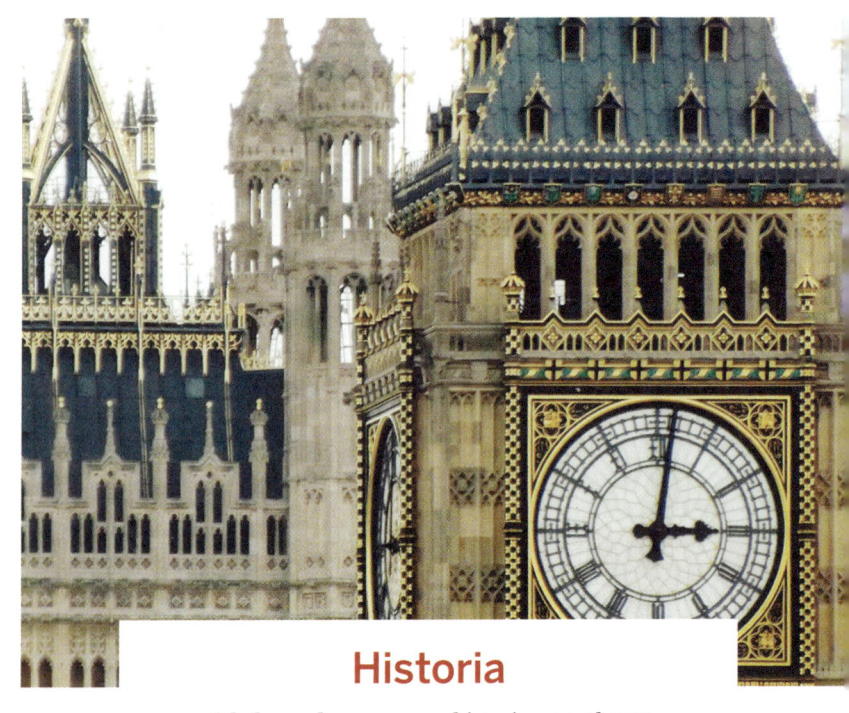

A lo largo de su azarosa historia, que abarca más de dos milenios, Londres ha vivido tanto épocas florecientes como períodos trágicos (la peste, el Gran Incendio y guerras). Sin embargo, incluso en sus peores momentos, siempre se ha levantado y ha seguido adelante.

Arriba: primer plano del Big Ben (p. 50). SARA LYNCH/EYEEM/GETTY IMAGES ©
Arriba dcha.: la Lady Chapel de Enrique VII, abadía de Westminster (p. 36). DE AGOSTINI/S. VANNINI/GETTY IMAGES

43 a.C.
Liderados por el emperador Claudio, los romanos invaden Britania, mezclándose con las tribus celtas autóctonas y quedándose casi cuatro siglos.

852
Los vikingos se establecen en Londres; empieza un período de luchas entre los reinos de Wessex y Dinamarca.

1066
Tras su decisiva victoria en la Batalla de Hastings, Guillermo, duque de Normandía, es coronado en la abadía de Westminster.

Londinium

Los celtas fueron los primeros en llegar a la zona que hoy es Londres, hacia el s. IV a.C., pero fueron los romanos quienes fundaron un verdadero asentamiento, en el año 43 d.C.: el puerto de Londinium. Tendieron un puente de madera sobre el Támesis (cerca del actual Puente de Londres) y crearon una colonia antes de marcharse definitivamente en el año 410.

El Londres sajón y normando

Los colonizadores sajones, presentes en el sureste de Inglaterra desde el s. V, se asentaron en Lundenwic, fuera de las murallas de la ciudad, al oeste de Londinium. Crearon una villa comercial que llamó la atención de los vikingos daneses, que la asaltaron en el 842, para nueve años más tarde reducirla a cenizas. La población sajona, dirigida por el rey Alfredo el Grande, contraatacó, expulsando a los daneses en el 886.

1215
El rey Juan Sin Tierra firma la Carta Magna, que formó la base de la ley constitucional inglesa.

1348
Las ratas de los barcos procedentes de Europa trajeron la peste negra, una epidemia que terminó con casi dos tercios de los londinenses.

1605
Se frustra una conspiración católica para hacer saltar por los aires a Jacobo I; Guy Fawkes, uno de los supuestos artífices, es ejecutado al año siguiente.

220 DE CERCA

★ Los mejores edificios reales

Palacio de Hampton Court (p. 120)
Abadía de Westminster (p. 36)
Palacio de Buckingham (p. 46)
Torre de Londres (p. 74)
Palacio de Kensington (p. 106)

Kensington Gardens (p. 107) en el palacio de Kensington.

El Londres sajón fue una ciudad próspera y bien organizada, dividida en 20 distritos, cada uno con su gobernador, y varias colonias permanentes de comerciantes germanos y vinateros franceses. Sin embargo, los daneses siguieron acometiendo con ahínco hasta que lograron desmoronar el debilitado dominio sajón y el pueblo tuvo que aceptar, en el 1016, al líder danés Canuto como rey de Inglaterra. Con la muerte del hijo de Canuto, Hardecanuto, en el 1042, el trono pasó a manos del sajón Eduardo el Confesor, que fundó en Westminster una abadía y un palacio.

En su lecho de muerte (1066), Eduardo proclamó sucesor a Harold Godwinson, conde de Wessex, pero Guillermo, duque de Normandía, enfurecido porque el rey le había prometido el trono a él, emprendió una invasión masiva de Inglaterra desde Francia y el 14 de octubre derrotó (y mató) a Harold en la Batalla de Hastings, desde donde fue a Londres para reclamar su premio. Guillermo, ahora apodado "el Conquistador", fue coronado rey de Inglaterra en la abadía de Westminster el 25 de diciembre de 1066, fecha que señala la conclusión de la conquista normanda.

El Londres medieval y Tudor

Los sucesivos reyes medievales aceptaron que Londres conservara su independencia, siempre que los comerciantes siguieran costeando sus guerras o proyectos arquitectónicos. Durante la dinastía de los Tudor, que coincidió con el descubrimiento de América y un próspero comercio mundial, Londres fue una de las ciudades más importantes de Europa. Enrique VIII [1509-1547] construyó un palacio en Whitehall y otro en St James y acosó a su canciller, el cardenal Thomas Wolsey, hasta conseguir que le regalara el suyo en Hampton Court.

Sin embargo, el acontecimiento más destacado de su reinado fue la ruptura con la Iglesia católica, en 1534, porque el papa rehusó anular su matrimonio con Catalina de Aragón, quien tras 24 años de matrimonio solo le había dado una hija.

Los 45 años de reinado (1558-1603) de Isabel I constituyen uno de los períodos más extraordinarios de la historia inglesa: la literatura experimentó un renacimiento y se impuso cierta tolerancia religiosa. Tras la derrota de la Armada Invencible en 1588, con la que

1666
El Gran Incendio de Londres duró cinco días, convirtiendo cuatro quintas partes de la ciudad en ruinas.

1708
La última piedra de la obra maestra de sir Christopher Wren, la catedral de St Paul, es colocada por su hijo y el hijo de su maestro de obras.

1838
La coronación de la reina Victoria inicia una nueva era para Londres, que pasa a ser el centro económico del mundo.

España pretendía invadir la isla, Inglaterra se convirtió en una gran potencia marítima y Londres, en el primer mercado mundial cuando Isabel inauguró la Bolsa (Royal Exchange) en 1570.

Guerras civiles, peste y fuego

La reina Isabel fue sucedida por su primo segundo, Jacobo I, y luego por su hijo, Carlos I. Su convicción en el derecho divino de los reyes provocó un enfrentamiento entre el Parlamento de Westminster y una City de Londres muy poderosa. Estos dos últimos se unieron a Oliver Cromwell en su lucha contra las tropas monárquicas. Carlos I fue derrotado en 1646 y ejecutado en 1649. Cromwell gobernó el país como una república durante los 11 años siguientes. Bajo la Commonwealth de Inglaterra, término con el que se conocía a la república inglesa, Cromwell prohibió el teatro, los bailes, la Navidad y la diversión en general.

El Blitz

El Blitz (del alemán *blitzkrieg*, "guerra relámpago") alcanzó a Inglaterra entre septiembre de 1940 y mayo de 1941, cuando Londres y otras partes del país fueron severamente bombardeadas por la Luftwaffe. Los londinenses hicieron gala de una resistencia y estoicismo legendarios. Algunas estaciones de metro sirvieron de refugios antiaéreos, aunque no siempre eran seguros: una bomba bajó rodando por las escaleras de la estación de Bank y explotó en el andén, matando a más de 100 personas. Cuando el palacio de Buckingham fue alcanzado de pleno, la reina Isabel (la difunta madre de la actual reina) dijo: "Ahora ya podemos mirar al East End de frente".

Tras la muerte de Cromwell, el Parlamento restableció la monarquía: Carlos II regresó del exilio y subió al trono en 1660. Su reinado fue testigo de dos grandes tragedias: la Gran Peste de 1665, que diezmó la población, y el Gran Incendio de Londres, que al año siguiente se propagó por las densas calles de la ciudad. Sin embargo, la destrucción causada por el fuego permitió al arquitecto Christopher Wren construir 51 iglesias maravillosas. La joya de la Gran Reconstrucción fue la catedral de St Paul, finalizada en 1708. Obra maestra de la arquitectura barroca inglesa, sigue siendo uno de los lugares más emblemáticos y destacados de la ciudad.

El Londres georgiano y victoriano

Si bien las proezas monárquicas de la época georgiana (s. XVIII) fueron impresionantes (aunque Jorge III, "el rey loco", pasó a la posteridad por haber perdido las colonias americanas), quedaron eclipsadas por las de la deslumbrante época victoriana, que se inició con el ascenso al trono de la reina Victoria en 1837.

Durante la Revolución Industrial, Londres fue el centro neurálgico del imperio más vasto y próspero jamás conocido: abarcaba una cuarta parte de la superficie terrestre y gobernaba sobre 500 millones de habitantes. La reina Victoria celebró su Jubileo de Diamantes en 1897, pero falleció al cabo de cuatro años, a los 81 años de edad; fue enterrada en Windsor

1851
La Exposición Universal, concebida por Alberto, rey consorte de la reina Victoria, se inaugura en el Crystal Palace, en Hyde Park.

1901
Fallece la reina Victoria tras un reinado de 63 años y 217 días, el más largo de la historia de Gran Bretaña hasta que Isabel II batió el récord en septiembre del 2015.

1940-1941
Londres es devastada por el Blitz, aunque la catedral de St Paul y la Torre de Londres salen milagrosamente casi intactas del bombardeo.

★ Lo mejor para conocer la historia de Londres

Museum of London (p. 84)
Mazmorras de Londres (p. 103)
Monument (p. 78)
Casas del Parlamento (p. 50)

Báscula de brujas en las Mazmorras de Londres.

junto al rey consorte Alberto. Su reinado es considerado el apogeo de la supremacía británica en el mundo.

Las dos guerras mundiales

La I Guerra Mundial, conocida como la Gran Guerra, comenzó en agosto de 1914. Un año más tarde, los alemanes lanzaron las primeras bombas desde zepelines cerca de Guildhall, causando 39 muertos. Los aviones no tardaron en bombardear la capital, provocando la muerte de unos 670 londinenses (la mitad del total nacional de víctimas civiles).

La política del primer ministro Neville Chamberlain de aplacar a Adolf Hitler durante la década de 1930 resultó errónea, pues las ansias de expansión del Führer eran insaciables. Cuando la Alemania nazi invadió Polonia el 1 de septiembre de 1939, Gran Bretaña declaró la guerra al haber firmado un pacto de ayuda recíproca unos días antes: era el inicio de la II Guerra Mundial.

Winston Churchill, primer ministro desde 1940, orquestó gran parte de la estrategia de guerra británica desde las subterráneas Cabinet War Rooms, en Whitehall, levantando el espíritu de la nación con sus discursos. Cuando la Alemania nazi capituló en mayo de 1945, hasta un tercio del East End y la City habían quedado arrasados, casi 30 000 londinenses habían muerto y otros 50 000 estaban gravemente heridos.

El Londres posbélico

Tras las celebraciones de la victoria europea, el país tuvo que emprender la reconstrucción. Se impusieron años de austeridad, con productos básicos racionados y la construcción de edificios en los lugares bombardeados. Prácticamente todo el racionamiento concluyó en 1953, cuando la reina Isabel fue coronada tras la muerte de su padre, el rey Jorge VI, el año anterior.

Para suplir la escasez de mano de obra provocada por el declive de la población, a Londres llegaron inmigrantes de todo el mundo, en especial de las antiguas colonias,

1953
La coronación de Isabel II se transmite por televisión en todo el mundo.

1981
Brixton vive los peores disturbios raciales de toda la historia de Londres.

2000
Ken Livingstone es elegido alcalde de Londres como independiente.

y el carácter de la ciudad cambió para siempre. En la década de 1960, el Swinging London se convirtió en el epicentro de la moda y la música.

La década de 1970 trajo consigo el *glam rock,* el *punk,* una depresión económica y, en 1979, la primera mujer que ocupó el cargo de primer ministro de Gran Bretaña. En el poder durante todos los ochenta y embarcada en un programa de privatización sin precedentes, Margaret Thatcher fue sin duda la líder británica más significativa de la posguerra. Aún hoy las opiniones acerca de 'Maggie' polarizan a los británicos.

Mientras los londinenses más pobres sufrían los recortes del estado de bienestar de Thatcher, las cosas nunca habían pintado mejor para los más adinerados gracias al vertiginoso crecimiento económico. En 1992, para asombro de la mayoría de los londinenses, los conservadores ganaron las elecciones por cuarta vez consecutiva, pese a que Margaret Thatcher había sido defenestrada por su partido un año y medio antes. En 1995 los conservadores tenían los días contados: el Partido Laborista emergía con un nuevo rostro.

El Gran Incendio de Londres

El Gran Incendio de Londres se originó en la panadería de Thomas Farriner, en Pudding Lane, en la tarde del 2 de septiembre de 1666. Al principio no parecía importante (el propio alcalde lo banalizó diciendo "eso lo apaga una mujer con aguas menores"), pero el fuego se extendió sin control durante días, destruyendo 89 iglesias y más de 13 000 casas. Solo ocasionó una docena de víctimas mortales, pero el fuego devastó el Londres medieval, cambiando la ciudad para siempre. Muchos londinenses se trasladaron al campo o se fueron al Nuevo Mundo, mientras la ciudad reconstruía el núcleo medieval con edificios, como la catedral de St Paul, de sir Christopher Wren. El Monument de Wren (1677), cerca del puente de Londres, conmemora el incendio y a quienes perecieron en él.

Londres en el nuevo siglo

Ansioso por regresar al poder tras casi dos décadas en la oposición, el Partido Laborista designó a Tony Blair para liderarlo y este lo transformó en el New Labour Party. Se deshizo de gran parte de su credo socialista y en las elecciones generales de mayo de 1997 logró una victoria aplastante: comenzaba la era de Blair.

Los laboristas reconocieron la legítima reivindicación de Londres de tener un gobierno local y crearon la London Assembly (Asamblea de Londres) y el puesto de alcalde. Ken Livingstone, que se había presentado como candidato independiente, introdujo con éxito el gravamen de congestión para reducir el número de vehículos privados en el centro de la capital y modernizó la red de transporte público londinense. En el 2008 fue derrotado por el conservador Boris Johnson.

Johnson ganó su segundo mandato en el 2012, el año de los Juegos Olímpicos (calificados de éxito rotundo) y del Jubileo de Diamantes de la reina (60º aniversario de su reinado).

2005
Un día después de que Londres fuera elegida para organizar los Juegos Olímpicos del 2012, terroristas islámicos matan a 52 personas en atentados en la red de transporte.

2012
Boris Johnson derrota por la mínima a Ken Livingstone en sus segundas elecciones a alcalde. Londres acoge los Juegos Olímpicos y Paralímpicos del 2012.

2013
Se inaugura el Shard, de 310 m (el edificio más alto de la Unión Europea). Los parlamentarios votan a favor de legalizar el matrimonio gay.

Arquitectura

A diferencia de otras ciudades de talla mundial, Londres nunca ha tenido una planificación urbanística metódica, sino que ha ido creciendo de forma natural. Conserva restos arquitectónicos de todos los períodos de su larga historia. Es una ciudad para exploradores, en la que buscar un trozo de muralla romana en el vestíbulo de un edificio moderno, por ejemplo, o una casa de postas de la época de la Restauración oculta en un patio.

Arriba: Tower Bridge (p. 86) y Shard (p. 91) ALAN COPSON/GETTY IMAGES ©

El Londres antiguo

Debido al Gran Incendio de 1666 resulta difícil encontrar huellas del Londres medieval, pero aún perviven algunas obras del arquitecto Inigo Jones (1573-1652), como Covent Garden Piazza, en el West End.

También se conservan otros tesoros más antiguos, como la Torre de Londres, en la City, con partes que datan de finales del s. XI. La abadía de Westminster y Temple Church son de los siglos XII a XIII. Hay pocos restos romanos fuera de los museos, aunque el templo de Mitra, del 240, se trasladó al extremo oriental de Queen Victoria St, en la City, cuando en el 2016 se terminó la sede de Bloomberg, en Walbrook Sq. También quedan fragmentos de la muralla romana en forma de cimientos de una muralla medieval frente a la estación de metro de Tower Hill y en algunos puntos debajo de Bastion Highwalk, junto al Museum of London, todo ello en la City.

Los sajones, que se asentaron en la zona tras la caída del Imperio romano, dejaron atrás el Londinium romano por pequeño y erigieron sus comunidades río arriba. El mejor lugar para ver in situ los restos sajones es la iglesia de All-Hallows-by-the-Tower, al noroeste de la Torre de Londres, que alberga una importante arcada, los muros de una iglesia sajona del s. VII y fragmentos de una calzada romana.

Entre las estructuras seculares medievales destacan la Jewel Tower, de 1365, frente a las Casas del Parlamento, y Westminster Hall, vestigios ambos del palacio medieval de Westminster.

Tras el Gran Incendio

Tras el incendio de 1666 Christopher Wren recibió el encargo de supervisar la reconstrucción, pero su idea de ciudad con avenidas anchas y simétricas no convenció a los urbanistas. Su legado pervive, no obstante, en la catedral de St Paul (1708), la zona marítima de Greenwich y muchas iglesias de la City.

Nicholas Hawksmoor, junto con su coetáneo James Gibb, llevó aún más lejos el estilo barroco inglés de Wren; un buen ejemplo es St Martin-in-the-Fields, en Trafalgar Sq.

Como Wren antes que él, el arquitecto georgiano John Nash trató de imponer cierta simetría y tuvo algo más de éxito, con creaciones como Trafalgar Sq y la elegante arcada curva de Regent St. Las plazas circundantes de St James, de estilo similar, están aún entre los espacios públicos más bonitos de Londres, por lo que no sorprende que en 1837 la reina Victoria decidiera mudarse al recién desocupado palacio de Buckingham.

Hacia la modernidad

Los victorianos cambiaron la visión grandiosa de la arquitectura por el pragmatismo: querían edificios civiles ornamentados que reflejaran la gloria del imperio pero que estuvieran abiertos al gran público. Los mejores ejemplos de torrecillas, torres y arcos de este estilo se ven en el Museo de Historia Natural (Alfred Waterhouse), St Pancras Chambers (George Gilbert Scott) y las Casas del Parlamento (Augustus Pugin y Charles Barry), que sustituyeron al palacio de Westminster, arrasado casi totalmente por el fuego en 1834.

Los victorianos y eduardianos también fueron grandes entusiastas de las casas funcionales y baratas en hilera, muchas de las cuales se convirtieron en suburbios pero en las que hoy viven las clases medias de Londres.

Al flirteo con el *art déco* y el auge de la construcción residencial suburbana de la década de 1930 siguió un modernismo utilitarista tras la II Guerra Mundial, cuando la ciudad se lanzó a erigir nuevas viviendas para reemplazar las que destruyó el Blitz. Allí donde cayeron las bombas se alzaron edificaciones baratas y feos bloques de gran altura.

El brutalismo –un estilo contundente e inflexible que floreció entre las décadas de 1950 y 1970, con predominio del uso del hormigón, y que reflejaba los principios utópicos del socialismo– funcionó mejor sobre el papel que en la práctica, pero realizó importantes aportaciones a la mezcolanza arquitectónica de Londres. El National Theatre de Denys Lasdun, iniciado en 1966, es un buen ejemplo.

Posmodernismo y más allá

La siguiente gran ola de urbanismo llegó hasta los antiguos muelles londinenses, donde se demolieron las hileras de casas y almacenes y se construyeron rascacielos y pisos

★ La mejor arquitectura moderna

Shard (p. 91)
Tate Modern (p. 94)
30 St Mary Axe (p. 79)
Millennium Bridge (p. 85)
London Aquatics Centre (p. 207)

London Aquatics Centre.

tipo *loft*. El puesto de honor de los Docklands correspondió a 1 Canada Square (1997), un edificio de 244 m de altura de César Pelli conocido como Canary Wharf y visible desde el centro de Londres. En la City también hubo innovaciones arquitectónicas, como el Lloyd's of London, de 1986; obra de Richard Rogers, es una construcción "al revés", con una fachada cubierta de conductos, tuberías, cristal y acero inoxidable.

Arquitectura contemporánea

El afán constructor se calmó hasta alrededor del año 2000, cuando los proyectos relacionados con el cambio de milenio trajeron nuevas estructuras y rejuvenecieron otras: el London Eye, la Tate Modern y el Millennium Bridge dieron vida al South Bank, mientras el emblemático 30 St Mary Axe de Norman Foster, más conocido como "Gherkin", el 'Pepinillo', dio pie a una nueva oleada de construcción de rascacielos en la City. Incluso el Millenium Dome, antes objeto de burla, resurgió como el O2 Arena para conciertos y eventos deportivos.

A mediados de la década se puso en marcha el mayor proyecto de renovación urbana de la historia de Londres: el Queen Elizabeth Olympic Park, de 200 Ha, en el valle del Lea, cerca de Stratford, al este de Londres, donde tuvo lugar la mayoría de los eventos de los Juegos Olímpicos y Paralímpicos 2012. Pero este parque ofreció pocas sorpresas, excepto el Aquatics Centre de Zaha Hadid –estructura inspirada en la geometría fluida del agua– y el ArcelorMittal Orbit, estrafalaria obra de arte público con plataformas de observación diseñada por el escultor Anish Kapoor.

También en la City y en el sur de Londres ha habido importantes proyectos urbanísticos. Destacan el Shard, el edificio más alto de la UE (310 m), finalizado en el 2012. En la City, el Walkie Talkie suscita opiniones encontradas, pero el Sky Garden de las plantas 35 a 37 despierta un entusiasmo unánime.

Londres literario

Durante más de seis siglos Londres ha sido escenario de obras en prosa. La capital ha inspirado la imaginación de eminentes plumas de la talla de Shakespeare, Defoe, Dickens, Orwell, Conrad, Eliot, Greene y Woolf (aunque no todos ellos nacieron en la ciudad o son británicos).

Arriba: retrato del escritor londinense Charles Dickens   NEIL HOLMES/GETTY IMAGES ©

No es fácil conciliar el Londres de los *Cuentos de Canterbury* de Geoffrey Chaucer con el lugar horrible del *Oliver Twist* de Charles Dickens, por no hablar de lo que dista la metrópoli arrasada del *Diario del año de la peste* (Daniel Defoe) de la comedia multiétnica de *Dientes blancos* (Zadie Smith). Londres, en continuo cambio aunque extrañamente inalterable, ha dejado su impronta en algunos de los textos más influyentes escritos en inglés.

El Londres de Chaucer

La primera referencia literaria a Londres aparece en los *Cuentos de Canterbury* de Chaucer, escritos entre 1387 y 1400: los 29 peregrinos de la historia se reúnen para su viaje a Canterbury en la Tabard Inn, en Talbot Yard, Southwark, y acuerdan contarse historias

★ Los mejores sitios literarios

Shakespeare's Globe (p. 92)
Charles Dickens Museum (p. 45)
British Library (p. 128)
Plazas de Bloomsbury (p. 45)
Harry Potter Shop at Platform 9¾ (p. 168)

Interior de la British Library.

en el camino de ida y vuelta. La posada se quemó en 1676 y hoy una placa azul señala su ubicación.

El Londres de Shakespeare

Nacido en Warwickshire, William Shakespeare pasó la mayor parte de su vida como actor y dramaturgo en el Londres de los ss. XVI y XVII. Actuó en teatros de Shoreditch y Southwark y escribió sus principales tragedias –*Hamlet, Otelo, Macbeth* y *El rey Lear*– para el teatro Globe original, en el South Bank. Aunque vivió en Londres gran parte de su vida, ambientó casi todas sus obras en países extranjeros o imaginarios. Solo Enrique IV, parte 1 y 2 incluye un escenario londinense: la taberna Boar's Head, en Eastcheap.

El Londres del siglo XVIII

Daniel Defoe fue tal vez el primer escritor londinense de verdad, pues vivió y escribió sobre la capital a principios del s. XVIII. Le dieron fama *Robinson Crusoe* (1719-1720) y *Moll Flanders* (1722), que redactó mientras vivía en Church St, en Stoke Newington. En el *Diario del año de la peste* documenta los horrores de la peste negra que azotó Londres en el verano y otoño de 1655, cuando era un niño.

El Londres de Dickens y del siglo XIX

La ciudad inspiró a dos poetas románticos de principios del s. XIX. John Keats, nacido en 1795 en una vivienda sita sobre un bar de Moorgate, escribió *Oda a un ruiseñor* cuando vivía cerca de Hampstead Heath en 1819 y *Oda a una urna griega*, según se dice, tras ver los frisos del Partenón en el Museo Británico aquel mismo año. William Wordsworth se inspiró para escribir el poema *Compuesto en el puente de Westminster* en una visita a Londres en 1802.

Pero el autor londinense de mayor autoridad fue Charles Dickens. Charles tenía 12 años cuando encarcelaron a su padre y a su familia en Marshalsea (Southwark) por impago de deudas y se vio obligado a arreglárselas en la calle. Ese período le valió muchas experiencias en las que basarse. Sus novelas más ligadas a Londres son *Oliver Twist*, con una banda de ladrones liderada por Fagin en Clerkenwell, y *La pequeña Dorrit*, cuya protagonista nace en Marshalsea. La casa de Bloomsbury donde escribió *Oliver Twist* y otras dos novelas alberga el Charles Dickens Museum.

Sir Arthur Conan Doyle (1858-1930) retrató un Londres muy distinto y su Sherlock Holmes, cocainómano y fumador en pipa, ejemplificó una sociedad inglesa fría e imperturbable. Al 221b Baker St, que alberga hoy un museo sobre el detective, aún llegan cartas dirigidas al mítico héroe y su devoto amigo, el doctor Watson.

El Londres de finales del s. XIX aparece en muchos libros, pero sobre todo en los de Somerset Maugham. Su primera novela, *Liza de Lambeth,* estaba basada en sus vivencias como médico en prácticas en los suburbios del sur de Londres, mientras que *Servidumbre humana* ofrece un retrato del Londres de finales de la época victoriana.

Escritores estadounidenses y Londres en el s. xx

Entre los estadounidenses que escribieron sobre Londres en el cambio de siglo destaca Henry James, que vivió en la ciudad, con *Daisy Miller* y *Los europeos.* T. S. Eliot, nacido en St Louis, se trasladó a Londres en 1915, donde publicó *La canción de amor de J. Alfred Prufrock* y *La tierra baldía,* en la que se retrata a Londres como una "ciudad irreal".

Período de entreguerras

Durante este período, P. G. Wodehouse describió la vida de lujos de Londres con su sátira sobre las clases altas inglesas en las historias del mayordomo Jeeves. Las vivencias de George Orwell durante sus años de mendigo en el East End influyeron en su libro *Sin blanca en París y Londres* (1933).

Era moderna

Esta época está marcada por voces multiculturales. Hanif Kureishi exploró Londres desde la perspectiva de jóvenes paquistaníes en sus novelas *El álbum negro* y *El buda de los suburbios,* mientras que *Agridulce*, de Timothy Mo, es un relato conmovedor sobre una familia china de los años sesenta que intenta adaptarse a la vida inglesa.

Las décadas que precedieron al nuevo milenio fueron muy fecundas para la literatura inglesa y dieron a conocer a una nueva generación de escritores: autores como Martin Amis *(Money, Campos de Londres)*, Julian Barnes *(Metrolandia, Hablando del asunto)*, Ian McEwan *(Amor perdurable, Expiación)* y Salman Rushdie *(Hijos de la medianoche, Los versos satánicos).*

El Londres del nuevo milenio

El diario de Bridget Jones y su segunda parte, *Bridget Jones: Sobreviviré,* de Helen Fielding, inauguraron un género literario "para chicas" *(chick lit)* y se convirtió en un fenómeno mundial.

Peter Ackroyd declaró que la ciudad era el amor de su vida en *Londres: una biografía,* su inagotable canto a la capital.

Actualidad

Londres acoge muchas de las principales editoriales del país y sus mejores librerías. Entre los nuevos talentos de la ciudad destacan Monica Ali *(Siete mares, trece ríos),* Zadie Smith *(NW London),* Jake Arnott *(Delitos a largo plazo)* y Gautam Malkani *(Londonstani).*

Todas las librerías de la ciudad tienen una sección sobre Londres donde se pueden encontrar casi todos estos títulos y otros muchos.

Arte

En lo referente al arte, Londres ha estado siempre a la sombra de otras capitales europeas. Sin embargo, muchos grandes artistas de la historia han pasado por Londres, como Monet y Van Gogh, y en términos de arte contemporáneo existen razones de peso para situar a Londres entre las capitales europeas más importantes.

Arriba: Tate Britain (p. 53) CHRISDORNEY/SHUTTERSTOCK ©

De Holbein a Turner

El arte empezó a despegar en Londres en la época Tudor. El alemán Hans Holbein el Joven (1497-1543) fue pintor de la corte de Enrique VIII y una de sus mejores obras, *Los embajadores* (1533), se expone en la Galería Nacional. Grandes retratistas trabajaron en la corte durante el s. XVII, entre los que destaca Anthony Van Dyck (1599-1641), que pintó *Carlos I a caballo* (1638), expuesto también en la Galería Nacional.

Los artistas locales empezaron a destacar en el s. XVIII, como los paisajistas Thomas Gainsborough (1727-1788) y John Constable (1776-1837).

J. M. W. Turner (1775-1851) representa el apogeo del arte británico decimonónico. Dominaba el óleo y la acuarela y sus obras más tardías, como Tormenta de nieve (1842) y *Lluvia, vapor y velocidad* (1844), hoy en la Tate Britain y la Galería Nacional, fueron fuentes de inspiración para las obras impresionistas de Claude Monet.

> ★ **El mejor arte británico**
> **Tate Britain** (p. 53)
> **Tate Modern** (p. 94)
> **Galería Nacional** (p. 54)
> **National Portrait Gallery** (p. 56)
> **Fourth Plinth** (p. 60)

De los prerrafaelitas a Hockney

La breve pero espléndida Hermandad Prerrafaelita (1848-1854), a la que pertenecieron William Holman Hunt y John Everett Millais, se inspiró en los poetas románticos. La Tate Britain alberga la mejor selección de obras de este período.

Los escultores Henry Moore (1898-1986) y Barbara Hepworth (1903-1975) ejemplificaron el movimiento modernista en la escultura británica; se pueden ver ejemplos de sus obras en los Kensington Gardens.

Tras la II Guerra Mundial el arte volvió a transformarse. En 1945 el pintor irlandés Francis Bacon (1909-1992) causó revuelo con *Tres estudios para figuras al pie de una crucifixión*, que hoy se expone en la Tate Britain, y siguió impresionando al mundo del arte con sus visiones torturadas pero fascinantes.

El crítico australiano Robert Hughes elogió a un coetáneo de Bacon, Lucian Freud (1922-2011), definiéndolo como "el mayor pintor realista vivo". Sus primeras obras fueron a menudo surrealistas, pero a partir de los años cincuenta se centró en retratos pálidos y apagados.

El Londres de los sesenta quedó resumido a la perfección en el pop *art*, cuyo vocabulario articuló con maestría el genial David Hockney (n. 1937). Dos de sus obras más famosas, *Sr. y Sra. Clark y Percy* (1971) y *A Bigger Splash* (1974), se exponen en la Tate Britain.

'Brit art' y más allá

El llamado *brit art* surgió del espectáculo *Freeze*, que se representó en un almacén de los Docklands en 1988, organizado por el artista y *showman* Damien Hirst y protagonizado por sus compañeros de graduación del Goldsmiths' College. Influido por la cultura pop y punk, este movimiento resulta temerario, decadente, irónico, fácil de entender y, sobre todo, comercial. La obra de Hirst *Madre e hijo, divididos* (una vaca y su ternero cortados en pedazos y conservados en formol) y *My Bed*, de Tracey Emin (la cama de la artista, sin hacer, y el desorden que la rodea), son obras seminales de este período.

La mejor forma de tomar el pulso al panorama del arte contemporáneo británico es acudir a la exposición estival anual de la Royal Academy of Arts, donde se presentan obras de artistas asentados y desconocidos.

Guía práctica

DATOS PRÁCTICOS A–Z 233

Acceso a internet..............233
Aduanas............................233
Cuestiones legales............233
Descuentos.......................233
Dinero................................233
Electricidad.......................234
Fiestas oficiales 234
Hora local..........................234

Horario comercial..............234
Información turística.........234
Lavabos públicos..............235
Mujeres viajeras................235
Salud 235
Seguridad 236
Teléfono 236
Urgencias..........................236
Viajeros
con discapacidades..........236

Viajeros LGTB 237
Visados..............................237

TRANSPORTE 237

Cómo llegar.......................237
Cómo desplazarse............239

Datos prácticos A-Z

Acceso a internet

- Casi todos los hoteles de Londres ofrecen wifi gratis (solo en algunos alojamientos económicos es un extra). Varios hoteles (y muchos albergues) ofrecen acceso a ordenadores e impresora.

- Muchos cafés y cada vez más restaurantes ofrecen wifi gratuito, incluidas cadenas como Starbucks, Costa y Pret a Manger, además de McDonald's. Centros culturales como el Barbican o el Southbank Centre también tienen wifi gratis.

- Muchas estaciones de tren y terminales de aeropuertos, e incluso algunas estaciones de metro, también tienen wifi, pero el acceso no siempre es gratuito.

Aduanas

Reino Unido diferencia entre bienes libres de impuestos comprados fuera de la Unión Europea y bienes adquiridos en otros países de la UE donde ya se han pagado impuestos y contribución.

Quien exceda el límite de mercancía libre de impuestos tendrá que pagar los impuestos de los artículos en cuestión. Si bien no hay límite para los productos europeos, las aduanas siguen ciertas directrices para distinguir entre uso personal y comercial.

Para más información sobre límites y restricciones véase www.gov.uk/duty-free-goods.

Cuestiones legales

Si uno tiene cualquier problema legal en Londres debe visitar una oficina de **Citizens Advice Bureau** (www.citizensadvice.org.uk) o ponerse en contacto con su embajada.

Drogas

En Londres se puede encontrar todo tipo de drogas ilegales, especialmente en los locales nocturnos. No obstante, hay que atender a todas las precauciones que exigen las drogas. El cannabis se rebajó a droga blanda en el 2004 pero volvió a clasificarse como dura en el 2009. Si la policía descubre al viajero con algo de hierba, es probable que sea arrestado. La posesión de drogas más duras, como la heroína y la cocaína, siempre se trata con total contundencia. Son frecuentes los cacheos al entrar a los locales nocturnos.

Multas

En general las sanciones no tienen que pagarse en el acto. La excepción son las de los trenes, el metro y los autobuses cuando el viajero no puede mostrar un billete válido a requerimiento de un revisor.

Descuentos

Para los que quieran visitar muchos puntos de interés de pago en poco tiempo resulta interesante el **London Pass** (www.londonpass.com; 1/2/3/6 días 52/71/85/116 £). Ofrece acceso fácil y sin colas a las principales atracciones y se puede modificar para que incluya el uso del metro y los autobuses. Para más información véase su web.

Dinero

Aunque de momento el Reino Unido aún es miembro de la UE, no ha adoptado el euro y mantiene la libra esterlina (£) como moneda propia. Una libra se divide en 100 peniques.

Hay billetes de 5, 10, 20 y 50 £ y monedas de 1, 2, 5, 10, 20, 50 p *(penny)* y 1 y 2 £.

Cajeros automáticos

Hay cajeros por todas partes y en general aceptan Visa, MasterCard, Cirrus o Maestro, así como otras menos conocidas. Casi siempre se cobra una comisión por retirar efectivo con tarjetas extranjeras.

Cambio de moneda

○ El mejor lugar para cambiar divisas son las oficinas de correos, ya que no cobran comisión.

○ Una alternativa son las principales entidades bancarias y algunas agencias de viajes, así como las oficinas de cambio que hay por toda la ciudad.

Tarjetas de crédito y débito

○ Se aceptan prácticamente en toda la ciudad, desde restaurantes y bares a tiendas e incluso algunos taxis.

○ American Express y Diners Club no son tan frecuentes como Visa y MasterCard.

○ Los pagos y tarjetas *contactless* (que no requieren chip y PIN o firma) son cada vez más habituales (en las tarjetas y tiendas que las aceptan aparece un símbolo tipo wifi). Las transacciones están limitadas a un máximo de 30 £.

Electricidad

230V/50Hz

Fiestas oficiales

La mayoría de los lugares de interés y comercios cierra un par de días en Navidad y a veces en Semana Santa. Los que cierran los domingos también suelen cerrar los lunes festivos.

Año Nuevo 1 de enero

Viernes Santo Finales de marzo/abril

Lunes de Pascua Finales de marzo/abril

May Day Holiday Primer domingo de mayo

Spring Bank Holiday Último lunes de mayo

Summer Bank Holiday Último lunes de agosto

Día de Navidad 25 de diciembre

Boxing Day 26 de diciembre

Hora local

En Londres se utiliza la hora media de Greenwich (GMT) entre finales de octubre y finales de marzo; el resto del año se sigue el horario de verano (GMT +1).

Horario comercial

El horario comercial habitual es el siguiente:

Bancos 9.00-17.00 lu-vi

'Pubs' y bares 11.00-23.00

Restaurantes 12.00-14.30 y 18.00-23.00

Puntos de interés 10.00-18.00

Tiendas 9.00-19.00 lu-sa, 12.00-18.00 do

Información turística

City of London Information Centre (www.visitthecity.co.uk; St Paul's Churchyard, EC4; 9.30-17.30 lu-sa, 10.00-16.00 do; St Paul's) Información turística, entradas sin hacer cola para atracciones de la City y paseos guiados (adultos/niños 7/6 £).

Greenwich Tourist Office (0870 608 2000; www.visitgreenwich.org.uk; Pepys House, 2 Cutty Sark Gardens, SE10; 10.00-17.00; DLR Cutty Sark) Tiene mucha información sobre Greenwich y las zonas circundantes. Paseos guiados gratis a diario a las 12.15 y 14.15.

Información práctica

- **Fumar** Está prohibido en todos los lugares públicos cerrados del país. La mayoría de los *pubs* tienen algún tipo de zona de fumadores en el exterior.

- **Pesos y medidas** En el Reino Unido se usa una mezcla confusa de los sistemas métrico e imperial.

Visit London (0870 156 6366; www.visitlondon.com) Información sobre lo que se necesite, desde atracciones turísticas y eventos (como el cambio de guardia o el desfile del Año Nuevo chino) a salidas y circuitos por el río, alojamiento, comida, teatro, tiendas, Londres para niños o locales de ambiente. Hay quioscos útiles en los siguientes sitios:

Aeropuerto de Heathrow (estación de metro de terminales 1, 2 y 3; 7.30-19.30)

Estación de King's Cross St Pancras (8.15-18.15)

Estación de Liverpool St (7.15-19.00 do-ju, hasta 21.00 vi y sa)

Estación de metro de Piccadilly Circus (8.00-19.00 lu-vi, 9.15-18.00 sa y do)

Estación Victoria (7.15-20.00 lu-sa, 8.15-19.00 do)

Lavabos públicos

Orinar en la calle está penado por ley. Las estaciones de tren, las terminales de autobuses y los lugares de interés suelen contar con instalaciones, también para personas con discapacidad y quienes vayan con bebés.

También es posible encontrar lavabos públicos por toda la ciudad, unos gestionados por el Ayuntamiento y otros automáticos y autolimpiables. En la mayoría hay que pagar 0,50 £.

Mujeres viajeras

No es probable encontrar problemas, siempre que se tomen las precauciones habituales en una ciudad grande. Se aconseja no subir a vagones de metro vacíos o en los que solo haya uno o dos hombres. Quien se sienta insegura puede tomar un taxi o un *minicab* con licencia.

Ir a un *pub* sola no siempre es una experiencia cómoda, pero tampoco es algo inhabitual.

Salud

Los ciudadanos de la UE tienen derecho a tratamiento de urgencia gratuito (y en algunos casos a tratamientos a coste reducido) presentando la **Tarjeta Sanitaria Europea** (www.ehic.org.uk).

Los acuerdos bilaterales con el Reino Unido permiten a los ciudadanos de Australia, Nueva Zelanda y otros países recibir tratamiento médico de urgencia gratuito y dental a coste reducido a través del **National Health Service** (NHS; 111; www.nhs.uk). Pueden usar los servicios de urgencias, de atención primaria y dentistas. Para ver una lista completa, hágase clic en "Services near you" en la web del NHS.

Hospitales

Varios hospitales tienen servicios de urgencias y accidentes 24 h. En casos de emergencia hay que llamar al 999, que enviará una ambulancia desde el hospital más cercano.

University College London Hospital (020-3456 7890, 0845 155 5000; www.uclh.nhs.uk; 235 Euston Rd, NW1; Warren St, Euston) Uno de los hospitales más concurridos del centro de Londres.

Guy's Hospital (020-7188 7188; www.guysandstthomas.nhs.uk; Great Maze Pond, SE1; London Bridge) Hospital concurrido, cerca del London Bridge.

Seguro de viaje

Es recomendable que los viajeros de fuera de la UE contraten un seguro de viaje, ya que ofrece mayor flexibilidad sobre dónde y cuándo se recibe tratamiento y cubre los gastos de ambulancia y repatriación que no asume el NHS.

Farmacias

Las principales cadenas de farmacias son Boots y Superdrug; en casi todas las calles principales hay una sucursal de una de las dos o de ambas.

La de Boots de **Piccadilly Circus** (⏵020-7734 6126; www.boots.com; 44-46 Regent St, W1; ⏱8.00-24.00 lu-vi, 9.00-24.00 sa, 12.30-18.30 do; ⏵Piccadilly Circus) es una de las más grandes y céntricas y tiene mayor horario.

Seguridad

Londres es una ciudad bastante segura, por lo que aplicar el sentido común suele ser suficiente.

Si se toma un taxi después de una noche de marcha, conviene que sea un taxi negro o *minicab* con licencia. La mayoría de los que se anuncian delante de discotecas y bares carecen de licencia y pueden no ser seguros.

Hay carteristas, por lo que no se debe perder de vista el bolso ni la cartera, sobre todo en bares y locales nocturnos y en zonas concurridas como el metro.

Teléfono

Las famosas cabinas rojas de British Telecom solo han sobrevivido en zonas protegidas (abundan por Westminster).

Si bien aún hay cabinas de BT que aceptan monedas, la mayoría funcionan con tarjetas telefónicas (que se compran, p. ej., en oficinas de correos o quioscos) o tarjetas de crédito.

Teléfono móvil

En el Reino Unido se usa la red GSM 900, como en el resto de Europa, que no es compatible con la tecnología móvil CDMA de EE UU (aunque algunos móviles estadounidenses pueden funcionar con ambas redes).

Si se tiene un teléfono GSM, se recomienda consultar con el proveedor del país de origen sobre su uso en el Reino Unido y las tarifas de *roaming*.

Lo más aconsejable es comprar una tarjeta SIM local en cualquier tienda de móviles, aunque para ello hay que tener el móvil liberado.

Números útiles

Información telefónica (internacional)	⏵118 505
Información telefónica (local y nacional)	⏵118 118, ⏵118 500
Prefijo para llamadas internacionales	⏵00
Prefijo de tarificación premium	⏵09
Llamadas a cobro revertido	⏵155
Prefijos de tarificación especial	⏵084 and ⏵087
Prefijo gratuito	⏵0800

Urgencias

Para llamar a la policía, los bomberos o una ambulancia hay que marcar el ⏵999.

Viajeros con discapacidades

Para el viajero discapacitado, Londres es una extraña mezcla de facilidades y notable desinterés. Por ley, los hoteles nuevos y las atracciones turísticas más modernas deben estar adaptados para personas en silla de ruedas, pero muchos edificios históricos, B&B y pensiones se hallan en edificios antiguos, difíciles de adaptar.

El transporte está mejorando.

○ Solo 66 de las 270 estaciones de metro tienen acceso sin escaleras; el resto dispone de escaleras mecánicas o convencionales.

○ El DLR, en superficie, es totalmente accesible en silla de ruedas.

○ Todos los autobuses disponen de plataformas que bajan a ras de calle al detenerse; las personas en silla de ruedas viajan gratis.

○ Los perros lazarillo son aceptados en todas partes: transporte, hoteles, restaurantes, atracciones, etc.

Transport for London (www.tfl.gov.uk) publica la guía *Getting Around London*, con información actualizada sobre accesibilidad.

Viajeros LGTB

Londres tiene una comunidad LGTB muy animada. La protección contra la discriminación está consagrada por ley, pero esto no significa que la homofobia no exista. Todo delito de homofobia ha de denunciarse a la policía (999).

Soho y el East End (Shoreditch, Bethnal Green y Dalston) son los barrios LGTB más de moda. En Vauxhall están las mejores discotecas.

Webs útiles

60by80 (www.60by80.com/london)
Ginger Beer (www.gingerbeer.co.uk)
Jake (www.jaketm.com)
Time Out London LGBT (www.timeout.com/london/lgbt)

Visados

Los visitantes procedentes de EE UU no necesitan visado para estancias de hasta 6 meses. Los ciudadanos de la UE pueden permanecer indefinidamente. Para obtener información actualizada véase la web de la **UK Border Agency** (www.gov.uk/check-uk-visa) o consúltese a la embajada o consulado británico local.

Transporte

Cómo llegar

La mayoría de los visitantes llega a Londres en avión, aunque cada vez acuden desde Europa en tren. Los autobuses también llegan desde todo el continente.

Hay cinco aeropuertos: Heathrow, Gatwick, Stansted, Luton y London City. Gran parte de los vuelos transatlánticos aterrizan en Heathrow. Desde Europa se suele llegar a Gatwick, Stansted o Luton (los dos últimos, feudos de compañías de bajo coste como easyJet y Ryanair).

Los vuelos, automóviles y circuitos se pueden reservar en lonelyplanet.com.

Aeropuerto de Heathrow

Unos 24 km al oeste del centro de Londres, **Heathrow** (LHR; www.heathrowairport.com;), con cuatro terminales (numeradas del 2 al 5), incluida la renovada terminal 2, es el aeropuerto internacional con más tráfico del mundo.

Tren

Metro (www.tfl.gov.uk; ida 5,10 £) Tres estaciones de metro de la línea Piccadilly ofrecen servicio a Heathrow: una para las terminales 2 y 3, otra para la terminal 4 y la última parada para la terminal 5. El metro (desde el centro de Londres 1 h, cada 3-9 min) es la forma más barata de ir a Heathrow. Los horarios desde/hasta el aeropuerto son de 5.00/5.45 a 23.45/00.30 (y toda la noche del viernes y sábado, con frecuencia reducida). Los billetes se compran en la estación.

'Heathrow Express' (www.heathrowexpress.com; ida/ida y vuelta 21,50/35 £) Tren de alta velocidad que va de la estación de Heathrow Central (con servicio a las terminales 2 y 3) y la terminal 5 a Paddington en solo 15 min. Los viajeros que se hallen en la terminal 4 pueden tomar la lanzadera gratuita hasta **Heathrow Central** y desde allí el *Heathrow Express*. Hay trenes en ambos sentidos cada 15 min desde las 5.00 hasta alrededor de las 23.30.

Heathrow Connect (www.heathrowconnect.com; adultos 10,10 £) Tren entre Heathrow y Paddington. Sale cada 30 min y hace cinco paradas. El trayecto dura 30 min. El primer tren sale sobre las 5.00 (7.00 do) y el último justo antes de las 24.00.

Autobús

National Express (www.nationalexpress.com) Autobuses que conectan la estación de

El cambio climático y los viajes

Todos los viajes con motor generan una cierta cantidad de CO2, la principal causa del cambio climático provocado por el hombre. En la actualidad, el principal medio de transporte para los viajes son los aviones, que emplean menos cantidad de combustible por kilómetro y persona que la mayoría de los automóviles, pero también recorren distancias mucho mayores. La altura a la que los aviones emiten gases (incluido el CO2) y partículas también contribuye a su impacto en el cambio climático. Muchas páginas web ofrecen "calculadoras de carbono" que permiten al viajero hacer un cálculo estimado de las emisiones de carbono que genera en su viaje y, si lo desea, compensar el impacto de los gases invernadero emitidos participando en iniciativas de carácter ecológico por todo el mundo. Lonely Planet compensa todos los viajes de su personal y de los autores de sus guías.

---

autobuses de Heathrow Central con la estación de autobuses Victoria (ida desde 5,50 £, 35-90 min, cada 30-60 min).

Transport for London (www.tfl.gov.uk) Por la noche, el autobús N9 (1,50 £, 1¼ h, cada 20 min) conecta Heathrow con el centro de Londres; la última parada es Aldwych.

Taxi

El trayecto en un taxi negro al centro de Londres (y viceversa) cuesta 45-85 £ y tarda 45 min-1 h, según el tráfico y la zona de salida.

Aeropuerto de Gatwick

Unos 48 km al sur del centro de Londres, **Gatwick** (LGW; www.gatwickairport.com; 📞) es más pequeño que Heathrow. Las terminales norte y sur están comunicadas las 24 h por una lanzadera de unos 3 min de duración.

Tren

National Rail (www.nationalrail.co.uk) Servicios regulares de tren a/desde London Bridge (30 min, cada 15-30 min), King's Cross (55 min, cada 15-30 min) y Victoria (30 min, cada 10-15 min). El precio depende de la hora y la empresa, pero está entre 10 y 20 £ la ida.

Gatwick Express (www.gatwickexpress.com; ida/ida y vuelta 19,90/34,90 £) Este tren une la estación de la terminal sur con la Victoria, en el centro de Londres, cada 15 min. Desde el aeropuerto circulan entre las 4.30 y la 1.35. Desde Victoria, desde las 3.30 hasta justo pasadas las 00.30. Dura 30 min.

Autobús

National Express (www.nationalexpress.com) Autobuses (ida desde 5 £. 80-120 min) durante todo el día de Gatwick a la estación de autobuses Victoria. Hay salidas cada hora en punto.

EasyBus (www.easybus.co.uk) Microbuses de 19 plazas a Gatwick cada 15-20 min por dos rutas: una desde Earl's Court/West Brompton y otra desde Waterloo (ida desde 4,95 £). Funciona a diario de 3.00 a 23.00. El trayecto dura 75 min.

Taxi

El trayecto en un taxi negro a/desde el centro de Londres cuesta unas 100 £ y dura poco más de 1 h. Los *minicabs* son más baratos.

Aeropuerto de Stansted

Stansted (STN; www.stanstedairport.com; 📞) está unos 56 km al noreste del centro de Londres en dirección a Cambridge.

Tren

'**Stansted Express**' (📞0845 8500150; www.stanstedexpress.com; ida/ida y vuelta 19/32 £) Servicio de tren (45 min, cada 15-30 min) entre el aeropuerto y la estación de Liverpool St. Desde el aeropuerto, el primero sale a las 5.30 y el último, a la 1.30 (00.30 sa). Desde la estación de Liverpool St empiezan a las 4.10 y circulan hasta poco antes de las 23.30.

Autobús

National Express (www.nationalexpress.com) Más de 100 servicios diarios de autobús durante todo el día. El A6 va hasta la estación de autobuses de Victoria (ida desde 12 £, 85-120 min o más, cada 20 min) por el norte de Londres. El A9 llega hasta la estación de Liverpool St (ida desde 10 £, 60-80 min, cada 30 min).

EasyBus (www.easybus.co.uk) Servicios hasta las estaciones de metro de Baker St y Old St cada 15 min. El trayecto (ida desde 4,95 £) dura 1 h desde Old St y 1¼ h desde Baker St.

Terravision (www.terravision. eu) Autobuses que conectan Stansted con la estación de tren de Liverpool St (línea A51, ida/ida y vuelta desde 8/14 £, 55 min) y la estación de autobuses de Victoria (línea A50, ida/ida y vuelta desde 9/15 £, 75 min) cada 20-40 min entre 6.00 y 1.00.

Taxi

El viaje en un taxi negro a/desde el centro de Londres cuesta unas 130 £. Los *minicabs* son más baratos.

Aeropuerto de Luton

El diminuto aeropuerto de **Luton** (LTN; www.london-luton. co.uk), unos 50 km al noroeste de Londres, suele dar servicio a vuelos baratos y compañías de bajo coste.

Tren

National Rail (www.nationalrail. co.uk) Servicios (ida desde 14 £, 35-50 min, cada 6-30 min, 7.00-22.00) desde las estaciones de London Bridge y King's Cross hasta la estación de Luton Airport Parkway, con autobuses lanzadera al aeropuerto (ida 1,60 £, 10 min).

Autobús

EasyBus (www.easybus.co.uk) Minibuses durante todo el día entre la estación de autobuses Victoria y Luton (ida desde 4,95 £, cada 30 min). Otra ruta conecta el aeropuerto con la estación de Liverpool St (cada 15-30 min).

Autobús nº 757 de Green Line (www.greenline.co.uk; ida/ida y vuelta 10/15 £) Durante todo el día en ambos sentidos entre Luton y la estación de autobuses de Victoria (75-90 min, cada 30 min).

Taxi

El trayecto en un taxi negro a/desde el centro de Londres ronda las 110 £.

Aeropuerto de London City

La cercanía del aeropuerto de **London City** (LCY; www. londoncityairport.com; ☎) al centro de Londres (solo 10 km al este) y al distrito comercial de los Docklands hace que sea principalmente para viajeros de negocios. También ofrece vuelos a Nueva York.

Tren

Docklands Light Railway (DLR; www.tfl.gov.uk/dlr) Para en la estación del aeropuerto de London City (ida 2,80-3,30 £). El trayecto hasta Bank dura unos 20 min y hay trenes cada 8-10 min de 5.30 a 12.15 (lu-sa) y de 7.00 a 23.15 (do).

Taxi

El trayecto en taxi negro a/desde la City/Oxford St ronda las 25/35 £.

Estación internacional de tren de St Pancras

St Pancras, punto de llegada de los trenes **Eurostar** (www. eurostar.com) procedentes de Europa, está comunicado mediante líneas de metro con la ciudad.

Cómo desplazarse

La red de transporte público de Londres es amplia, buena y costosa. La gestiona **Transport for London** (www.tfl.gov.uk), que tiene una web, en varios idiomas, con un planificador de trayectos, mapas, información sobre los medios de transporte de la capital y el tráfico actualizada constantemente.

La forma más barata de desplazarse es con una tarjeta Oyster Card o una tarjeta *contactless* del Reino Unido (a las extranjeras se les suele cobrar recargo). Todavía existen los billetes en papel y, aunque las *travelcards* de un día cuestan lo mismo en papel que con la Oyster o una tarjeta *contactless*, los billetes sencillos en papel son más caros que con la Oyster.

Las redes de metro, DLR y cercanías son ideales para moverse por la ciudad; los autobuses y Santander Cycles son perfectos para trayectos cortos.

Hay consignas **Excess Baggage** (www.left-baggage. co.uk) en las principales

Oyster Card y tarjetas 'contactless'

La Oyster Card es una tarjeta en la que se puede almacenar crédito para obtener tarifas más baratas, así como *travelcards* válidas durante entre un día y un año. Son válidas para toda la red de transporte público de Londres. Lo único que hay que hacer en cada estación es acercar la tarjeta al lector (con un círculo amarillo y una Oyster Card dibujada) y luego repetir la operación al salir. El sistema se encargará de restar el importe del crédito de la tarjeta. En los autobuses solo hay que acercarla al subirse.

La Oyster se puede comprar (5 £ de fianza recuperable) y recargar en todas las estaciones de metro, centros de información o tiendas con el distintivo de la Oyster. Para recuperar la fianza junto con el crédito restante hay que devolver la Oyster Card en una taquilla.

Las tarjetas *contactless* (no requieren chip y PIN ni firma) pueden pasarse directamente por los lectores de la Oyster Card y están sujetas a las mismas tarifas que esta. La ventaja es que no hay que molestarse en comprar una Oyster Card, recargarla y luego devolverla, aunque los visitantes extranjeros deben tener presente el coste de las transacciones con tarjeta.

estaciones de tren: St Pancras, Paddington, Euston, Victoria, Waterloo, King's Cross, Liverpool St y Charing Cross. Cuestan unas 10 £ por cada 24 h.

Metro de Londres

El llamado *tube* (con 11 líneas de colores distintos) forma parte de un sistema integrado de transporte que incluye asimismo el Docklands Light Railway (DLR o tren ligero de los Docklands, sin conductor, que opera en el este de la ciudad) y la red de cercanías (en su mayoría fuera de la zona 1 y en ocasiones bajo tierra). Pese a las obras que se efectúan en la red de manera constante, por las que algunos fines de semana cierran ciertos tramos, es la forma más rápida y sencilla de moverse por la ciudad, y la más barata.

Los primeros trenes salen sobre las 5.30 (lu-sa) y a las 6.45 los domingos. Los últimos parten en torno a las 00.30 (lu-sa) y sobre las 23.30 los domingos.

Algunas líneas (Victoria y Jubilee y la mayor parte de Piccadilly, Central y Northern) funcionan toda la noche de los viernes y sábados, con trenes más o menos cada 10 min.

Cuando se cierra algún tramo los fines de semana, los horarios, mapas y rutas alternativas se anuncian en las estaciones y el personal ayuda a reubicarse.

Algunas estaciones, como Leicester Square y Covent Garden, están más cerca de lo que aparecen en el mapa.

Tarifas

○ Londres se divide en 9 zonas tarifarias concéntricas. El billete sencillo/abono diario para las zonas 1-2 cuesta 2,30/6,40 £.

○ Los menores de 11 años viajan gratis; los niños entre 11 y 15 años pueden viajar a mitad de precio si están registrados en la Oyster Card del adulto que les acompaña (registro en las estaciones de metro de la zona 1 o de Heathrow).

Autobús

Los autobuses rojos de dos pisos ofrecen vistas de la ciudad, pero suelen ir lentos. Suelen operar entre las 5.00 y las 23.30.

En todas las paradas hay un plano detallado con las líneas y paradas de esa zona en particular.

Autobús nocturno

Más de 50 rutas nocturnas (con el número precedido por una N) circulan entre las 23.30 y las 5.00.

Existen también 60 líneas que operan las 24 h; su frecuencia se reduce entre las 23.00 y las 5.00.

Tarifas

○ En los autobuses no se puede pagar en efectivo, solo con una Oyster Card, una *travelcard* o una tarjeta *contactless*.

- Los billetes cuestan 1,50 £, independientemente de la distancia recorrida.

- Los menores de 11 años viajan gratis; los niños entre 11 y 15 años pueden viajar a mitad de precio si están registrados en la Oyster Card del adulto que les acompaña (registro en las estaciones de metro de la zona 1 o de Heathrow).

Taxi

'Black cabs'

El *black cab* o taxi negro es tan típico de la ciudad como el autobús rojo de dos pisos.

- Se pueden tomar cuando está encendido el cartelito amarillo sobre el parabrisas; solo hay que levantar el brazo.

- El precio lo fija el taxímetro, con una bajada de bandera de 2,40 £ (que cubre los primeros 310 m en días laborables), más 20 peniques por cada 168 m.

- Las tarifas suben de noche y de madrugada.

- Aplicaciones como **Hailo** (www.hailocab.com) o **Black Cabs App** (www.blackcabsapp.com) usan el GPS del *smartphone* para localizar el taxi negro más cercano. Solo se paga lo que marca el taxímetro.

'Minicabs'

- Los *minicabs* con licencia suelen ser más baratos los *black cabs* o taxis negros.

- A diferencia de los taxis negros, por ley los *minicabs* no pueden pararse en la calle; hay que contratarlos por teléfono o en una de sus oficinas.

- No tienen taxímetro; cobran una tarifa fijada por la oficina. Conviene preguntar antes de partir.

- Lo mejor es preguntar en el hotel o a algún lugareño (o en el restaurante/local de copas) por las compañías o llamar a algún operador grande 24 h, como **Addison Lee** (020 7407 9000; www.addisonlee.com).

- Aplicaciones como **Uber** (www.uber.com) o **Kabbee** (www.kabbee.com) permiten reservar un *minicab*.

Barco

Thames Clippers (www.thamesclippers.com; adultos/niños 6,50/3,25 £) ofrece un servicio rápido y cómodo. Los barcos, con salidas cada 20 min desde las 6.00 hasta las 22.00-23.00, surcan el Támesis entre el muelle del London Eye Millennium y el de Woolwich Arsenal, con paradas en el London Eye, Tate Modern, Shakespeare's Globe, el mercado de Borough, Tower Bridge, Canary Wharf, Greenwich y el O2.

Bicicleta

El sistema de alquiler de Santander Cycle (p. 204) ofrece una forma fantástica y asequible de desplazarse por Londres.

Entre bastidores

Reconocimientos

Los datos del mapa climático han sido adaptados de: Peel MC, Finlayson BL & McMahon TA (2007) 'Updated World Map of the Koppen-Geiger Climate Classification', *Hydrology and Earth System Sciences*, 11, 163344.

Este libro

Esta es la traducción al español de la 4ª edición de *Discover London*. La coordinación de esta obra ha corrido a cargo de Emilie Filou, quien además ha investigado y escrito junto con Peter Dragicevich, Steve Fallon y Damian Harper.

VERSIÓN EN ESPAÑOL

GeoPlaneta, que posee los derechos de traducción y distribución de las guías Lonely Planet en los países de habla hispana, ha adaptado para sus lectores los contenidos de este libro. Lonely Planet y GeoPlaneta quieren ofrecer al viajero independiente una selección de títulos en español; esta colaboración incluye, además, la distribución en España de los libros de Lonely Planet en inglés e italiano, así como un sitio web, www.lonelyplanet.es, donde el lector encontrará amplia información de viajes y las opiniones de los viajeros.

Gracias a Indra Kilfoyle, Anne Mason, Kate Mathews, Susan Paterson, Kirsten Rawlings, Alison Ridgway, Kathryn Rowan, Dianne Schallmeiner, Luna Soo, Angela Tinson

La opinión del lector

Las cosas cambian: los precios suben, los horarios varían, los sitios buenos empeoran y los malos se arruinan. Por lo tanto, si el lector encuentra los lugares mejor o peor, recién inaugurados o cerrados desde hace tiempo, le agradeceremos que escriba para ayudar a que la próxima edición sea más útil y exacta.

Todas las cartas, postales y correos electrónicos se leen y se estudian, garantizando de esta manera que hasta la mínima información llegue a los redactores, editores y cartógrafos para su verificación.

Se agradece cualquier información recibida por pequeña que sea. Quienes escriban verán su nombre reflejado en el capítulo de agradecimientos de la siguiente edición.

Puede ocurrir que determinados fragmentos de la correspondencia de los lectores aparezcan en nuevas ediciones de las guías Lonely Planet, en la web de Lonely Planet, así como en la información personalizada. Se ruega a todo aquel que no desee ver publicadas sus cartas ni que figure su nombre que lo haga constar.

Toda la correspondencia debe enviarse a la siguiente dirección de geoPlaneta en España, indicando en el sobre "Lonely Planet/Actualizaciones":
Av. Diagonal 662-664, 08034 Barcelona.

También puede remitirse un correo electrónico a la dirección siguiente:
viajeros@lonelyplanet.es

Para información, sugerencias y actualizaciones, se puede visitar la página web **www.lonelyplanet.es**

A - Z
Índice

30 St Mary Axe 79

A

a pie, circuitos
   East End 98-99, **98-99**,
   norte de Londres 130-131,
   130-131
actividades 4-17, 29, 201-217
aduanas 233
aeropuertos 237-239
   Gatwick 238
   Heathrow 237-238
   London City 239
   Luton 239
   Stansted 238-239
albergues 212
Albert Memorial 107
Almirantazgo, arco del 61
alojamiento 19, 209-213, **213**
   alquiler 212
   barrios 213
   precios 210
   reservas 211, 212
   tarifas 212
   webs 211
Año Nuevo 17
aplicaciones para viajeros 19
arquitectura 217, 224-226
   antigua 224-225
   contemporánea 226
   moderna 225, 226
   posmoderna 225-226
arte 54-55, 56-57, 230-231
artistas 54-55, 56-57, 230-231
   Constable, John 230
   Gainsborough, Thomas 230
   Hockney, David 231
   Holbein, Hans (el Joven) 230
   Moore, Henry 231
   Turner, J. M. W. 231
   Van Dyck, Anthony 230
Astronomy Centre 117
Atletismo, Campeonato Mundial de 13
autobús 206, 237-239, 240-241
aventura, deportes de 207

B

B&B 212
Barbican 194
barco 204-206, 241
barcos históricos
   Golden Hinde 97
   HMS *Belfast* 91
BBC, paseos musicales de la 12
beber, dónde 28-29, 171-187, **173**
   bares 175
   beer gardens 174
   cerveza 184, 186
   clubes 175, 182
   coctelerías 174
   gin-tonic 183
   horarios 172
   microcervecerías 177
   precios 173
   pubs 174, 178, 181
   webs 173
Bermondsey Beer Mile 184
bicicleta 204, 241
Big Ben 50
Blitz, el 221
Bloody Tower 77
bola del tiempo 117
Borough, mercado de 88-91
Brick Lane Great Mosque 125-126
Brick Lane, mercado de 125
brit art 231
Británico, Museo 42-45
British Library 128-129
Buckingham, palacio de 46-49

C

Cabinet War Rooms 64
cafés 137
cajeros automáticos 233-234
calendario 4-17
cambio de moneda 234
Camden **256**
   dónde dormir 213
   dónde beber 184-185
   ocio 197-198
   dónde comer 152-153
   de compras 168
Camden, mercado de 169
capillas 39
catedrales, *véase* iglesias y catedrales
celebraciones 4-17
Cellarium 39
central eléctrica 96
cerveza 186
chefs 151
chollos 29
Churchill War Rooms 62-65
ciclismo 204, 241
cines 194, 198
circuitos, *véase también* a pie, circuitos
   autobús 206
   barco 204-206
   temáticos 206
City Hall 87
City, la **250**

000 Planos

de compras 164
dónde beber 178
dónde comer 141-142
dónde dormir 213
ocio 194
Clerkenwell **255**
de compras 166-167
dónde beber 180
dónde comer 147-149
dónde dormir 213
ocio 196
clima 4-17, 19
cocina británica 139
Columbia Road, mercado de flores de 124
comida 28-29, 133-153, **135**
bagels 125
chefs famosos 151
cocina británica 136
cocina europea 137
cocina india 137
con vistas 136
English breakfast 145
gastropubs 137, 148
mercados 143
precios 134, 136
restaurantes de museos 150
té de la tarde 146
veganos 153
vegetarianos 153
webs 135
compras, de 28-29, 155-169, **157**
cosmética 159
diseñadores británicos 160
grandes almacenes 159
horario 157
librerías 158
menaje 167
mercados 159, 169
moda 158
moda *vintage* 158, 164
rebajas 157
recuerdos 165
tiendas de música 163
Comunes, Cámara de los 51
copas, de 171-187
Covent Garden 66-69, **252**
Covent Garden, plaza de 67
cripta 84
críquet 204
cultura 28, 217
Cutty Sark 119

D

deportes
aventura 207
críquet 204
eventos 203
fútbol 206
natación 207
temporadas 202
tenis 204
descuentos 233
devoluciones 156
Diana de Gales, fuente conmemorativa de la princesa 105-106
Dickens, Charles 45, 228-229
dinero 18, 233-234
directo, música en 72, 191, 197
discapacidades, viajeros con 236-237
Docklands 213

E

East End 98-99, 124-127, **98-99**
economía 217
edificios históricos
Apsley House 107
estación y hotel de St Pancras 129
London Dungeon 103
Nº 10 Downing Street 65
Old Royal Naval College 118-119
Old Truman Brewery 127
Royal Opera House 68
Somerset House 69
electricidad 234
Enrique VIII 122
este de Londres
de compras 168
dónde beber 182-184
dónde comer 149-151
dónde dormir 213
ocio 196-197
Euston 128-129
excursión de un día 120-123

F

farmacias 236
festivales 4-17
fiestas oficiales 234
Flamsteed House 116-117
Fourth Plinth 60-61
fumar 235
fútbol 206

G

Galería Nacional 54-55
galerías
Courtauld Gallery 69
Cumberland Art Gallery 123
Galería Nacional 54-55
National Portrait Gallery 56-57
Queen's Gallery 47-48
Royal Academy of Arts 49
Serpentine Galleries 105
Sir John Ritblat Gallery 129
Tate Britain 53
Tate Modern 94-97
Weller Astronomy Galleries 117
Whitechapel Gallery 126
Gatwick, aeropuerto de 238
gais, viajeros 72-73, 237
Gherkin, the 79
ginebra 183

Golden Hinde 97
gratis 31
Green Park 49
Greenwich
 de compras 169
 dónde beber 186-187
 dónde dormir 213
 ocio 199
Greenwich Park 116-119
guardia, cambio de 47
Guillermo III 123
Guy Fawkes Night 16

H

Hampton Court, palacio de 120-123, 213
Heathrow, aeropuerto de 237-238
Hintze Hall 112
historia 28, 42-45, 112-115, 218-223
 edificios reales 220
 el Blitz 221
 el Gran Incendio 223
 I Guerra Mundial 222
 II Guerra Mundial 222
 la Gran Peste 221
 Londinium 219
 Londres georgiano 221-222
 Londres medieval 220-221
 Londres normando 219-220
 Londres posbélico 222-223
 Londres sajón 219-220
 Londres victoriano 221-222
 los Tudor 120-123, 220-221
Historia Natural, Museo de 112-115
históricos, lugares 28-29
HMS *Belfast* 91
hora local 234
horaria, zona 18
horario comercial 234
Horse Guards Parade 65

hospitales 235
hoteles 212
Hyde Park 104-107, **249**
 de compras 164-167
 dónde comer 145-147
 dónde dormir 213
 ocio 196

I

idioma 18
iglesias y catedrales
 abadía de Westminster 36-41
 All Hallows by the Tower 78
 catedral de Southwark 91
 catedral de St Paul 80-85
 iglesia de St Paul 69
 St Martin-in-the-Fields 61
impuestos 156, 212
Incendio, el Gran 225
información turística 234-235
internet, acceso a 233
itinerarios 20-27, **2**
jardines, *véase* parques y jardines
Joyas de la Corona 75-76

K

Kensington **249**
 de compras 164-167
 dónde comer 145-147
 dónde dormir 213
 ocio 196
Kensington Gardens 107
Kensington, palacio de 106-107
Kew 213
King's Cross 128-129

L

lavabos públicos 235
Leadenhall, mercado de 79
legales, cuestiones 233
Leicester Square 69

lesbianas, viajeras 72-73, 237
LGTB, viajeros 72-73, 237
literarios, sitios 228
literatura 227-229
 Chaucer 227-228
 Dickens, Charles 228-229
 Fielding, Helen 229
 James, Henry 229
 Shakespeare, William 228
 Wodehouse, P. G. 229
London Aquatics Centre 207
London City, aeropuerto de 239
London Eye 102
London Film Museum 68
London Transport Museum 67-68
Lores, Cámara de los 52
Luton, aeropuerto de 239

M

Madame Tussauds 32
Mazmorras de Londres 103
medidas 235
medieval, palacio 77
medioambientales, medidas 238
mercados 28-29
 Backyard 125
 Borough 88-91
 Brick Lane 125
 Camden 169
 Columbia Road 124
 Leadenhall 79
 Spitalfields 125
 Sunday UpMarket 125
Meridian Courtyard 116-117
metro 30, 240
Millennium Bridge 85
moneda 18
Monument 78-79
móvil, teléfono 18, 236
mujeres viajeras 235
multiculturalismo 217

museos
  Charles Dickens Museum 45
  Cutty Sark 119
  Dennis Severs' House 127
  Geffrye Museum 126-127
  Imperial War Museum 103
  London Film Museum 68
  London Transport Museum 67-68
  Museo de Churchill 64-65
  Museo de Historia Natural 112-115
  Museo de la abadía de Westminster 40
  Museo de la Ciencia 115
  Museum of London 84-85
  National Maritime Museum 119
  niños 32
  Ranger's House 118
  Sir John Soane's Museum 44-45
  Victoria & Albert Museum 108-111
  Wellcome Collection 129
  Wimbledon Lawn Tennis Museum 204

N

National Portrait Gallery 56-57
National Theatre 194-195
Nelson, columna de 60
niños, viajar con 32-33
Nº 10 Downing Street 65
norte de Londres **256**
  de compras 168
  dónde beber 184-185
  dónde comer 152-153
  ocio 197-198
Notting Hill
  de compras 168-169
  dónde beber 185-186
  dónde comer 153
  dónde dormir 213
  ocio 198-199
Notting Hill, carnaval de 13

O

ocio 189-199
  ballet 194
  en directo 72, 191, 197
  entradas 190
  música clásica 194
  ópera 194
  teatro 191, 193, 198
  webs 190
oeste de Londres
  de compras 168-169
  dónde beber 185-186
  dónde comer 153
  ocio 198-199
Old Royal Naval College 118-119
Old Truman Brewery 127
Oyster Card 240

P

palacios
  Banqueting House 65
  palacio de Buckingham 46-49
  palacio de Kensington 106-107
  palacio medieval 77
Parlamento, Casas del 50-53
parques y jardines
  College Garden 40
  Green Park 49
  Greenwich Park 116-119
  Kensington Gardens 107
  Regent's Park 73
  Rose Garden 107
  St James's Park 48-49
  Victoria Park 98
  Wildlife Garden 115
paseos 206

peligros y advertencias 236
pesos 235
Piccadilly Circus 73
pintura 230-231
piscinas 207
Planetarium 117
población 217
política 217
Potter, Harry 44, 79, 168, 206
precios 18
prefijos telefónicos 236
Premier League 206
presupuesto 29
Pride in London 11
puesta a punto 18
  gratis 31
  itinerarios 2, 20-27, **2**
  lo nuevo 30
  mes a mes 4-17
  viajar en familia 32-33

Q

Queen's Gallery 47-48

R

recuerdos 165
Regent Street 73
religión 217
Richmond 213
Rose Playhouse, The 93
Roupell St 103
Royal Academy of Arts 49
Royal Albert Hall 196
Royal Mews 48
Royal Observatory 116-119
Royal Opera House 68, 192

S

sala de turbinas 96-97
salud 235
Sam Wanamaker Playhouse 93

seguridad, *véase* peligros y advertencias
seguro de viaje 235-236
Serpentine, el 105
Shakespeare, William 92-93, 228
Shakespeare's Globe 92-93, 195-196
Shard 91
Shoreditch **255**
  de compras 166-167
  dónde beber 180-182
  dónde comer 147-149
  dónde dormir 213
  ocio 196
Soane, sir John 44-45
Soho 70-73, **252**
  dónde beber 70-71
  dónde comer 71
  ocio 71-72
  viajeras lesbianas 72-73
  viajeros gais 72-73
Somerset House 69
South Bank, 100-101, **250**
  de compras 164
  dónde beber 179-180
  dónde comer 142-144
  dónde dormir 213
  ocio 194-196
Southbank Centre 102-103, 195
spas 207
Speakers' Corner 104-105
Spitalfields **255**
  de compras 166-167
  dónde beber 182
  dónde comer 147-149
  dónde dormir 213
  ocio 196

Spitalfields, antiguo mercado de 125
St James's Park 48-49
St Martin-in-the-Fields 61
St Pancras, estación internacional de tren de 239
St Paul, catedral de 80-85
Stansted, aeropuerto de 238-239
State Rooms 46-47
Sunday UpMarket 125
sur de Londres
  dónde beber 186-187
  dónde dormir 213
  ocio 199

T

Tate Britain 53
Tate Modern 94-97
té de la tarde 146
teatros 92-93, 190-199
teléfono 18, 236
tenis 204
Torre de Londres 74-79
torres
  Big Ben 50
  Bloody Tower 77
  Monument 78-79
  Torre de las Joyas 51
  Torre Victoria 50
  Tower Green 74-75
  White Tower 76-77
Tower Bridge 86-87
Trafalgar Square 58-61
transporte
  cómo desplazarse 19, 239-241
  cómo llegar y salir 237-239

tren 237, 238, 239
Tribunal Supremo 53
tube 30, 240

U

urgencias 236

V

vacaciones 234
Victoria & Albert Museum 108-111
visados 18, 237

W

Waterloo Barracks 75
webs 18, 135, 173, 211, 237
Wellcome Collection 129
West End **252-253**
  de compras 160-164
  dónde beber 176-177
  dónde comer 138-141
  dónde dormir 213
  ocio 192-194
Westminster Hall 51
Westminster, abadía de 36-41
Wimbledon 12, 204
Wren, Christopher 78, 82, 84, 223, 225

Y

yeoman warders 78

Z

Zoo de Londres 32

Planos de Londres

Kensington y Hyde Park	p. 249
La City y South Bank	p. 250
West End	p. 252
Shoreditch y Spitalfields	p. 255
Norte de Londres	p. 256

Kensington y Hyde Park

◉ Puntos de interés
1	Albert Memorial	B2
2	Apsley House	D2
3	Fuente Conmemorativa de la Princesa Diana	B2
4	Hyde Park	C1
5	Italian Gardens	B1
6	Kensington Gardens	A1
7	Palacio de Kensington	A2
8	Museo de Historia Natural	B3
9	Rose Garden	D2
10	Royal Albert Hall	B2
11	Museo de la Ciencia	B3
12	Serpentine Galleries	B2
13	Lago Serpentine	C2
14	Serpentine Sackler Gallery	B2
15	Speakers' Corner	C1
16	Victoria & Albert Museum	B3

✖ Dónde comer
17	Dinner by Heston Blumenthal	C2
	Magazine	(véase 14)
18	Min Jiang	A2
19	Ognisko	B3
20	Orangery	A2

🛍 De compras
21	Conran Shop	C3
22	Harrods	C3
23	Jo Loves	D3
24	Pickett	D3

🍷 Dónde beber y vida nocturna
25	Kensington Roof Gardens	A2
26	Queen's Arms	B3
27	Tomtom Coffee House	D3

🎭 Ocio
	Royal Albert Hall	(véase 10)

⚽ Deportes y actividades
28	Serpentine Lido	C2
29	Serpentine Solar Shuttle Boat	C2

La City y South Bank

Map: Planos de Londres — La City y South Bank

Labeled locations on map:
- Torre de Londres
- Tower Bridge
- Catedral de St Paul
- Tate Modern
- Shakespeare's Globe
- Mercado de Borough

Areas: HOLBORN, STRAND, TEMPLE, CITY, SOUTHWARK, BOROUGH, SOUTH BANK

Selected streets: Middlesex St, Houndsditch, Aldgate, Minories, Fenchurch St, Leadenhall St, Lime St, Gracechurch St, Bishopsgate, Old Broad St, Wormwood St, London Wall, Moorgate, Cornhill, Poultry, King William St, Cannon St, Walbrook, Mansion House, Cheapside, Watling St, Upper Thames St, Lower Thames St, Monument, London Bridge, Thames Path, Tooley St, St Thomas St, Snowsfields, Guy's Hospital, Newcomen St, Long La, Borough, Mint St Park, Union St, Sawyer St, Great Suffolk St, Bear La, Sumner St, Southwark St, Bankside, Southwark Bridge, Millennium Bridge, Blackfriars, White Lion Hill, New Bridge St, Ludgate Hill, St Paul's, Newgate St, Little Britain, Farringdon St, Fleet St, Tudor St, Bouverie St, Victoria Embankment, Essex St, Inner Temple Gardens, Carey St, Portugal St, Lincoln's Inn Fields, Gate St, Kingsway, Aldwych, The Strand, Arundel St, Surrey St, Temple, Lancaster Pl, Waterloo Bridge, Hungerford Bridge, Jubilee Gardens, Belvedere Rd, York Rd, Waterloo Rd, The Cut, Stamford St, Upper Ground, Roupell St, Hatfields St, Blackfriars Rd, Blackfriars Bridge, Rio Támesis, Tate Boat, Clink St, Druid St

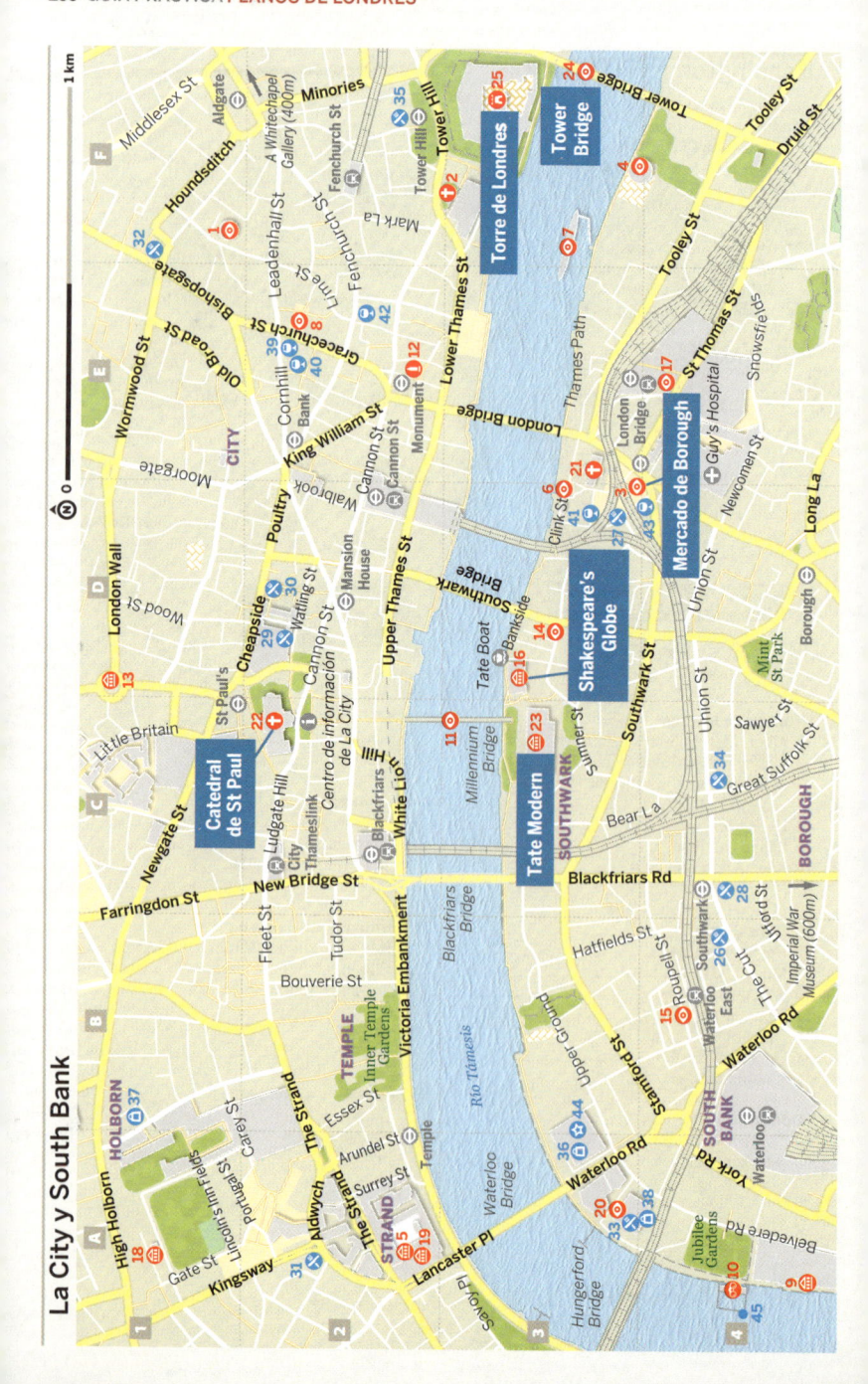

Scale: 0 — 1 km

La City y South Bank

Puntos de interés
1 30 St Mary Axe F1
2 All Hallows by the Tower F3
3 Mercado de Borough D3
4 City Hall F3
5 Courtauld Gallery A2
6 Golden Hinde D3
7 HMS Belfast F3
8 Mercado de Leadenhall E2
9 Mazmorras de Londres A4
10 London Eye A4
11 Millennium Bridge C3
12 Monument E2
13 Museum of London D1
14 Rose Theatre D3
15 Roupell Street B4
16 Shakespeare's Globe D3
17 Shard E4
18 Sir John Soane's Museum A1
19 Somerset House A2
20 Southbank Centre A3
21 Catedral de Southwark E3
22 Catedral de St Paul C2
23 Tate Modern C3
24 Tower Bridge F3
25 Torre de Londres F3

Dónde comer
26 Anchor & Hope B4
27 Arabica Bar & Kitchen D3
28 Baltic C4
29 Bea's of Bloomsbury D2
30 Café Below D2
31 Counter A2
   Crypt Café .... (véase 22)
   Delaunay .... (véase 31)
32 Duck & Waffle F1
   Restaurant at St Paul's .... (véase 22)
33 Skylon A3
34 Union Street Cafe C4
35 Wine Library F2

De compras
36 National Theatre Gift Shop A3
37 Silver Vaults B1
38 Southbank Centre Shop A4

Dónde beber y vida nocturna
39 Counting House E2
40 Jamaica Wine House E2
   Oblix .... (véase 17)
41 Rake D3
42 Sky Pod E2
   Skylon .... (véase 33)
43 Wine Pantry D4

Ocio
44 National Theatre B3
   Royal Festival Hall .... (véase 20)
   Shakespeare's Globe .... (véase 16)
   Southbank Centre .... (véase 20)

Deportes y actividades
45 London RIB Voyages A4

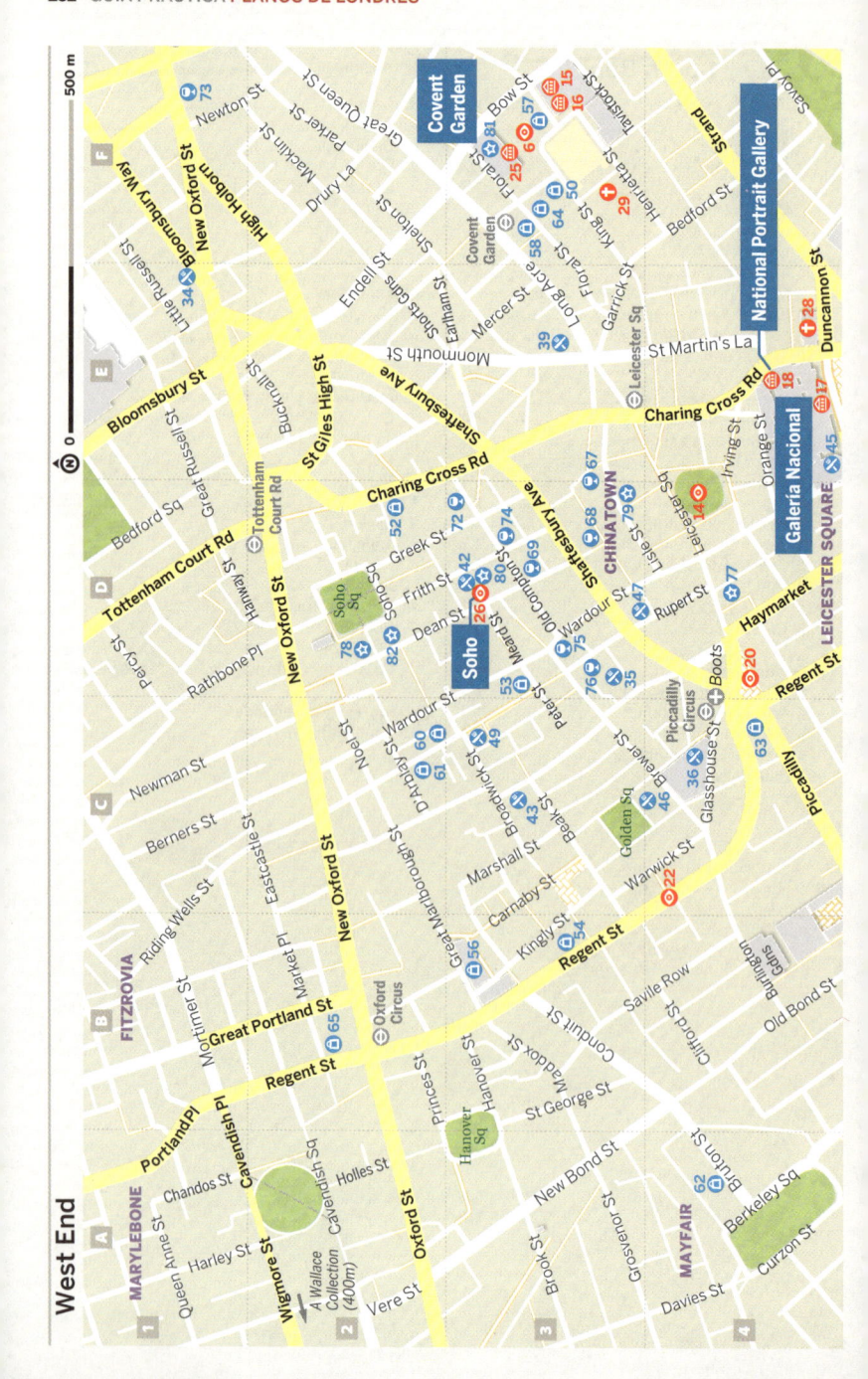

West End

MARYLEBONE
FITZROVIA
Soho
Covent Garden
CHINATOWN
LEICESTER SQUARE
MAYFAIR

National Portrait Gallery
Galería Nacional

500 m
0

PLANOS DE LONDRES GUÍA PRÁCTICA **253**

Río Támesis

Embankment
Villiers St
Charing Cross
Northumberland Ave
Victoria Embankment
Westminster Bridge
Westminster
Bridge St
Parliament Sq
Parliament St
St Margaret St
Abingdon St
A la Tate Britain (800m)

Casas del Parlamento

Abadía de Westminster

Trafalgar Square

Whitehall
Cockspur St
Pall Mall
The Mall
Charles II St
Jermyn St
St James's Sq
Duke St
King St
Bury St
St James's St
Dover St
Berkeley St
Stratton St
Bolton St
Half Moon St
Curzon St
Charles St
Piccadilly

WHITEHALL

Horse Guards Parade
Horse Guards Rd
Great George St
Storey's Gate
Broad Sanctuary
Great Smith St
Tothill St
St James's Park
Broadway
Victoria St
Petty France
Buckingham Gate
Caxton St
Palace St
Royal Mews
Lower Grosvenor Pl
Grosvenor Pl

Churchill War Rooms

ST JAMES'S

St James's Park
Lago de St James's Park
Birdcage Walk
The Mall
Spur Rd
Constitution Hill
Green Park
Jardines del palacio de Buckingham

Palacio de Buckingham

West End

Puntos de interés
1 Banqueting House E6
2 Big Ben F7
3 Palacio de Buckingham............................. B7
4 Churchill War Rooms..................................E7
5 College Garden... E8
6 Covent Garden Piazza F3
7 Fourth Plinth Project E5
8 Green Park B6
9 Horse Guards Parade E6
10 House of Commons F8
11 House of Lords F8
12 Casas del Parlamento F8
13 Jewel Tower E8
14 Leicester Square D4
15 London Film Museum F3
16 London Transport Museum........................F3
17 Galería Nacional E4
18 National Portrait Gallery E4
19 No 10 Downing Street................................. E6
20 Piccadilly Circus D4
21 Queen's Gallery B8
22 Regent Street C4
23 Royal Academy of Arts................................C5
24 Royal Mews A8
25 Royal Opera House F3
26 Soho D3
27 St James's Park... C7
28 St Martin-in-the-Fields E4
29 St Paul's Church...F3
30 Supreme Court E7
31 Trafalgar Square E5
32 Abadía de Westminster.............................. E8
33 Museo de la abadía de Westminster E8

Dónde comer
34 Abeno.. E1
35 Bocca di Lupo D3
36 Brasserie Zédel C4
37 Cafe Murano B5
38 Cellarium E8
39 Dishoom E3
40 Gymkhana B5
41 Inn the Park... D6
42 Koya D3
43 Mildreds... C3
44 Mint Leaf D5
45 National Dining Rooms.............................. E4
46 Nordic Bakery C4
47 Palomar.. D3
 Portrait...(véase 18)
48 Shoryu.. D5
49 Yauatcha.. C3

De compras
50 Cambridge Satchel Company F3
51 Fortnum & Mason..C5
52 Foyles D2
53 Gosh!.. D3
54 Hamleys... B3
55 Hatchards C5
56 Liberty.. B3
57 Molton Brown.. F3
58 Paul Smith F3
59 Penhaligon's.. B5
 Ray's Jazz .... (véase 52)
60 Reckless Records C2
61 Sister Ray C2
62 Stella McCartney.. A4
63 Sting C4
64 Ted Baker F3
65 Topshop... B2

Dónde beber y vida nocturna
66 Dukes Bar.. C6
67 Ku Klub Lisle St.. D2
68 Experimental Cocktail Club...................... D3
69 French House.. D3
70 Gordon's Wine Bar F5
71 Heaven F5
72 LAB D3
73 Princess Louise...F1
74 She Soho D3
75 Village.. D3
76 Yard D3

Ocio
77 Comedy Store... D4
78 Pizza Express Jazz Club D2
79 Prince Charles.. D3
80 Ronnie Scott's... D3
81 Royal Opera House F3
82 Soho Theatre D2

Deportes y actividades
83 Visitas guiadas..F7

Shoreditch y Spitalfields

⊙ Puntos de interés
1. Brick Lane Great Mosque D3
2. Mercado de flores de Columbia Road D2
3. Dennis Severs' House D3
4. Geffrye Museum D2
5. Old Truman Brewery D3

⊗ Dónde comer
6. Allpress Espresso D3
7. Brawn D2
8. Brick Lane Beigel Bake D3
9. Clove Club D2
10. Hawksmoor D3
11. Look Mum No Hands! B3
12. Foxlow A2
    Morito .... (véase 12)
13. Nude Espresso D3
14. Polpo B3
15. Prufrock Coffee A3
16. Sông Quê D2
17. St John B3
18. Towpath C1

⊙ De compras
19. Mercado de Backyard D3
20. Boxpark D3
21. Mercado de Brick Lane D3
22. Mercado de Camden Passage A1
23. Hatton Garden A3
24. Labour & Wait D2
25. Antiguo mercado de Spitalfields D3
26. Rough Trade East D3
    Sunday UpMarket .... (véase 26)
27. Tatty Devine D2

⊙ Dónde beber y vida nocturna
    93 Feet East .... (véase 19)
28. BrewDog D2
29. Fabric B3
30. Jerusalem Tavern B3
31. Old Blue Last D2
32. Worship St Whistling Shop C3
33. XOYO C2
34. Ye Olde Mitre A3
35. Zetter Townhouse Cocktail
    Lounge A3

⊙ Ocio
36. Barbican B3
37. Sadler's Wells A2

Norte de Londres

◎ Puntos de interés
1. Bedford Square C3
2. British Library C2
3. Museo Británico C3
4. Mercado de Camden D1
5. Charles Dickens Museum D3
6. Gordon Square C3
7. Granary Square C1
8. Zoo de Londres A1
9. Madame Tussauds A3
10. Regent's Park A2
11. Russell Square C3
12. Hotel y estación de St Pancras C2
13. Wellcome Collection C2

⊗ Dónde comer
14. Busaba Eathai C3
15. Caravan C1
16. Chin Chin Labs D1
17. Dabbous C3
18. Ragam C3
19. Franco Manca B3
    Grain Store .... (véase 15)
20. Lady Ottoline D3
21. Market B1

🔒 De compras
22. Bang Bang Clothing Exchange C3
23. Camden Lock Market D1
24. Camden Lock Village D1
25. Cath Kidston A3
26. Daunt Books A3
27. Harry Potter Shop at Platform 9¾ D2
28. Stables Market D1

⊙ Dónde beber y vida nocturna
    Bar Pepito .... (véase 29)
29. Drink, Shop & Do D2
30. Edinboro Castle B1
31. Euston Tap C2
32. Lamb D3
33. Proud Camden D1
34. Queen's Larder D3

✪ Ocio
35. Barfly D1
36. Cecil Sharp House A1
37. Jazz Cafe B1
38. KOKO B1
39. Scala D2

Símbolos y leyenda de los mapas

Estos símbolos ayudan a encontrar fácilmente todas las reseñas:

- ⊙ Puntos de interés
- ⊕ Actividades
- ⊖ Cursos
- ⊙ Circuitos
- ⊗ Fiestas y celebraciones
- ⊗ Dónde comer
- ⊖ Dónde beber
- ✪ Ocio
- ⊙ De compras
- ⓘ Información y transporte

Estos símbolos aportan información esencial de cada reseña:

- 🍃 Propuesta sostenible
- **GRATIS** Gratis
- ☎ Teléfono
- ⏲ Horario
- 🅿 Aparcamiento
- 🚭 Prohibido fumar
- ❄ Aire acondicionado
- @ Acceso a internet
- 🛜 Zona wifi
- ≋ Piscina
- 🚌 Autobús
- ⛴ Ferri
- 🚋 Tranvía
- 🚃 Tren
- 📖 Menú en inglés
- 🌱 Selección vegetariana
- 👨‍👧 Ambiente familiar

Los iconos de Ideal para... ayudan a encontrar las mejores experiencias.

- 👛 Económico
- 🍽 Comida y bebida
- 🍷 Bebidas
- 🚲 Ciclismo
- 🛍 De compras
- 🏀 Deportes
- 🖼 Arte y cultura
- 🎆 Celebraciones
- 📷 Momento fotográfico
- 🔭 Paisajes
- 👪 Viajes en familia
- 💸 Escapada
- ➡ Desvío
- 🚶 Senderismo
- 💬 Vida local
- 📕 Historia
- 🎟 Ocio
- 🏖 Playas
- ❄ Viaje invernal
- ☕ Café
- 🐦 Naturaleza y vida salvaje

Puntos de interés
- Playa
- Reserva de aves
- Templo budista
- Castillo
- Templo cristiano
- Templo confuciano
- Templo hindú
- Templo islámico
- Templo jainita
- Templo judío
- Monumento
- Museo/galería de arte
- Ruinas
- Templo sintoísta
- Templo sij
- Templo taoísta
- Lagar/viñedo
- Zoo/reserva natural
- Otros puntos de interés

Actividades, cursos y circuitos
- *Bodysurf*
- *Camping*
- *Café*
- *Canoa/kayak*
- Curso/circuito
- Buceo con tubo
- Lugar donde beber
- Lugar donde comer
- Ocio
- *Sento* (baños públicos calientes)
- Comercio
- Esquí
- Alojamiento
- Submarinismo
- Surf
- Natación/piscina
- Senderismo
- *Windsurf*
- Otras actividades

Información
- Banco, cajero
- Embajada, consulado
- Hospital/médico
- Acceso a internet
- Comisaría de policía
- Oficina de correos
- Teléfono
- Aseos públicos
- Información turística
- Otra información

Otros
- Playa
- Puente
- Cabaña/refugio
- Faro
- Puesto de observación
- Montaña/volcán
- Oasis
- Parque
- Puerto de montaña
- Zona de pícnic
- Cascada

Transporte
- Aeropuerto
- BART
- Paso fronterizo
- Estación T Boston
- Autobús
- Teleférico/funicular
- Ciclismo
- Ferri
- Metro
- Monorraíl
- Aparcamiento
- Gasolinera
- S-Bahn
- Taxi
- Tren
- Tranvía
- London Tube
- U-Bahn
- Otros transportes

Los autores

Emilie Filou

Emilie nació en París, donde vivió hasta los 18 años. Después de cursar una licenciatura de tres años y pasar otros tres sabáticos, recaló en Londres, se enamoró de la ciudad y ya no se fue. Actualmente trabaja de periodista especializada en África y viaja regularmente allí desde su casa del noreste de Londres. Se pueden ver sus trabajos en www.emiliefilou.com y su cuenta de Twitter es @EmilieFilou.

Peter Dragicevich

Después de una decena de años haciendo críticas de música y restaurantes para publicaciones de Nueva Zelanda y Australia, Peter no pudo resistirse a las luces y las guitarras de Londres. Como buen neozelandés, llegó a conocer la ciudad mientras iba de casa en casa de sus amigos antes de establecerse en el norte de Londres.

Steve Fallon

Tras 15 años viviendo en el centro del universo conocido –el este de Londres–, Steve habla haciendo rimas en *cockney* hasta en sueños, come anguilas en gelatina para desayunar y se bebe la cerveza por barriles. Como siempre, para esta edición de *Lo mejor de Londres* Steve hizo todo de la forma más complicada/divertida: recorrió los paseos, visitó los puntos de interés, aceptó (algunos) consejos de amigos, compañeros y algún que otro taxista y lo dirigió todo.

Damian Harper

Nacido cerca de The Strand, desde donde podían oírse las Bow Bells (si el viento lo permitía), Damian se crio en Notting Hill antes de que Hollywood descubriera el barrio. Este antiguo locutor de radio y librero de Shakespeare and Company lleva escribiendo guías para Lonely Planet desde finales de la década de 1990. Vive en el sur de Londres con su mujer y sus dos hijos y viaja con frecuencia a China (su segundo hogar).

---

geoPlaneta
Av. Diagonal 662-664, 08034 Barcelona
viajeros@lonelyplanet.es
www.geoplaneta.com · www.lonelyplanet.es

Lonely Planet Global
Lonely Planet Global Limited, Unit E, Digital Court,
The Digital Hub, Rainsford Street, Dublín 8, Irlanda
(oficinas también en Reino Unido y Estados Unidos)
www.lonelyplanet.com · talk2us@lonelyplanet.com.au

Lo mejor de Londres
4ª edición en español – febrero del 2017
Traducción de *Best of London*, 1ª edición – septiembre del 2016
© Lonely Planet Global Limited
1ª edición en español – mayo del 2011

Editorial Planeta, S.A.
Av. Diagonal 662-664, 7º. 08034 Barcelona (España)
Con la autorización para la edición en español de Lonely Planet Global Ltd,
A.B.N. 36 005 607 983, Lonely Planet Global Limited, Unit E, Digital Court,
The Digital Hub, Rainsford Street, Dublín 8, Irlanda

Aunque Lonely Planet, geoPlaneta y sus autores y traductores procuran que la información sea lo más precisa posible, no garantizan la exactitud de los contenidos de este libro, ni aceptan responsabilidad por pérdida, daño físico o contratiempo que pudiera sufrir cualquier persona que lo utilice.

© Textos y mapas: Lonely Planet, 2016
© Fotografías: según se relaciona en cada imagen, 2016
© Edición en español: Editorial Planeta, S.A., 2017
© Traducción: Silvia Moreno, Gemma Salvà, 2017

ISBN: 978-84-08-16383-1

Depósito legal: B. 18.790-2016
Impresión y encuadernación: Egedsa
Printed in Spain – Impreso en España

Reservados todos los derechos. No se permite la reproducción total o parcial de este libro, ni su incorporación a un sistema informático, ni su transmisión en cualquier forma o por cualquier medio, sea este electrónico, mecánico, por fotocopia, por grabación u otros métodos, sin el permiso previo y por escrito del editor. La infracción de los derechos mencionados puede ser constitutiva de delito contra la propiedad intelectual (Art. 270 y siguientes del Código Penal).

Diríjase a CEDRO (Centro Español de Derechos Reprográficos) si necesita fotocopiar o escanear algún fragmento de esta obra. Puede contactar con CEDRO a través de la web www.conlicencia.com o por teléfono en el 91 702 19 70 / 93 272 04 47.

Lonely Planet y el logotipo de Lonely Planet son marcas registradas por Lonely Planet en la Oficina de Patentes y Marcas de EE UU y otros países. Lonely Planet no autoriza el uso de ninguna de sus marcas registradas a establecimientos comerciales tales como puntos de venta, hoteles o restaurantes. Por favor, informen de cualquier uso fraudulento a www.lonelyplanet.com/ip.

El papel utilizado para la impresión de este libro es cien por cien libre de cloro y está calificado como papel ecológico.